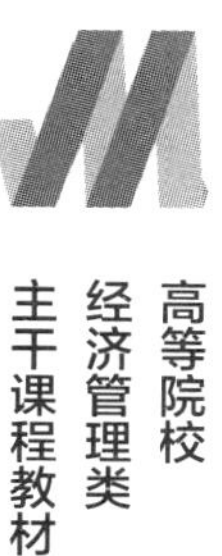

高等院校
经济管理类
主干课程教材

主编●张 梅　副主编●邓 迅　周叶叶

QIYE NEIBU
KONGZHI LILUN YU
SHIWU

企业内部控制理论与实务

MAIN TEACHING MATERIAL

图书在版编目（CIP）数据

企业内部控制理论与实务 / 张梅主编 . —武汉 : 湖北科学技术出版社，2023. 8

ISBN 978-7-5706-2840-7

Ⅰ. ①企… Ⅱ. ①张… Ⅲ. ①企业内部管理—研究 Ⅳ. ①F272.3

中国国家版本馆 CIP 数据核字（2023）第 173554 号

责任编辑：宋志阳

责任校对：秦　艺　　封面设计：喻　杨

出版发行：湖北科学技术出版社

地　　址：武汉市雄楚大街 268 号（湖北出版文化城 B 座 13—14 层）

电　　话：027-87679468　　邮　　编：430070

印　　刷：武汉中科兴业印务有限公司　　邮　　编：430071

787×1092　1/16　12.5 印张　308 千字

2023 年 8 月第 1 版　　2023 年 8 月第 1 次印刷

定　　价：49.00 元

前　言

自21世纪以来,美国安然、世通,日本东芝,以及国内的科龙、中航油、长安生物、康美药业、瑞幸咖啡等公司一系列财务舞弊事件频发,通过这些财务舞弊事件发现,企业内部控制薄弱甚至失效是其财务舞弊的关键成因之一。在当今复杂的商业环境中,每个企业都面临着市场风险、运营风险、法律风险和财务风险等,这些风险具有多样性和复杂性,而企业内部控制对公司及其利益相关方规避风险、应对挑战和走向成功具有关键意义,因此作为防范风险的企业内部控制被提到了空前的管理高度。

为了加强和规范企业内部控制,提高企业经营管理水平和风险防范能力,促进企业可持续发展,我国财政部等五部委在2008年发布了《企业内部控制基本规范》,要求2009年7月1日起在上市公司范围内实施。2010年4月五部委又联合发布了《企业内部控制应用指引》《企业内部控制评价指引》《企业内部控制审计指引》,标志着我国企业内部控制规范体系基本建成。财政部于2012年颁布了《行政事业单位内部控制规范(试行)》,2017年颁布了《小型企业内部控制规范(试行)》。这三类规范将所有企业或单位,无论是大中型企业,还是小型企业;无论是以盈利为目标的企业,还是非营利性质的行政事业单位都包含在内。内部控制法规体系建成具有十分重要的学术价值和实践意义,它为内部控制的理论研究和实务工作提供了方向。

由于内部控制涉及面广、知识点多,为了帮助读者深刻理解并领会我国内部控制法规体系的构成、内容及核心思想,作者根据企业内部控制相关法规,结合课程组教师多年教学经验以及应用型高校学生的专业背景及知识面编写了本教材。作者重视教材的可读性,每一章后面附有习题,便于学生对章节重点知识进行巩固与复习。本教材从内部控制理论基础入手,对企业内部控制体系整体框架进行深入研究,对典型案例加以分析,理解相关理论知识,架构起了从理论到实践,从内部控制设计到内部控制评价的完整体系,希望能为读者学习内部控制和企业实施内部控制起到指导作用。

本教材在充分参考国内重点教材的基础上,安排了九章内容。本教材一方面章节安排科学,内容系统全面,根据《企业内部控制基本规范》和企业内部控制配套指引及其解释编写。在内容安排上,按内部控制理论(第二、三、四章)、内部控制实务(第五、六、七、八章)、内部控制自我评价(第九章)进行编排,先对内部控制理论进行详细解释,在掌握内部控制理论的前提下对内部控制实务即业务活动内部控制进行介绍、梳理,让读者能运用内部控制理论进行实务处理,最后是对企业内部控制进行自我评价,章节内容完整、体系清晰。另一方面突出实务操作,本教材内部控制实务中侧重对业务活动内部控制进行设计,具体依据"企业业务活动概述、业务活动主要控制目标及风险点、业务活动关键控制要点”的脉络进行。本教材既适合会计学、财务管理等专业学生使用，也可作为企业管理者及员工的参考书使用。

本教材由张梅主编，负责总体框架设计、编写的组织工作以及写作大纲的拟定，部分初稿的修改和总撰定稿，邓迅、周叶叶担任副主编。教材总共九章，具体分工是：张梅编写第二、四、五、六、七章，邓迅编写第一、三章，周叶叶编写第八、九章。

在本教材的编写过程中，参阅了大量的文献和资料，在此，我们对所有在企业内部控制研究领域的专家和学者致以最诚挚的谢意。但由于内部控制理论和实务本身博大精深以及我们在研究和理解方面的局限，本教材中难免存在纰漏，敬请广大读者和同行提出批评和建议，以便及时改进。

编　者

2023 年 5 月

目　　录

第一章　概论 ………………………………………………………………（1）
　第一节　企业内部控制的内涵及意义 ……………………………………（1）
　第二节　企业内部控制的产生与发展 ……………………………………（5）
　第三节　企业内部控制的目标与原则 ……………………………………（11）
　第四节　企业内部控制的要素 ……………………………………………（15）
　本章小结 ……………………………………………………………………（18）
　课后练习题 …………………………………………………………………（19）
第二章　控制环境与风险评估 ………………………………………………（20）
　第一节　控制环境 …………………………………………………………（20）
　第二节　风险评估 …………………………………………………………（35）
　第三节　内部环境与风险评估
　　　　　——ALBB 的内部控制管理失败案例分析 ……………………（47）
　本章小结 ……………………………………………………………………（50）
　课后练习题 …………………………………………………………………（51）
第三章　信息与沟通、内部监督 ……………………………………………（54）
　第一节　信息与沟通 ………………………………………………………（54）
　第二节　内部监督 …………………………………………………………（59）
　第三节　信息与沟通、内部监督案例分析
　　　　　——齐鲁银行金融诈骗案件的反思 ……………………………（65）
　本章小结 ……………………………………………………………………（68）
　课后练习题 …………………………………………………………………（68）
第四章　控制活动 ……………………………………………………………（71）
　第一节　控制活动的内涵 …………………………………………………（71）
　第二节　不相容职务分离控制 ……………………………………………（72）
　第三节　授权审批控制 ……………………………………………………（74）
　第四节　会计系统控制 ……………………………………………………（77）
　第五节　财产保护控制 ……………………………………………………（80）
　第六节　预算控制 …………………………………………………………（82）
　第七节　运营分析控制 ……………………………………………………（88）
　第八节　绩效考评控制 ……………………………………………………（90）
　第九节　合同控制 …………………………………………………………（94）

第十节 信息化控制 …………………………………………………………………（96）
第十一节 控制活动案例分析
——某合资公司内控体系案例分析 ……………………………………………（99）
本章小结 ………………………………………………………………………（101）
课后练习题 ……………………………………………………………………（101）
第五章 销售与收款循环内部控制 …………………………………………（104）
第一节 销售与收款循环概述 ………………………………………………（104）
第二节 销售与收款的主要控制目标及风险点 ……………………………（107）
第三节 销售与收款循环各环节的关键控制要点 …………………………（112）
第四节 销售与收款循环的案例分析
——BBC 公司销售与收款内部控制案例 …………………………………（116）
本章小结 ………………………………………………………………………（118）
课后练习题 ……………………………………………………………………（118）
第六章 采购与付款循环内部控制 …………………………………………（122）
第一节 采购与付款循环概述 ………………………………………………（122）
第二节 采购与付款循环的主要控制目标及风险点 ………………………（124）
第三节 采购与付款循环各环节的关键控制要点 …………………………（126）
第四节 采购与付款循环案例分析
——福特汽车公司采购应付账款部门的业务流程再造 ……………………（129）
本章小结 ………………………………………………………………………（130）
课后练习题 ……………………………………………………………………（131）
第七章 生产与存货循环内部控制 …………………………………………（133）
第一节 生产与存货循环概述 ………………………………………………（133）
第二节 生产与存货循环的主要控制目标及风险点 ………………………（135）
第三节 生产与存货循环各环节的关键控制要点 …………………………（137）
第四节 生产与存货循环案例分析
——合信木制品公司存货内控失效 …………………………………………（139）
本章小结 ………………………………………………………………………（140）
课后练习题 ……………………………………………………………………（140）
第八章 其他业务活动内部控制 ……………………………………………（142）
第一节 资产管理控制活动 …………………………………………………（142）
第二节 资金管理控制活动 …………………………………………………（147）
第三节 合同管理控制活动 …………………………………………………（152）
第四节 预算管理的内部控制 ………………………………………………（156）
第五节 其他业务活动内部控制案例分析
——某企业合同管理制度案例分析 …………………………………………（162）
本章小结 ………………………………………………………………………（167）
课后练习题 ……………………………………………………………………（167）

第九章　内部控制自我评价 ………………………………………………………… （170）
第一节　内部控制评价概述 ………………………………………………………… （170）
第二节　内部控制缺陷认定 ………………………………………………………… （175）
第三节　内部控制评价工作底稿 …………………………………………………… （176）
第四节　内部控制自我评价报告案例分析
——比亚迪股份有限公司 2019 年度内部控制自我评价报告 ……… （180）
本章小结 …………………………………………………………………………… （189）
课后练习题 ………………………………………………………………………… （189）
参考文献 ……………………………………………………………………………… （192）

第一章　概论

第一节　企业内部控制的内涵及意义

一、企业内部控制的定义及分类

（一）内部控制的定义

我国对于内部控制的定义几经变迁。从21世纪初财政部颁布的《内部会计控制规范——基本规范（试行）》《内部会计控制规范——货币资金（试行）》等一系列具体规范，到上海证券交易所和深圳证券交易所分别发布的《上海证券交易所上市公司内部控制指引》《深圳证券交易所上市公司内部控制指引》，直到内部控制规范体系的基本形成，对于内部控制的定义也经历了由无到有、范围逐步扩大、科学严谨性逐步提升的发展过程。最早的内部控制定义仅仅局限于会计控制，而现在的内部控制则是完整的内部控制概念。根据《企业内部控制基本规范》的解释："内部控制是由企业董事会、监事会、经理层和全体员工实施的、旨在实现控制目标的过程。"对于这一定义，可从以下几个方面进行理解。

1.内部控制是一种全员控制

内部控制是一种全员控制，即内部控制强调全员参与、人人有责。企业的各级管理层和全体员工都应当树立现代管理理念，强化风险意识，以主人翁的姿态积极参与内部控制的建立与实施，并主动承担相应的责任，而不是被动地遵守内部控制的相关规定。

值得注意的是，内部控制的"全员控制"与董事会、监事会和经理层在内部控制的建设和实施过程中的领导作用并不矛盾。领导者与普通员工仅仅是分工不同、承担的权责大小不同，但都是内部控制的参与主体。具体而言，董事会负责内部控制的建立健全和有效实施；监事会对董事会建立和实施内部控制进行监督；经理层负责组织领导企业内部控制的日常运行，在内部控制中承担重要责任。企业所有员工都应在实现内部控制中承担相应职责并发挥积极作用。企业应当在董事会下设立审计委员会，负责审查企业内部控制、监督内部控制的有效实施和内部控制自我评价情况，从而形成了上至董事会，下至全体员工全员参与的内部控制。这克服了长期以来我国企业内部控制建设滞后、相关各方执行时权责不清、管理层和员工缺乏参与内部控制的责任与动力等问题。

2.内部控制是一种全面控制

内部控制是一种全面控制，是指内部控制的覆盖范围要足够广泛，涵盖企业所有的业务和事项，包含每个层级和环节，而且还要体现多重控制目标的要求。内部控制本质上是对风险的管理与控制。所谓风险，是指偏离控制目标的可能性。《企业内部控制基本规范》规定，内部控制的目标是合理保证企业经营管理合法合规、资产安全、财务报告及相关信息真实完整，提高经营效率和效果，促进企业实现发展战略。企业设计的内部控制活动和流程要充分防范和控制任何影响以上五个目标实现的风险（而不能仅仅局限于财务报告风险），并要为以上目标的实现提供合理保证。也就是说，内部控制不仅仅是一种防弊纠错的机制，而且还是一种经营管理方法、战略实施工具，是一种为实现多重目标而实施的全面控制。

应当特别说明的是，内部控制只能为控制目标的实现提供“合理保证”，而不是“绝对保证”，这是因为企业目标的实现除受到企业自身因素的限制以外，还会受到外部环境的影响，而内部控制无法作用于外部环境。而且，内部控制本身也存在一定的局限性，使得其不可能为企业控制目标的实现提供“绝对保证”。

3.内部控制是一种全程控制

内部控制是一种全程控制，是指内部控制是一个完整的全过程控制体系。从时间顺序上看，内部控制包括事前控制、事中控制和事后控制；从内容上看，内部控制包括制度设计、制度执行与监督评价。它们环环相扣、逐步递进、彼此配合，共同构成了一个完整的内部控制体系。

内部控制的全程控制通常以流程为主要手段，包含流程的设计、执行和监督评价，但又不仅仅局限于流程。流程本身就包含着过程控制的思想，流程的设计是前提和基础，流程的实施是核心，对流程的监督是关键。流程设计的合理性往往会直接影响整个内部控制工作的效率和效果。因此，企业要有效实现全程控制，就必须优化与整合企业内部控制流程。企业为实现控制目标搭起了一道无形的网，那么全程控制则是从纵向角度为企业防范和管理风险架起了一堵牢固的墙。

（二）内部控制的分类

企业控制从大的方面看，可以分为外部控制与内部控制两个方面。外部控制是来自企业外部利益相关者的控制。外部控制的目的是维护社会公众、债权人、行业和投资者的利益。《中华人民共和国会计法》第三十三条规定：“财政、审计、税务、人民银行、证券监管、保险监管等部门应当依照有关法律、行政法规规定的职责，对有关单位的会计资料实施监督检查。”这是从会计角度对企业实施的外部控制。从企业内部控制的不同视角，可以对内部控制进行以下分类。

1.按照控制要素分类

按照控制要素分类，内部控制可以分为控制环境、风险评估、控制活动、信息与沟通以及监督。

（1）控制环境。控制环境提供企业纪律与架构，塑造企业文化并影响企业员工的控制意识，是所有其他内部控制组成要素的基础。

（2）风险评估。风险评估指对经营活动中可能出现的风险进行识别、鉴定、评价及估计，以便采取相应的措施加以防范。

（3）控制活动。控制活动指为了向实现内部控制目标提供合理保证而制定的各项政策、程序和规定。控制活动出现在企业的各个阶层与各种职能部门，其中包括核准、授权、验证、调节、复核营业绩效、保障资产安全以及职务分工等多种活动。控制活动通常针对关键控制要点而制定，企业在制定控制措施时关键在于寻找关键控制要点。

(4)信息与沟通。信息是保证控制活动达到预期效果的重要介质。信息与沟通要求企业应当按照某种形式以及在某个时间之内，识别、取得适当的信息，并加以沟通，使员工顺利履行其职责。其中，要特别重视会计信息系统的识别与沟通。

(5)监督。监督活动主要通过内部审计及企业自我评估行为来进行，以便及时发现并解决内部控制中出现的问题。

2.按照控制内容分类

按照控制内容分类，内部控制可以分为人力资源、财务、会计、生产、营销及审计等控制。

(1)人力资源控制。人力资源控制指通过对人员的录用、调动、考评、晋升、培训、解聘及辞退等措施，保证企业人力资源符合经营管理要求，保证企业目标的实现和利益的维护。

(2)财务控制。财务控制指对企业的财务资源及其利用状态所进行的控制。财务控制的内容主要包括资本结构控制、债权债务控制、财务风险控制、现金控制、存货控制、成本费用控制和利润控制等。财务控制的目的是保证企业经营的安全性、效率性和营利性。财务控制的手段包括编制和执行财务预算等。

(3)会计控制。会计控制指对企业财务会计信息系统生成过程的控制，其目的是保证企业财务会计信息的真实完整。会计控制的内容主要包括财务会计信息系统的责任人及其责任、会计人员从业资格、会计流程、会计内容、财务会计信息质量标准等。

(4)生产控制。生产控制指对企业产品制造过程的控制，其目的是保证企业生产部门按时、保质、保量地生产出合格的产品，并保证生产的均衡性和配套性。生产控制的内容主要包括生产工艺和流程安排，批量投产决策，人员、设备及物资调度等。

(5)营销控制。营销控制指对企业销售环节员工行为与物流的控制，其目的是保证提供客户所需要的产品，扩大市场份额，获取营业利润。营销控制的内容主要包括客户资源控制、销售渠道控制等。

(6)审计控制。审计控制指对企业的财政财务收支及其他经营管理活动进行控制，其目的是保证被审计单位财政财务收支及其他经营管理活动的合规性、合法性及效益性。审计控制的内容主要包括财政财务审计、财经法纪审计、经济效益审计。审计控制是对其他内部控制措施的再控制。

3.按照控制时序分类

按照控制时序分类，内部控制可以分为事前控制、事中控制与事后控制。

(1)事前控制。事前控制指在企业生产经营活动开始之前进行的控制，其内容包括检查资源的筹备情况和预测其利用效果两个方面。事前控制的重点在于防止组织中所使用的资源出现浪费。比如，投入在一个组织中的人力资源需要从质和量上预先加以控制，质的方面要保证配置的人员适应组织结构中阐明的任务要求，能够胜任；量的方面则不能超出完成任务所需要的人员定额，避免人浮于事。我国公务员资格考试制度即为根据国家机关管理工作的性质确定公务员所必备的素质之后，对从事这项工作的人员所进行的一种事前控制。事前控制由于能够避免预期出现的问题，因而是企业最渴望采取的控制类型。采用事前控制的关键是，要在实际问题发生之前就采取控制行动。而要做到这一点，就需要有及时、准确的信息，这在实际活动中往往很难做到。所以在实际管理中，控制人员只能进行后两种类型的控制。

(2)事中控制。事中控制指发生在经营活动过程中的控制。事中控制的重点是现场管理，通过监控实际正在进行的操作，保证目标的实现。事中控制以组织活动的实时信息为基础，对活动进行几乎同步的纠偏调整。事中控制的作用有二，一是可以指导下属员工以正确的方法进行工作。事中控制可以使上级当面解释工作的要领和技巧，纠正下属员工的错误作业方法与过程，从而可以提高下属员工的工作能力。二是可以保证计划与规则的执行。现场检查可以使管理者随时发现下属员工在活动中出现的与计划及规则要求相偏离的现象，从而将经营问题消灭在萌芽状态，或者避免已经产生的经营问题对企业不利影响的扩大。在计划与规则实施过程中，大量的管理控制工作皆属这种类型。从这一方面看，事中控制是控制工作的基础。

(3)事后控制。事后控制指在一个时期的生产经营活动结束以后，对该时期中产生经营活动的资源利用状况及结果进行的控制。事后控制的特点是通过对已经取得结果的分析来纠正组织将来的行为，是一种立足于历史而对未来进行的连续控制。事后控制是最常用的控制类型。这种控制的优点在于为控制者提供关于计划与规则执行效果的真实信息，主要缺点在于这种控制是在经营过程结束以后进行的，不论其分析如何中肯、结论如何正确，对于已经形成的经营结果毫无帮助。

在实际控制过程中，很少有孤立地使用某一种控制方法的情况，事前控制、事中控制及事后控制三种控制类型多被有机地结合在一起，互为补充。

4.按照控制性质分类

按照控制性质分类，内部控制可以分为合法性控制与合理性控制。

(1)合法性控制。合法性控制指按照国家法律法规对经济活动进行的控制。比如，对于货币资金和结算业务，国家规定了以现金管理制度为主的结算制度，这即为对企业业务活动进行合法性控制的依据。

(2)合理性控制。合理性控制指按照经济有效要求对经济活动进行的控制。比如，有关部门设置的计划、比率等指标，即为对企业业务活动进行合理性控制的依据。

实践中人们常常从实际与计划的差异性角度来讨论控制问题，把控制当作保证企业计划与实际作业动态相适应的管理职能，这实际上是一种合理性控制。

企业内部控制制度涉及生产经营的各个环节和各个部门，各个环节和各个部门都可以根据自身的业务特点和工作范围，建立相应的内部控制制度。对内部控制制度不同分类的考察，有助于企业加深对内部控制制度的认识。

二、企业内部控制的意义

英国著名历史学家阿诺德·汤因比说：“一个国家乃至一个民族，其衰亡是从内部开始的，外部力量不过是其衰亡前的最后一击。”企业存亡何尝不是如此。企业经营失败、会计信息失真及不守法经营在很大程度上可以归结为企业内部控制的缺失或失效。内部控制的重要作用主要体现在以下几个方面。

（一）保证国家方针政策与法规制度的贯彻执行

贯彻国家的方针政策与法规制度是企业的一项法定义务，而健全有效的内部控制制度则是保证这一任务圆满完成的重要手段。通过内部控制所形成的相互协调与相互制约机制能够及时地反映、检查、揭示和纠正经营管理中的违法违规行为，从而有效地保证党和国家的方针政策与法规制度在企业内部较好地贯彻执行。

（二）保证企业经营目标的顺利实现

健全的内部控制制度能够对企业内部的各个职能部门和人员进行合理的分工、协调、监督、检查与考核。通过内部控制所规定的各种程序和手段，可以将企业内部各个职能部门和人员执行管理部门的方针政策、计划定额以及其他内部管理制度的情况反馈给企业管理部门，及时发现和纠正所出现的偏差，保证各项生产经营活动高效有序地进行，从而全面提高经济效益，实现各项预期目标。

（三）保证财务会计信息的质量

财务会计工作涉及企业生产经营的各个方面，企业决策和日常管理所需要的信息绝大多数来自财务会计信息系统。准确可靠的财务会计信息是企业评价过去、控制现在及把握未来的重要条件，也是国家有关部门制定宏观经济政策的依据。内部控制制度通过制定和执行恰当的业务控制程序，科学、合理地划分职责范围，建立相互协调、相互制约的机制，可以使会计活动得到有效控制，避免发生差错，从而保证财务会计信息的质量。保证会计数据的正确性是内部控制最初的也是最重要的作用。

（四）保证财产物资的安全完整

内部控制制度通过采取严格的控制措施，尤其是不相容职务的分离，使授权人与执行人、执行人与记账人，以及保管、出纳与会计人员，总账与明细账记录人员得以分开，形成内部相互牵制的关系。同时，限制接近财产和内部定期盘点核对等制度，使财产的收、付、存、用得到严密控制，从而有效地防止和减少财产物资的损失浪费及贪污舞弊等问题。

（五）便于审计工作的开展

对内部控制制度的评价，有助于审计人员确定合理的审计程序，提高审计效率；有助于审计人员确定审计程序的实施程度，即确定审计的审查方法、抽查重点及审计范围等。此外，健全的内部控制制度还可以保证审计测试的质量。在审计测试中，无论是符合性测试还是实质性测试，都存在抽样误差。如果被审计单位的内部控制制度健全，则抽出的样本代表性强，审计风险减小；反之，则抽样测试所得出的审计结论可能存在较大的审计风险。

第二节　企业内部控制的产生与发展

控制论是内部控制的主要理论基础，它所研究的系统是依靠因果关系连接在一起的因素的集合。控制是一个有组织的系统，是施控主体对受控客体的一种能动作用，这种作用能够使得受控客体根据施控主体的预定目的而运作，并最终实现这一目的。内部控制主要运用控制论的原理,通过运用专门的方法和程序对组织的内部控制运行系统进行控制和调节,以保证组织按照预定的目标运作,提高整体运营效益和效率。

一、内部控制的产生

内部控制是基于内部牵制的思想发展而来的。牵制思想可以追溯到人类古文明时期,如苏美尔文明时期,经手钱财的人为了防止财物的丢失和挪用,会用各种标志来记录财物的生产及使用情况以查验账目。在法老统治的埃及中央财政银库里,银子和谷物等物品接收数量和入库数量的记录、实物观察监督、接收数量和入库数量的核对,分别由三名人员完成,年末,仓库管理员的上司定期检查仓库的收、发、存记录。罗马帝国的宫廷库房规定,一笔业务的发生必须由两名记账员在各自账簿上同时反映,并定期将双方账簿记录加以核对。《周礼》记载,我国早在西周时代的国库管理中,便设置职内、职岁和职币三个岗位,分别负责收入、支出和盘点登记。在我国唐代,中央政府实行三省六部制,分掌政令的制定、审核、执行,各有专责,相互制约。牵制是指职能与职能之间必要的相互补充、相互约束,不能由一个职能完全支配一项业务活动而没有交叉检查和约束。当今,牵制思想随处可见,如重要的场所上两把锁、保险柜的密码分为两段、业务按不同权限授权不同岗位等。

二、国外内部控制的发展

内部控制经历了一个不断发展完善的历史进程,内部控制的演进主要表现为控制目标、控制对象和控制手段的变化。内部控制的演进遵循着“内部牵制—内部控制制度—内部控制结构—内部控制整体框架—企业风险管理框架”的轨迹。

(一)15 世纪末至 20 世纪初(内部牵制阶段)

20 世纪以前,社会生产力还相对落后,商品生产尚不发达,内部控制主要表现为对会计账目和会计工作实行岗位、职责分离和相互牵制,其目的主要是保证财务物资安全和会计记录真实。内部牵制机制的提出主要基于两个设想,一是两个或两个以上的人员或部门无意识地犯同样错误的概率远低于一个人或部门犯该种错误的概率;二是两个或两个以上人员或部门有意识地串通舞弊的可能性远低于一个人或部门单独舞弊的可能性。即内部牵制强调分权和制衡,以及抑制由于权力集中而引发的错误或舞弊行为。

《柯氏会计辞典》认为,内部牵制是指“提供有效的组织和经营,并防止错误和其他非法业务发生的业务流程设计。其主要特点是以任何个人或部门不能单独控制任何一项或一部分业务权力的方式进行组织上的责任分工,每项业务通过正常发挥其他个人或部门的功能进行交叉检查或交叉控制。”

内部牵制可以实现实物牵制(由两人或两人以上共同掌握必要的实物工具,共同操作才能完成一定程序的牵制)、物理牵制(按照既定业务处理程序实施控制,以达到对岗位或人员的牵制)、分权牵制(业务活动的不同环节交由不同人员来完成)、簿记牵制(充分发挥复式簿记和账簿间的勾稽关系来实施控制)等功能。内部牵制满足了在管理上依靠个人的经验和判断,处于小生产经营管理方式的组织内部管理的需要。

（二）产业革命后至 20 世纪 40 年代（内部牵制制度）

随着资本主义经济的发展，公司等经济组织步入经济舞台，尤其是在 19 世纪中叶至 20 世纪初叶，产业革命相继在英、美等国家完成，企业间竞争的加剧，导致急需加强企业内部管理。同时，为了保护投资者和债权人的利益，各级管理人员开始进行全面企业管理的探索。“科学管理之父”泰勒在其代表著作《科学管理原理》（1911 年）中，率先提出把管理的计划职能同执行职能分开，变原来的经验工作方法为科学工作方法，在管理控制上实行例外原则等原理。“管理理论之父”法约尔也在其著作《工业管理与一般管理》（1916 年）中，提出了工作分工、职权、纪律、统一指挥、统一领导、等级链、秩序、公平等 14 条管理原则。在泰勒等管理理论的指导下，以职务分离、账户核对为主要内容的内部牵制，逐渐演变成由组织结构、职务分离、业务程序、处理手续等因素构成的控制系统，即“内部牵制制度”。该历史时期的内部牵制，基本上是以查错防舞弊为目的，以职务分离和交互核对为手法，以钱、账、物等会计事项为主要控制事项。

1936 年美国注册会计师协会首次正式使用了“内部控制”的术语。可见，当时的会计职业界已经意识到内部牵制对审计工作产生的影响。但是，由于这一时期的审计实务相对滞后，只是采用以核对凭单为重点的账项基础审计模式，所以导致了审计史上影响重大的麦克森-罗宾斯案件的发生。

由于麦克森-罗宾斯案件的影响，1939 年 12 月美国注册会计师协会的审计程序委员会发布第 1 号文告——《审计程序的扩展》（*Extensions of Auditing Procedure*），首次增加了对内部控制进行审查的内容，促使审计师充分关注内部控制。可以说，审计需求极大地推动了现代内部控制的发展。

（三）20 世纪 40 年代至 80 年代（内部控制制度）

以 20 世纪 40 年代为分水岭，内部控制经历了实践塑造和理论完善两大历程。第二次世界大战以后，资本主义经济发展中出现了许多新的变化，如科学技术和生产自动化迅速发展，企业规模继续扩大，巨型公司不断出现，市场竞争异常激烈，许多产品和大型工程需要大量高素质人员在分工协作、检查验收和评价督促等良好的环境下才能完成，所有这些都对企业管理提出了建立健全人员条件、检查标准和内部审计等控制措施的要求，并促使内部控制从对单项经济活动进行独立控制为主向对全部经济活动进行系统控制为主发展，进而形成包括组织结构、岗位责任、人员条件、业务程序、处理手续、检查标准和内部审计在内的严密的控制系统。

1949 年美国注册会计师协会的审计程序委员会发表了一份题为《内部控制、协调系统诸要素及其对管理部门和注册会计师的重要性》的专题报告，对内部控制首次做出了如下权威定义：“内部控制是企业所制定的旨在保护资产、保证会计资料可靠性和准确性，提高经营效率，推动管理部门所制定的各项政策得以贯彻执行的组织计划和相互配套的各种方法和措施。”此定义中不仅包括与会计和财务部门直接有关的控制，还包括预算控制、成本控制、定期报告、统计分析、人员培训及内部审计等，以及其他领域的一些活动。上述内部控制定义及其解释的发布，是对内部控制概念的重大贡献。

1958 年 10 月，对内部控制定义重新进行表述，将内部控制划分为会计控制和管理控制。将内部控制分为会计控制和管理控制，是为了规范内部控制检查和评价的范围。对此，审计程序委员会在其1963年发布的《审计程序说明第33号》中做了说明："注册会计师应主要检查会计控制，会计控制一般对财务记录产生直接且重要的影响，审计人员必须对它做出评价，管理控制通常只是对财务记录产生间接的影响，因此审计人员可以不对其做出评价。"这一修正大大地缩小了注册会计师的责任范围。

1979年，美国证监会（SEC）加强了对于内部控制的关注，要求上市公司在年报中增加管理层报告，披露内部控制，管理层应在年报中对公司内部会计控制目标提供合理保证做出报告，注册会计师应审查管理层的报告，并对管理层报告是否与公司内部会计控制一致发表意见。

（四）20世纪80年代（内部控制结构）

20世纪80年代，许多财务机构破产，其中有许多原因，如宽松的管制环境、波动的利率、过度的投机、不良的管理以及舞弊。在随后的调查中发现，在大多数案例中审计人员不能发现公司舞弊的情况。1985年，美国正式成立虚假财务报告全国委员会，这个委员会旨在考察财务报告舞弊在多大程度上削弱了财务报告的完整性，注册会计师在发现舞弊中的责任，并确定可能导致舞弊行为发生的公司结构，以防止和揭发虚假财务报告，研究出现虚假财务报告的原因。为了防止和揭发舞弊事件，内部控制的研究更加受到重视。

20世纪80年代后期，针对大量财务失败所导致的投资者损失，为了尽量弥补公众对于审计保证的期望和职业界认为审计所能达到的水平之间的差距，美国注册会计师协会发布了《审计准则公告第55号》。该公告首次以"内部控制结构"代替"内部控制"。《审计准则公告第55号》指出："企业的内部控制结构包括为合理保证企业特定目标的实现而建立的各种政策和程序。"内部控制结构具体包括控制环境、会计制度、控制程序三个要素。与以前的内部控制定义相比，内部控制结构将内部控制环境纳入内部控制的范畴，而且不再区分会计控制和管理控制。至此，在企业管理实践中产生的内部控制活动，经过审计人员的理论总结，已经完成从实践到理论的升华。

（五）20世纪90年代（内部控制——整合框架）

1992年，美国"反对虚假财务报告委员会"下属的由美国会计学会、注册会计师协会、国际内部审计人员协会、财务经理协会和管理会计学会等组织参与的发起组织委员会（Committee of Sponsoring Organization of the Treadway Commission，COSO）发布报告《内部控制——整合框架》，即"COSO报告"，该报告具有广泛的适用性。

1994年，COSO又对《内部控制——整合框架》进行了增补，并将内部控制定义为："由一家企业的董事长、管理层和其他人员实现的过程，旨在为下列目标提供合理保证：①财务报告的可靠性；②经营的效率和效果；③符合适用的法律和法规。"该准则将内部控制划分为控制环境、风险评估、控制活动、信息与沟通、监控五个相互关联的要素。

（1）控制环境，包括员工的诚实和职业道德、人员胜任能力、管理哲学和经营作风、董事会及审计委员会、组织机构、权责划分、人力资源政策及执行等。

（2）风险评估，包括经营环境的变化、新技术的应用及企业改组等。

（3）控制活动，包括职责分离、实物控制、信息处理控制、业绩评价等。

(4)信息与沟通,包括确认记录有效的经济业务、采用恰当的价值计量、在财务报告中恰当提示。

(5)监控,包括日常的管理监督活动,以及内部审计与企业外部团体进行信息交流的监控。

1995 年 12 月,美国注册会计师协会发布《审计准则公告第 78 号》,全面接受 COSO 报告的内容,并从 1997 年 1 月起取代 1988 年发布的《审计准则公告第 55 号》。

(六)21 世纪开始至今(企业风险管理框架)

2001 年年底开始,美国安然、世通、施乐、默克制药等一批大公司会计丑闻接连曝光,诚信危机震撼着美国及国际社会,使人们对美国式自由市场经济制度产生怀疑,全球舆论的焦点集中于美国企业的假账丑闻,这也暴露了美国当时法律的诸多不足。为了提高民众对美国金融市场、政府经济政策的信心,2002 年 7 月,美国《萨班斯-奥克斯利法案》出台。这是一项旨在加强会计监督、强化信息披露、完善公司治理、防止内幕交易的法案。它规定对违反本法案和渎职以及做假账的企业主管实行严厉的制裁,对上市公司实行更为严厉的监督,是自 20 世纪 30 年代美国企业法规基本框架建立以来最大的一次改革,使美国的公司治理迈入新里程。

2002 年,美国 COSO 在内部控制框架概念的基础上,提出了企业风险管理(enterprise risk management,ERM)的概念,使内部控制的研究发展到一个新的阶段。

2004 年,COSO 发布《企业风险管理——整合框架》的研究报告,并指出,企业风险管理框架是建立在《内部控制——整合框架》基础上的,对企业风险管理内容的关注更加广泛与深入。该报告的发布,适应了企业不断变化的风险管理需求。该报告为美国众多的上市公司、大型企业和中介机构广泛采用,也使内部控制从一般意义上的风险控制扩展至全面风险控制,成为企业加强管理、提高经营效率和效果,从而实现战略目标的有力手段。

2016 年,最新的 COSO《企业风险管理——整合框架(征求意见稿)》发布。2017 年 9 月,COSO 正式发布了一份名为《企业风险管理——与战略和业绩的整合》(*Enterprise Risk Management—Integrating with Strategy and Performance*)的报告文件(简称“新 ERM 框架”)。

三、我国内部控制的发展

内部牵制制度到我国西周时期已基本形成,其思想最早见于《周礼》一书。除此之外,西汉的上计制度,宋太祖时期的“职差分离”“主库吏三年一易”制度,都是内部牵制的表现。在封建社会和中华人民共和国成立后直到改革开放前,我国的内部控制制度发展得很缓慢。

20 世纪 90 年代,我国开始注意推动企业内部控制的建设。我国内部控制研究是随着审计事业的恢复而逐步发展起来的,20 世纪 80 年代,学术界就开始了这一领域的探索和研究。中国审计学会、中国内部审计学会多次组织理论界和实务界人士开展相关研究,并取得了一批研究成果。1996 年财政部发布《独立审计准则第 9 号——内部控制与审计风险》,首次完整地提出了内部控制的“三要素”,并要求注册会计师应当审查企业内部控制。中国人民银行、中国证监会等先后发布过部门或系统的有关内部控制的行政规范。

1999 年修订并于 2000 年 7 月 1 日起正式施行的《中华人民共和国会计法》从法律角度对内部控制做出了规定，对单位内部会计监督提出了明确的思想要求（职责明确、相互分离、相互制约、相互监督）。

进入 21 世纪，我国内部控制建设在政府、行业的推动下，正从理论研究向政策指导、实务应用领域迅速展开。中国证监会在 2000 年 11 月发布的《公开发行证券公司披露编报规则》要求公开发行证券的商业银行、保险公司、证券公司应建立健全内部控制制度，并在招股说明书正文中专设一部分，对其内部控制制度的完整性、合理性和有效性做出说明。

2001 年 6 月，财政部发布了《内部会计控制规范——基本规范（试行）》和《内部会计控制规范——货币资金（试行）》，明确了单位建立和完善内部会计控制体系的基本框架与要求，以及货币资金内部控制的要求。2002 年年底至 2003 年，财政部陆续发布了《内部会计控制规范——工程项目（试行）》《内部会计控制规范——销售与收款（试行）》，以及有关担保、成本费用、实物资产、对外投资等方面的征求意见稿。

2004 年，COSO 委员会正式发布《企业风险管理——整合框架》，对我国内部控制的发展产生了重要影响。此时，市场结构的转型，对资本经营的关注和扩展，显著增大的资产损失或流失风险，难以控制的财务报告舞弊风险，以及大量的企业失败案例，处处显示出内部控制与企业风险管理的重要性与紧迫性。为此有关部门先后出台了系列相关的制度及规范。

2005 年 3 月，我国香港会计师公会公布了《内部监控与风险管理的基本架构》，对内部控制制度做了适当调整以适应香港经济环境发展的新状况。6 月公布全新的《内部监控与风险管理指引》，主要目的是就内部监控与风险管理的基本架构提供一般指引及建议。香港会计师公会还特别强调，加强企业管治不单是执行法规，也是为了树立及培养道德规范和健康的企业文化。设立完善的内部监控系统与评估其有效性，并非只是为了遵守不必要和繁复的监管规定，而是要实施有效的机制以帮助公司实现其企业目标，以满足股东和其他利益相关者的期望。

2006 年 6 月，上海证券交易所出台了《上海证券交易所上市公司内部控制指引》（简称《上交所内部控制指引》），为上市公司建立并有效执行内部控制制度提供指引，针对上市公司内部控制的信息披露提出了强制性要求。

2006 年 9 月，深圳证券交易所也出台了《深圳证券交易所上市公司内部控制指引》（简称《深交所内部控制指引》），做出了比《上交所内部控制指引》更为详尽的规定。尽管国内关于内部控制管理的法规不断完善和进步，但由于其更多的是局限在会计与审计角度，范围还不够大，还没有从会计控制到财务控制，到管理控制，再到风险控制的层次。

2007 年 7 月，中国银行业监督管理委员会参照巴塞尔银行监管委员会发布的《商业银行内部控制制度框架》发布了《商业银行内部控制指引》（以下简称《指引》），提出了商业银行内部控制的五个要素，包括内部控制环境、风险识别与评估、内部控制措施、信息交流与反馈、监督评价与纠正。《指引》共分四部分：第一部分为总则和内部控制的基本要求，从宏观层面把握内控；第二部分为授信的内部控制到中间业务的内部控制，从业务层面较为详细地介绍内控；第三部分为会计的内部控制到内部控制的监督与纠正，从执行监督的角度说明内控；第四部分为附则等。另外，保险业、证券业等也相应发布了相关内部控制规范或指引。

2007 年 12 月，国务院国有资产监督管理委员会发布关于印发《中央企业财务内部控制评价工作指引（2007 年度试行）》意在通过独立的调查测试、分析企业在一定经营期间内所采取的各项财务内部控制政策、程序措施，评价企业财务内部控制体系的建设、实施情况以及运行的有效程度，以促进企业内部建立健全运作规范化、管理科学化、监控制度化的财务内部控制体系。

2008 年 6 月，财政部、证监会、审计署、银监会、保监会联合发布了我国第一部《企业内部控制基本规范》。2010 年 4 月，财政部、证监会、审计署、国资委、银监会、保监会等联合发布了 18 项《企业内部控制应用指引》《企业内部控制评价指引》《企业内部控制审计指引》，并规定自 2011 年 1 月 1 日起在境内外同时上市的公司执行，2012 年 1 月 1 日起在上海证券交易所、深圳证券交易所主板上市公司执行。

第三节　企业内部控制的目标与原则

一、企业内部控制的目标

内部控制的目标即企业希望通过内部控制的设计和实施来取得的成效，主要表现为业绩的提高、财务报告信息质量的提高、违规行为发生率的降低等。确立控制目标并逐层分解目标是控制的开始。内部控制的所有方法、程序和措施无一不是围绕着目标而展开的。如果没有了目标，内部控制就会失去方向。

我国《企业内部控制基本规范》规定，内部控制的目标是合理保证企业经营管理合法合规、资产安全、财务报告及相关信息真实完整，提高经营效率和效果，促进企业实现发展战略。上述目标是一个完整的内部控制目标体系不可或缺的组成部分。然而，由于所处的控制层级不同，各个目标在整个目标体系中的地位和作用也存在着差异。

（一）合规目标

合规目标是指内部控制要合理保证企业在国家法律法规允许的范围内开展经营活动，严禁违法经营。企业的终极目标是生存、发展和获利，但是如果企业盲目追求利润，无视国家法律法规，必将为其违法行为付出巨大的代价。一旦被罚以重金或者被吊销营业执照，那么其失去的就不仅仅是利润，而是持续经营的基础。因此，合法合规是企业生存和发展的客观前提，是内部控制的基础性目标，是实现其他内控目标的保证。

内部控制作为存在于企业内部的一种制度安排，可以将法律法规的内在要求嵌入内部控制活动和业务流程之中，从最基础的业务活动上将违法违规的风险降到最低，从而合理保证企业经营管理活动的合法性与合规性。

（二）资产安全目标

资产安全目标主要是为了防止资产损失。保护资产的安全与完整，是企业开展经营活动的基本要求。资产安全目标有两个层次：一是确保资产在使用价值上的完整性，主要是指防止货币资金和实物资产被挪用、转移、侵占、盗窃，防止无形资产被侵权等；二是确保资产在价值量上的完整性，主要是指防止资产被低价出售、防止企业利益被损害的同时要充分提高资产使用率、提升资产管理水平，防止资产价值出现减损。为了保障内部控制、实现资产安全目标，首先必须建立资产的记录、保管和盘点制度，确保记录、保管与盘点岗位的相互分离，并明确职责和权限范围。

内部控制的基本思想在于制衡，因为有了制衡，两个人同时犯同一错误的概率大大降低，从而加大了不法分子实施犯罪计划、进行贪污舞弊行为的难度，进而保护企业的资产不被非法侵蚀或占用，保障企业正常经营活动的顺利开展。为了实现合理保证资产安全的控制目标，企业需要广泛运用职责分离、分权牵制等体现制衡要求的控制措施。

（三）报告目标

报告目标是指内部控制要合理保证企业提供真实可靠的财务信息及其他信息。内部控制的重要控制活动之一是对财务报告的控制。财务报告及相关信息反映了企业的经营业绩，以及企业的价值增值过程，揭示了企业的过去和现状，并可预测企业的未来发展，是投资者进行投资决策、债权人进行信贷决策、管理者进行管理决策和相关经济主管部门制定政策和履行监管职责的重要依据。此外，财务报表及相关信息的真实披露还可以将企业诚信、负责的形象公之于众，有利于市场地位的稳固与提升及企业未来价值的增长。从这个角度来看，报告目标的实现程度又会在一定程度上影响经营目标的实现程度。

要确保财务报告及相关信息的真实完整，一方面应按照企业会计准则的相关要求如实地核算经济业务、编制财务报告，满足会计信息的一般质量要求；另一方面则应通过内部控制制度的设计，包括不相容职务分离、授权审批控制、日常信息核对等，来防止提供虚假会计信息。

（四）经营目标

提高经营的效率和效果（即有效性）是内部控制要达到的最直接也是最根本的目标。企业存在的根本目的在于获利，而企业能否获利往往直接取决于经营的效率和效果如何。企业所有的管理理念、制度和方法都应该围绕着提高经营的效率和效果来设计、运行并进行适时的调整，内部控制制度也不例外。内部控制的核心思想是相互制衡，而实现手段则是一系列详尽而复杂的流程，这似乎与提高效率的目标相悖，实则不然。内部控制是科学化的管理方法和业务流程，其本质是对风险的管理和控制，它可以将对风险的防范落实到每个细节和环节当中，真正做到防微杜渐，使企业可以在低风险的环境中稳健经营。而忽视内部控制的经营管理，貌似效率很高，实则处于高风险的经营环境，一旦不利事项发生，轻则对企业产生重创，重则导致企业衰亡。

良好的内部控制可以从以下四个方面来提高企业的经营效率和效果：一是组织精简，权责划分明确，各部门之间、工作环节之间要密切配合、协调一致，充分发挥资源潜力，充分有效地使用资源，提高经营绩效；二是优化与整合内部控制业务流程，避免出现控制要点的交叉和冗余，也要防止出现内控盲点，要设计最优的内控流程并严格执行，最大限度地提高执行效率；三是建立良好的信息和沟通体系，可以使会计信息及其他方面的重要经济管理信息快速地在企业内部各个管理层次和业务系统之间有效地流动，提高管理层制定经济决策和反应的效率；四是建立有效的内部考核机制，对绩效的优劣进行科学的考核，可以实行企业对部门考核、部门对员工考核的多级考核机制，并将考核结果落实到奖惩机制中，对部门和员工起到激励和促进作用，提高工作的效率和效果。

（五）战略目标

促进企业实现发展战略是内部控制的最高目标，也是终极目标。战略与企业目标相关联，是管理者为实现企业价值最大化的根本目标并针对环境做出的一种反应和选择。如果说提高经营的效率和效果是从短期利益的角度定位的内部控制目标，那么促进企业实现发展战略则是从长远利益出发的内部控制目标。战略目标是总括性的长远目标，而经营目标则是战略目标的短期化与具体化。内部控制要促进企业实现发展战略，必须立足于经营目标，着力于经营效率和效果的提高。只有这样，才能提高企业核心竞争力，促进发展战略的实现。

要实现这一目标，首先，应由公司董事会或总经理办公会议制定总体战略目标，并通过股东代表大会表决通过，战略目标的制定要充分考虑外部环境和内部条件的变化，根据相应的变化进行适时的调整，确保战略目标在风险容忍度之内。其次，应将战略目标按阶段和内容划分为具体的经营目标，确保各项经营活动围绕战略目标开展。再次，应依据既定的目标实施资源分配，使组织、人员、流程与基础结构相协调，以便促成战略的成功实施。最后，应将目标作为主体从事活动的可计量的基准，围绕目标的实现程度和实现水平实行绩效考核。

二、企业内部控制的基本原则

所谓原则，是指处理问题的准则和规则。要使内部控制达到既定目标，即内部控制有效就必须在内部控制的建立和实施过程中遵循一定的原则。建立和实施内部控制必须遵循以下原则。

（一）全面性原则

全面性原则即内部控制应当贯穿决策、执行和监督全过程，覆盖企业及其组成部分的各种业务和事项。内部控制的建立在层次上应该涵盖企业董事会、管理层和全体员工，在对象上应该覆盖各项业务和管理活动，在流程上应该渗透到决策、执行、监督、反馈等各个环节，避免内部控制出现空白和漏洞。总之，内部控制应该是全程控制、全员控制和全面控制。

（二）重要性原则

内部控制的重要性原则即内部控制应当在兼顾全面的基础上突出重点，针对重要业务和事项、高风险领域和环节采取更为严格的控制措施，确保不存在重大缺陷。基于企业资源有限的客观事实，企业在设计内部控制制度时不应平均使用资源，而应该寻找关键控制要点，并对关键控制要点投入更多的人力、物力和财力，即要“突出重点，兼顾一般”，着力防范重大风险。

目前，中央在国企推行“三重一大”制度正是重要性原则的充分体现。所谓“三重一大”,是指“重大决策、重大事项、重要人事任免及大额资金使用”。《企业内部控制应用指引第1号——组织架构》第五条也对此做出了规定。

所谓重大决策,主要包括企业贯彻执行党和国家的路线方针政策、法律法规和上级重要决定的重大措施,企业发展战略、破产、改制、兼并重组、资产调整、产权转让、对外投资、利益调配、机构调整等方面的重大决策,企业党的建设和安全稳定的重大决策,以及其他重大决策事项。

所谓重大事项,是指对企业资产规模、资本结构、盈利能力以及生产装备、技术状况等产生重要影响的项目的设立和安排,其主要包括年度投资计划,融资、担保项目,期权、期货等金融衍生业务,重要设备和技术引进,采购大宗物资和购买服务,重大工程建设项目以及其他重大项目安排事项。

所谓重要人事任免,是指企业直接管理的领导人员,以及其他经营管理人员的职务调整事项。其主要包括企业中层以上经营管理人员和下属企业、单位领导班子成员的任免、聘用、解除聘用和后备人选的确定,向控股和参股企业委派股东代表推荐董事会、监事会成员和经理、财务负责人,以及其他重要人事任免事项。

所谓大额资金使用,是指超过由企业或者履行国有资产出资人职责的机构所规定的企业领导人员有权调动、使用的资金限额的资金调动和使用,其主要包括年度预算内大额资金的调动和使用,超预算的资金调动和使用,对外大额捐赠、赞助,以及其他大额资金运作事项。“三重一大”事项应坚持集体决策原则。任何个人不得单独进行决策或者擅自改变集体决策意见。企业应当健全议事规则,明确“三重一大”事项的决策规则和程序,完善群众参与、专家咨询和集体决策相结合的决策机制。国有企业党委(党组)、董事会、未设董事会的经理班子等决策机构要依据各自的职责、权限和议事规则,集体讨论决定“三重一大”事项,防止个人或少数人专断。要坚持务实高效,保证决策的科学性;充分发扬民主,广泛听取意见,保证决策的民主性;遵守国家法律法规和有关政策,保证决策合法合规。

(三)制衡性原则

内部控制的制衡性原则要求内部控制应当在治理结构、机构设置及权责分配、业务流程等方面形成相互制约、相互监督。相互制衡是建立和实施内部控制的核心理念,更多地体现为不相容机构、岗位或人员的相互分离和制约。无论是在企业决策、执行环节,还是在监督环节,如果不能做到不相容职务的相互分离与制约,那么就会造成滥用职权或串通舞弊的后果,导致内部控制的失效,给企业经营发展带来重大隐患。

(四)适应性原则

适应性原则的思想来源于“权变”理论。所谓权变,是指权宜应变。权变理论认为,企业要依据环境和内外条件随机应变,灵活地采取相应的、适当的管理方法,不存在一成不变的、普遍适用的“最好的”管理理论和方法,也不存在普遍不适用的“不好的”管理理论和方法。根据权变理论,建立内部控制制度不可能一劳永逸,而应当与企业的经营规模、业务范围、竞争状况和风险水平等相适应,并随着情况的变化及时加以调整。在当今日益激烈的市场竞争环境中,经营风险更具复杂性和多变性。企业应当根据内外部环境的变化，适时地对内部控制加以调整和完善，防止出现“道高一尺，魔高一丈”的现象。

（五）成本效益原则

内部控制的成本主要有以下三方面的内容：

（1）内部控制的设计成本包括自行设计和外包设计成本。

（2）内部控制的实施成本，包括评价和监督人员的工资，实施内部控制影响了运营效率带来的机会成本，以及将内部控制制度嵌入信息系统后的信息系统的运行和维护成本。

（3）内部控制的鉴证成本一般是聘请注册会计师实施内部控制审计的鉴证费用。

成本效益原则要求实施内部控制应当权衡成本与预期效益，以适当的成本实现有效控制。成本效益原则有两个要义：一是努力降低内部控制的成本，即在保证内部控制制度有效性的前提下，尽量精简机构和人员，改进控制方法和手段，减少过于烦琐的程序和手续，避免重复劳动，提高工作效率，节约成本；二是合理确定内部控制带来的经济效益，实施内部控制的效益并非不可计量，只是这种效益往往具有滞后性，当期效益并不明显。为了做大做强，企业一定要杜绝“短视行为”，立足长远，充分考虑内部控制带来的未来收益，并与其成本进行对比，运用科学、合理的方法，有目的、有重点地选择控制要点，实现有效控制。值得说明的是，内部控制的建立和实施要符合成本效益原则，也是内部控制对目标的保证程度不是绝对保证，而是合理保证的重要原因之一。

第四节　企业内部控制的要素

一、五要素

内部控制要素是指构成内部控制必不可少的因素，是内部控制的基本框架。我国的《企业内部控制基本规范》将内部控制要素定义为内部环境、风险评估、控制活动、信息与沟通、内部监督五大组成部分。

（一）内部控制五要素的组成

1.内部环境

内部环境是企业建立与实施内部控制的基础，一般包括治理结构、机构设置及权责分配、发展战略、人力资源、企业文化和社会责任等内容。

内部环境是试金石，它反映了企业董事会、监事会和经理层对内部控制重要性的认识和态度；内部环境是内部控制赖以生存的土壤，是内部控制其他要素的基础，为其他要素提供约束和保障，决定着内部控制的存在与发展空间；内部环境是一种氛围，它塑造着企业文化，影响着企业战略和目标的制定以及风险的识别、评估和应对，影响着企业员工的控制意识，影响着企业员工实施控制活动和履行控制责任的态度、认识和行为。因为内部环境往往是因企业而异的，所以内部环境的差异是造成各企业内部控制实施差异和效果差异的根本原因。

2.风险评估

风险评估是企业及时识别、系统分析经营活动中与实现内部控制目标相关的风险，合理确定风险应对策略的行为与过程。风险是指可能对企业实现控制目标产生负面影响的不确定因素和事项。

风险评估是企业实施内部控制的重要环节和重要依据，主要包括目标设定、风险识别、风险分析和风险应对等环节。

目标设定是董事会和管理层按照一定程序设定的，企业在一定时期内的总体内部控制目标和具体内部控制目标。风险识别是指对企业实现控制目标可能遇到或发生的各种风险进行判断、分析和确认的过程。风险分析是在风险识别的基础上，采用定性与定量相结合的方法，对风险发生的可能性、影响程度等事项进行分析和排序，确定重点关注的风险和优先控制的风险，以便为风险应对提供依据的过程。风险应对是指企业在风险分析的基础上结合风险承受度，权衡风险与收益，确定风险应对策略，实现对风险有效控制的过程。

风险应对策略是指有效控制相关风险的方法和措施。其中，风险规避是企业对超出风险可承受度的风险，通过放弃或者停止与该风险相关的业务活动以避免和减少损失的策略；风险降低是企业在权衡成本效益之后，准备采取适当的控制措施降低风险或减少损失，将风险控制在可承受度之内的策略；风险分担是企业准备借助他人力量采取业务分包、购买保险等方式和适当的控制措施，将风险控制在可承受度之内的策略；风险承受是企业对风险可承受度之内的风险，在权衡成本效益之后，不准备采取控制措施降低风险或减少损失的策略。

企业应当根据设定的控制目标，全面系统持续地收集相关信息，结合实际情况，及时进行风险识别。要根据风险分析的结果，结合风险承受度，权衡风险与收益，确定风险应对策略，有效避免或降低内外风险对企业产生的不利影响。

3.控制活动

控制活动是企业针对具体业务和事项，根据风险评估结果，采用相应的控制措施，将风险控制在可承受度之内的过程。

控制活动是企业实施内部控制的具体方式。常用的控制措施一般包括：不相容职务分离控制、授权审批控制、会计系统控制、财产保护控制、全面预算控制、运营分析控制和绩效考评控制等。

企业应当根据内部控制目标，结合风险评估结果，通过手工控制与自动控制、预防性控制与检查性控制相结合的方法，综合运用控制措施，对各种业务和事项实施有效控制，将风险控制在可承受度之内。

4.信息与沟通

信息与沟通是企业及时、准确地收集、传递与内部控制相关的信息，确保信息在企业内部、企业与外部之间进行有效沟通。

信息与沟通是企业实施内部控制的重要条件。其构成要素一般包括建立信息与沟通制度、提高信息质量和有用性、及时沟通与反馈信息、利用信息技术建立信息系统、建立反舞弊机制等。信息与沟通的方式虽是灵活多样的，但无论哪种方式，都应当保证信息的真实性、及时性和有用性。

企业应当建立信息与沟通制度，明确内部控制相关信息的收集、处理和传递程序，确保信息及时沟通,促进内部控制有效运行。

5.内部监督

内部监督是指企业对内部控制建立与实施情况进行监督检查,评价内部控制的有效性,发现内部控制缺陷,及时加以改进。

内部监督是实施内部控制的重要保证,被称为对内部控制的控制,一般包括对内部控制建立与实施情况的监督检查、评价内部控制的有效性、对发现的内部控制缺陷及时加以改进等。

企业应当根据有关法规制定内部监督制度,明确内部审计机构和其他内部机构在内部监督中的职责权限,规范内部监督的程序、方法和要求。

(二)内部控制五要素的关系

内部控制五要素既相对独立又相互联系,形成一个有机的整体。

内部控制五要素之间的关系有以下五点。

1.内部环境是实施内部控制的重要基础

内部环境决定着内部控制的存在与发展空间,影响着内部控制其他要素的有效运行和作用发挥。

2.风险评估是实施内部控制的重要环节和重要依据

通过风险评估,企业可以及时识别、科学分析与实现控制目标相关的风险,合理确定风险应对策略,为控制活动提供基础和依据。

3.控制活动是实施内部控制的重要手段和过程

控制活动根据风险应对策略,采用相应的控制措施,将风险控制在可承受度之内。因此,控制活动的过程也是采取控制措施落实风险应对策略的过程。

4.信息与沟通是实施内部控制的重要条件

信息与沟通在五要素之间发挥着纽带和桥梁作用:内部环境与其他要素之间的联系需要通过信息与沟通完成,风险评估、控制活动和内部监督的实施需要以信息与沟通为媒介,各项要素的实施结果也需要通过信息与沟通进行反馈和交流。如果缺少信息与沟通,内部控制将变成一盘散沙,互不联系。

5.内部监督是实施内部控制的重要保证

内部监督是对内部控制建立与实施情况的监督检查,通过内部监督可以发现内部控制缺陷,改善内部控制体系,提高内部控制的有效性。因此,内部控制的所有要素都要接受内部监督的制约,实现内部控制的自我控制。

二、八要素

同1992年的COSO报告相比,2017年的“新ERM框架”报告增加了一个目标和三个要素。在主体既定的使命或愿景范围内,管理当局制定战略目标,选择战略,并在企业内自上而下设定相应的目标。企业风险管理框架力求实现主体的以下四种类型的目标:①战略(strategic)目标。高层次目标,与使命相关联并支撑其使命。②经营(operations)目标。有效和高效率地利用其资源。③报告(reporting)目标。报告的可靠性。④合规(compliance)目标。符合适用的法律和法规。

企业风险管理包括八个相互关联的构成要素，它们来源于管理当局经营企业的方式，并与管理过程整合在一起。这些构成要素如下。

1.内部环境

内部环境包含组织的基调，它为主体内的人员如何认识和对待风险设定了基础，包括风险管理理念和风险容量、诚信和道德价值观，以及他们所处的经营环境。

2.目标设定

必须先有目标，管理当局才能识别影响目标实现的潜在事项。企业风险管理能确保管理当局采取适当的程序去设定目标，确保所选定的目标支持和切合该主体的使命，并且与它的风险容量相符。

3.事项识别

必须识别影响主体目标实现的内部事项和外部事项，区分风险和机会。机会将被反馈到管理当局的战略目标制定过程中。

4.风险评估

通过考虑风险的可能性和影响来对其加以分析，并以此作为决定如何进行管理的依据。风险评估应立足于固有风险和剩余风险。

5.风险应对

管理当局选择风险应对（回避、承受、降低或者分担风险），采取一系列行动以便把风险控制在主体的风险容限和风险容量以内。

6.控制活动

制定和执行政策与程序，以帮助确保风险应对得以有效实施。

7.信息与沟通

相关的信息可以确保员工履行其职责的方式和时机，予以识别、获取和沟通。有效沟通的含义比较广泛，包括信息在主体中向下、平行和向上流动。

8.监控

对企业风险管理进行全面监控，必要时加以修正。监控可以通过持续的监督活动、个别评价或者两者结合来完成。

本章小结

内部控制制度是现代企业在对经济活动进行管理时所采用的一种管理手段，是企业有效的管理体系中的重要组成部分。通过本章学习，在理论知识方面：要了解企业内部控制的产生和发展，掌握企业内部控制的概念、目标，对企业内部控制五要素有初步的认识。在思政方面：掌握企业内部控制的概念，结合德育要求，培养学生正确的价值观，并提前建立起内控思维；了解企业内部控制的发展，拓宽学生的国际视野，提升学生的文化自信。理解内部控制的“制度牵制”到“无为而治”的发展过程，建立起学生在未来工作中对自己的道德要求和职业品质。

课后练习题

一、单项选择题

1.内部控制结构阶段又称三要素阶段,其中不包括(　　)要素。

A.控制环境　　B.风险评估

C.会计制度　　D.控制程序

2.(　　)是指为了向实现内部控制目标提供合理保证而制定的各项政策、程序和规定。

A.控制环境　　B.风险评估

C.控制活动　　D.信息与沟通

3.内部控制是从早期(　　)思想的基础上逐步发展起来的。

A.科学管理　　B.内部牵制

C.内部审计　　D.管理控制

4.不属于企业风险管理框架八要素的是(　　)。

A.控制环境　　B.事项识别

C.控制活动　　D.监控

5.建立健全和有效实施内部控制是(　　)的责任。

A.董事会　　B.高级管理层

C.注册会计师　　D.内审部门

二、多项选择题

1.关于内部控制的理解,以下说法正确的有(　　)。

A.内部控制是一种全员控制　　B.内部控制是一种全面控制

C.内部控制是一种全程控制　　D.内部控制是由董事会实施的

2.下列选项中,属于内部控制要素的是(　　)。

A.控制环境　　B.风险评估

C.控制活动　　D.信息与沟通

3.内部牵制主要包括(　　)。

A.实物牵制　　B.物理牵制

C.分权控制　　D.簿记控制

4.下列选项中属于内部控制参与主体的是(　　)。

A.企业董事会　　B.企业监事会

C.政府对企业进行审计的审计人员　　D.企业全体员工

5.内部控制的成本主要体现(　　)。

A.内部控制的设计成本　　B.内部控制的时间成本

C.内部控制的实施成本　　D.内部控制的鉴证成本

三、简答题

1.企业实施内部控制的意义有哪些?

2.企业内部控制的目标与原则是什么?

第二章 控制环境与风险评估

第一节 控制环境

一、控制环境概述

控制环境是指对建立、加强或削弱特定政策、程序及其效率产生影响的各种因素，主要是指重大影响因素。控制环境决定了企业的基调，影响企业员工的控制意识。它是其他要素的基础，提供了基本规则和构架。根据我国《企业内部控制基本规范》的定义，内部环境是企业实施内部控制的基础，一般包括治理结构、机构设置及权责分配、内部审计、人力资源政策、企业文化等。控制环境的好坏直接影响企业内部控制的贯彻和执行，以及企业经营目标及整体战略目标的实现。

二、公司治理与组织架构

（一）公司治理的定义

公司治理是一套程序、惯例、政策、法律及机构，影响着如何带领、管理及控制公司。公司治理方法也包括公司内部利益相关人士及公司治理的众多目标之间的关系。主要利益相关人士包括股东、管理人员和董事。其他利益相关人士包括雇员、供应商、顾客、银行和其他贷款人、政府政策管理者、环境和整个社区。从公司治理的产生和发展来看，公司治理可以分为狭义的公司治理和广义的公司治理两个层次。狭义的公司治理，是指所有者（主要是股东）对经营者的一种监督与制衡机制，即通过一种制度安排，来合理地界定和配置所有者与经营者之间的权利与责任关系（图 2-1）。公司治理的目标是保证股东利益的最大化，防止经营者与所有者利益的背离。其主要特点是通过股东大会、董事会、监事会及经理层所构成的公司治理结构的内部治理。广义的公司治理是指通过一整套包括正式或非正式的、内部的或外部的制度来协调公司与所有利益相关者之间（股东、债权人、职工、潜在的投资者等）的利益关系，以保证公司决策的科学性、有效性，从而最终维护公司各方面的利益。

（二）组织架构的定义

科学合理的组织架构是内部控制的前提和基础，良好且完善的企业组织架构为风险评估、实施控制活动、促进信息沟通、强化内部监督提供了组织保障。根据《企业内部控制应用指引第 1 号——组织架构》的定义，组织架构是指企业按照国家有关法律法规、股东

（大）会决议、企业章程，结合本企业实际情况，明确董事会、监事会、经理层和企业内部各层级机构设置、职责权限、人员编制、工作程序和相关要求的制度安排。其中，核心是完善公司治理结构、管理体制和运行机制问题。现代企业，无论是处于新建、重组改制还是存续状态，要实现发展战略，就必须把建立和完善组织架构放在首位或重中之重。否则，其他方面都无从谈起。组织架构分为治理结构和内部机构两个层面。治理结构即企业治理层面的组织架构，是与外部主体发生各项经济关系的法人所必备的组织基础。它可以使企业成为在法律上具有独立责任的主体，从而使得企业能够在法律许可的范围内拥有特定权利、履行相应义务，以保障各利益相关方的基本权益。内部机构则是企业内部分别设置不同层次的管理人员及由各专业人员组成的管理团队，针对各项业务功能行使决策、计划、执行、监督、评价的权利并承担相应的义务，是为了保证业务顺利开展的支撑平台。现代企业的组织结构一般包括四种基本形式，即U型结构（直线职能式组织结构）（图2-2）、M型结构（区域事业部制组织结构）（图2-3）、H型结构（控股公司制组织结构）（图2-4）、矩阵型结构（图2-5）。

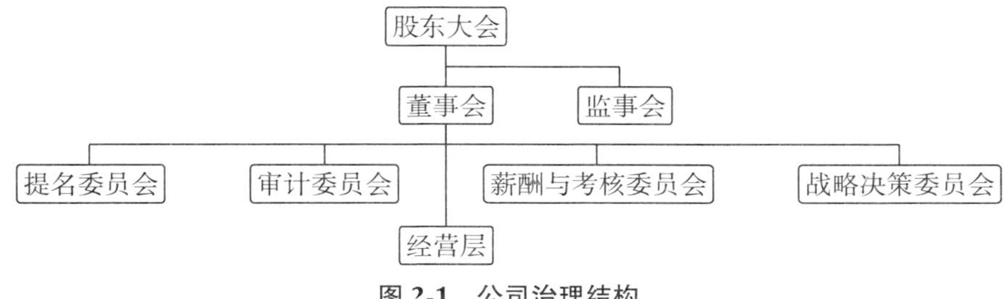

图2-1　公司治理结构

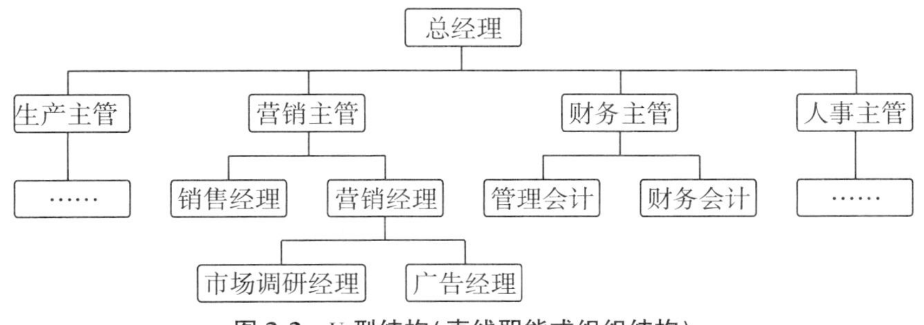

图2-2　U型结构（直线职能式组织结构）

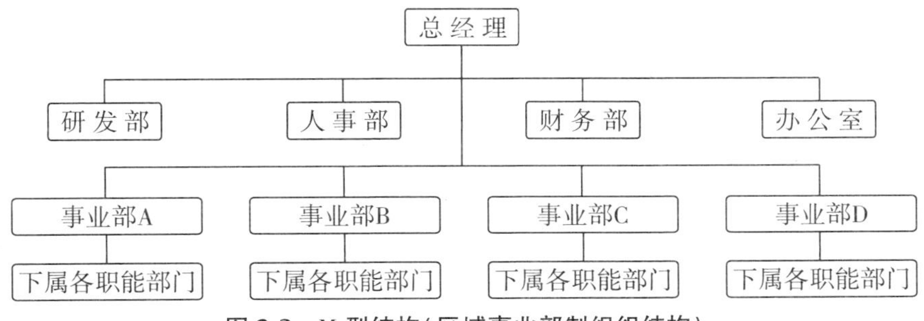

图2-3　M型结构（区域事业部制组织结构）

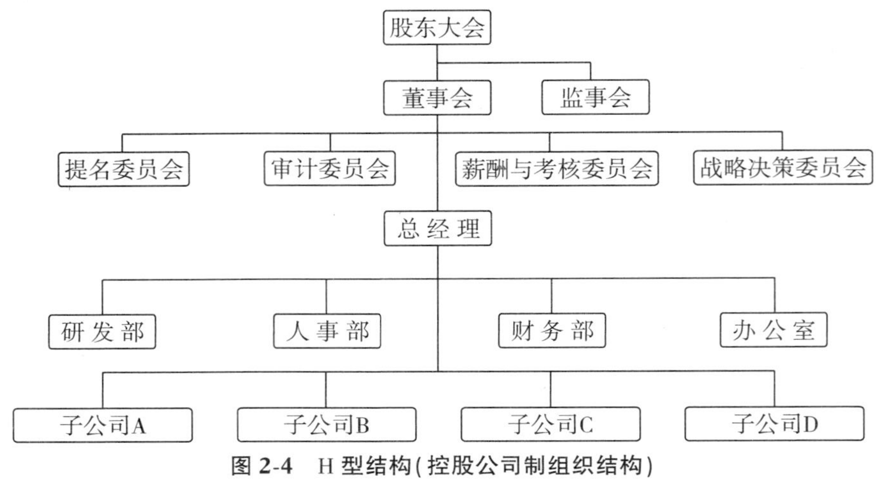

图 2-4　H 型结构(控股公司制组织结构)

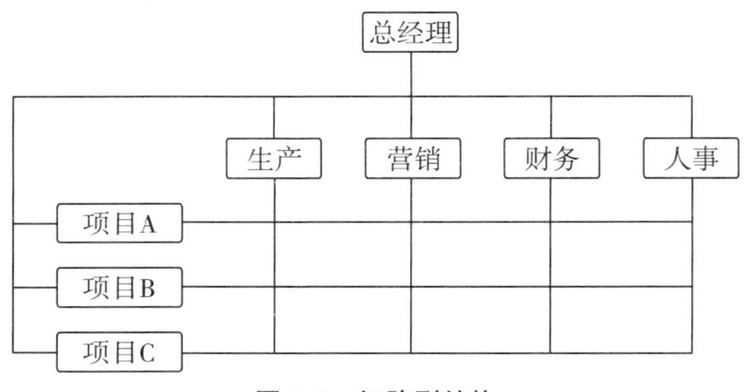

图 2-5　矩阵型结构

(三)组织架构的设计

1.组织架构设计的风险点

根据《企业内部控制应用指引第 1 号——组织架构》的规定,组织架构的设计应该注意以下问题。

(1)企业应当根据国家有关法律法规的规定,明确董事会、监事会和经理层的职责权限、任职条件、议事规则和工作程序,确保决策、执行和监督相互分离,形成制衡。董事会对股东(大)会负责,依法行使企业的经营决策权。可按照股东(大)会的有关决议,设立战略、审计、提名、薪酬与考核等专门委员会,明确各专门委员会的职责权限、任职资格、议事规则和工作程序,为董事会科学决策提供支持。监事会对股东(大)会负责,监督企业董事、经理和其他高级管理人员依法履行职责。经理层对董事会负责,主持企业的生产经营管理工作。经理和其他高级管理人员的职责分工应当明确。董事会、监事会和经理层的产生程序应当合法合规,其人员构成、知识结构、能力素质应当满足履行职责的要求。

(2)企业的重大决策、重大事项、重要人事任免及大额资金支付业务等,应当按照规定的权限和程序实行集体决策审批或者联签制度。任何个人不得单独进行决策或者擅自改变集体决策意见。重大决策、重大事项、重要人事任免及大额资金支付业务的具体标准由企业自行确定。

(3)企业应当按照科学、精简、高效、透明、制衡的原则,综合考虑企业性质、发展战略、文化理念和管理要求等因素,合理设置内部职能机构,明确各机构的职责权限,避免职能交叉、缺失或权责过于集中,形成各司其职、各负其责、相互制约、相互协调的工作机制。

(4)企业应当对各机构的职能进行科学合理的分解,确定具体岗位的名称、职责和工作要求等,明确各个岗位的权限和相互关系。企业在确定职权和岗位分工过程中,应当体现不相容职务相互分离的要求。不相容职务通常包括:可行性研究与决策审批;决策审批与执行;执行与监督检查等。

(5)企业应当制定组织结构图、业务流程图、岗(职)位说明书和权限指引等内部管理制度或相关文件,使员工了解和掌握组织架构设计及权责分配情况,正确履行职责。

2.组织架构设计的具体内容

组织架构的设计主要是针对按《中华人民共和国公司法》新设立企业,以及《中华人民共和国公司法》颁布前存在的企事业单位转为公司制企业而言的。已按《中华人民共和国公司法》运作的企业,重点应放在如何健全机制确保组织架构有效运行,组织架构的设计可以分为治理结构的设计和内部机构的设计两个方面。

1)治理结构的设计

治理结构涉及股东(大)会、董事会、监事会和经理层。企业应当根据国家有关法律法规的规定,按照决策机构、执行机构和监督机构相互独立、权责明确、相互制衡的原则,明确董事会、监事会和经理层的职责权限、任职条件、议事规则和工作程序等。从内部控制建设角度看,新设企业或转制企业如果一开始就在治理结构设计方面存在缺陷,必然会对以后企业的长远发展造成严重损害。

(1)对于上市公司而言,其治理结构的设计还有一些特殊的要求,具体包括以下几个方面。

第一,建立独立董事制度。上市公司董事会应当设立独立董事,独立董事应独立于所受聘的公司及其主要股东。独立董事不得在上市公司担任除独立董事外的其他任何职务。独立董事应按照有关法律法规和公司章程的规定,认真履行职责,维护公司整体利益,尤其要关注中小股东的合法权益不受损害。独立董事应独立履行职责,不受公司主要股东、实际控制人以及其他与上市公司存在利害关系的单位或个人的影响。

第二,董事会专门委员会的特殊要求。上市公司董事会下设的审计委员会、薪酬与考核委员会中,独立董事应当占多数并担任负责人,审计委员会中至少还应有一名独立董事是会计专业人士。在董事会各专业委员会中,审计委员会对内部控制的建立健全和有效实施发挥着重要作用。审计委员会对董事会负责并代表董事会对经理层进行监督,侧重加强对经理层提供的财务报告和内部控制评价报告的监督,同时通过指导和监督内部审计和外部审计工作,提高内部审计和外部审计的独立性,在信息披露、内部审计和外部审计之间建立起了一个独立的监督和控制机制。

第三,设立董事会秘书。上市公司应当设立董事会秘书,董事会秘书为上市公司的高级管理人员,直接对董事会负责,并由董事长提名,董事会负责任免。在上市公司实务中董事会秘书是一个重要的角色，其负责公司股东大会和董事会会议的筹备，文件保管以及公司股东资料的管理，办理信息披露事务等事宜。

（2）在我国，还有比较特殊的企业群体——国有独资企业，其治理结构也有一些特殊的要求，包括以下几个方面。

第一，国有资产监督管理机构代行股东（大）会职权。国有独资企业不设股东（大）会，由国有资产监督管理机构行使股东（大）会职权。国有独资企业董事会可以根据授权部分行使股东（大）会的职权，决定公司的重大事项。但公司的合并、分立、解散、增加或者减少注册资本和发行公司债券，必须由国有资产监督管理机构决定。

第二，国有独资企业董事会成员中应当包括公司职工代表。董事会成员由国有资产监督管理机构委派；但是，董事会成员中的职工代表由公司职工代表大会选举产生。国有独资企业董事长、副董事长由国有资产监督管理机构从董事会成员中指定产生。

第三，国有独资企业监事会成员由国有资产监督管理机构委派，但是监事会成员中的职工代表由公司职工代表大会选举产生。监事会主席由国有资产监督管理机构从监事会成员中指定产生。

第四，外部董事由国有资产监督管理机构提名推荐，由任职公司以外的人员担任。外部董事在任期内，不得在任职企业担任其他职务。外部董事制度对于规范国有独资公司治理结构、提高决策科学性、防范重大风险具有重要意义。

2）内部机构的设计

内部机构的设计是组织架构设计的关键环节。只有切合企业经营业务特点和内部控制要求的内部机构，才能为实现企业发展目标发挥积极促进作用。具体而言，有如下方面。

（1）企业应当按照科学、精简、高效、透明、制衡的原则，综合考虑企业性质、发展战略、文化理念和管理要求等因素，合理设置内部职能机构，明确各机构的职责权限，避免职能交叉、缺失或权责过于集中，形成各司其职、各负其责、相互制约、相互协调的工作机制。

（2）企业应当对各机构的职能进行科学合理的分解，确定具体岗位的名称、职责和工作要求等，明确各个岗位的权限和相互关系；在内部机构设计过程中，应当体现不相容职务相分离原则，努力识别出不相容职务，并根据相关的风险评估结果设立内部牵制机制，特别是在涉及重大或高风险业务处理程序时，必须考虑建立各层级、各部门、各岗位之间的分离和牵制，对因机构人员较少且业务简单而无法分离处理某些不相容职务时，企业应当制定切实可行的替代控制措施。

（3）企业应当制定组织结构图、业务流程图、岗（职）位说明书和权限指引等内部管理制度或相关文件，使员工了解和掌握组织架构设计及权责分配情况，正确履行职责。需要说明的是，企业在设计组织架构时，必须考虑内部控制的要求，合理确定治理层及内部各部门之间的权力和责任并建立恰当的报告关系，既要能够保证企业高效运营又要能适应内部控制环境的需要，进行相应的调整和变革。

（四）组织架构的运行

1.组织架构的梳理

组织架构运行既涉及企业治理结构和内部机构的运行，也涉及对企业组织架构的全面梳理。企业应当根据《企业内部控制应用指引第 1 号——组织架构》的规定，对现有治理结构和内部机构设置按照以下几方面进行全面梳理，确保本企业治理结构、内部机构设置和运行机制等符合现代企业制度的要求。

（1）企业梳理治理结构，应当重点关注董事、监事、经理及其他高级管理人员的任职资格和履职情况，以及董事会、监事会和经理层的运行效果。治理结构存在问题的，应当采取有效措施加以改进。企业梳理内部机构设置，应当重点关注内部机构设置的合理性和运行的高效性等。内部机构设置和运行中存在职能交叉、缺失或运行效率低下的，应当及时解决。

（2）企业拥有子公司的，应当建立科学的投资管控制度，通过合法有效的形式履行出资人职责、维护出资人权益，重点关注子公司特别是异地、境外子公司的发展战略、年度财务预决算、重大投融资、重大担保、大额资金使用、主要资产处置、重要人事任免、内部控制体系建设等重要事项。

（3）企业应当定期对组织架构设计与运行的效率和效果进行全面评估，发现组织架构设计与运行中存在缺陷的，应当进行优化调整。企业组织架构调整应当充分听取董事、监事、高级管理人员和其他员工的意见，按照规定的权限和程序进行决策审批。

2.治理结构层面

具体说来，治理结构层面可以重点关注以下两个方面。

（1）关注董事、监事、经理及其他高级管理人员的任职资格和履职情况。就任职资格而言，重点关注行为能力、道德诚信、经营管理素质、任职程序等方面。就履职情况而言着重关注合规、业绩以及履行忠实、勤勉义务等方面。

（2）关注董事会、监事会和经理层的运行效果。这方面要着重关注：董事会是否定期或不定期召集股东大会并向股东大会报告；是否严格认真地执行了股东大会的所有决议；是否合理地聘任或解聘经理及其他高级人员等。监事会是否按照规定对董事、高级管理人员行为进行监督；在发现违反相关法律法规或损害公司利益时，是否能够对其提出罢免建议或制止纠正其行为等。经理层是否认真有效地组织实施董事会决议；是否认真有效地组织实施董事会制订的年度生产经营计划和投资方案；是否能够完成董事会确定的生产经营计划和绩效目标等。

3.内部机构层面

内部机构层面可从关注内部机构设置的合理性和运行的高效性两个方面入手。

（1）内部机构设置的合理性应重点关注：内部机构设置是否适应内外部环境的变化；是否以发展目标为导向；是否满足专业化的分工和协作，有助于企业提高劳动生产率；是否明确界定各机构和岗位的权利和责任，不存在权责交叉重叠，不存在只有权利而没有相对应的责任和义务的情况等。

（2）内部机构设置运行的高效性应重点关注：内部各机构的职责分工是否针对市场环境的变化做出及时调整。特别是当企业面临重要事件或重大危机时，各机构间表现出的职责分工协调性，可以较好地检验内部机构运行的效率。此外，还应关注权力制衡的效率评估，包括机构权力是否过大并存在监督漏洞，机构权力是否被架空，机构内部或各机构之间是否存在权力失衡等。

三、发展战略与企业文化

(一)发展战略概述

内部控制的目标是合理保证企业经营管理合法合规、资产安全、财务报告及相关信息真实完整,提高经营效率和效果,促进企业实现发展战略。其中,企业发展战略目标在内部控制目标体系中处于主导地位,战略目标正确,其他目标才有意义,否则,其他目标实现的意义就会大打折扣。企业应当依据发展战略,设计和实施内部控制。

根据《企业内部控制应用指引第2号——发展战略》,发展战略是企业在对现实状况和未来趋势进行综合分析和科学预测的基础上,制定并实施的中长期发展目标与战略规划。战略的失败是企业最彻底的失败,它甚至会导致企业的消亡。发展战略具有以下的意义。

(1)发展战略可以为企业找准市场定位。市场定位就是要在激烈的市场竞争环境中找准位置。定位准了,才能赢得市场,才能获得竞争优势,才能不断发展壮大。发展战略要着力解决的正是企业发展过程中所面临的这些全局性、长期性的问题。

(2)发展战略是企业执行层的行动指南。发展战略指明了企业的发展方向、目标与实施路径,描绘了企业未来经营方向和目标纲领,是企业发展的蓝图,关系着企业的长远生存与发展。

(3)发展战略也是内部控制的最高目标。在企业内部控制的系列目标中,促进发展战略的实现是内部控制最高层次的目标。发展战略为企业内部控制指明了方向,内部控制为企业实现发展战略提供了可靠保障。

(二)企业制定与实施发展战略存在的风险

根据《企业内部控制应用指引第2号——发展战略》,企业制定与实施发展战略至少应当关注下列风险。

(1)缺乏明确的发展战略或发展战略实施不到位,可能导致企业盲目发展,难以形成竞争优势,丧失发展机遇和动力。

(2)发展战略过于激进,脱离企业实际能力或偏离主业,可能导致企业过度扩张,甚至经营失败。

(3)发展战略因主观原因频繁变动,可能导致资源浪费,甚至会危及企业的生存和持续发展。

(三)发展战略的制定

1.发展战略的制定应该注意的事项

根据《企业内部控制应用指引第2号——发展战略》的规定,发展战略的制定应该注意以下几方面。

(1)企业应当在充分调查研究、科学分析预测和广泛征求意见的基础上制定发展目标。企业在制定发展目标过程中,应当综合考虑宏观经济政策、国内外市场需求变化、技术发展趋势、行业及竞争对手状况、可利用资源水平和自身优势与劣势等影响因素。

(2)企业应当根据发展目标制定战略规划。战略规划应当明确发展的阶段性和发展程度,确定每个发展阶段的具体目标、工作任务和实施路径。

(3)企业应当在董事会下设立战略委员会,或指定相关机构负责发展战略管理工作,履行相应职责。企业应当明确战略委员会的职责和议事规则,对战略委员会会议的召开程序、表决方式、提案审议、保密要求和会议记录等做出规定,确保议事过程规范透明、决策程序科学民主。战略委员会应当组织有关部门对发展目标和战略规划进行可行性研究和科学论证,形成发展战略建议方案;必要时,可借助中介机构和外部专家的力量为其履行职责提供专业咨询意见。战略委员会成员应当具有较强的综合素质和实践经验,其任职资格和选任程序应当符合有关法律法规和企业章程的规定。

(4)董事会应当严格审议战略委员会提交的发展战略方案,重点关注其全局性、长期性和可行性。董事会在审议方案中如果发现重大问题,应当责成战略委员会对方案做出调整。企业的发展战略方案经董事会审议通过后,报经股东(大)会批准实施。

2.制定发展战略的步骤

具体来说,制定发展战略可以按以下步骤进行。

第一步,建立和健全发展战略制定机构。企业要在人力资源配置、组织机构设置等方面为发展战略提供必要的保证。一般而言,企业可以通过设立战略委员会,或指定相关机构负责发展战略管理工作,履行相应职责。战略委员会的主要职责是对公司的长期发展规划、经营目标、发展方针进行研究并提出建议,对公司所涉及的产品战略、市场战略、营销战略、研发战略、人才战略等经营战略进行研究并提出建议,对公司重大战略性投资、融资方案进行研究并提出建议,对公司重大资本运作、资产经营项目进行研究并提出建议等。战略委员会对董事会负责,委员包括董事长和其他董事,委员应当具有较强的综合素质和实践经验。战略委员会主席应当由董事长担任。

第二步,分析和评价影响发展战略的各种因素。首先,分析评价影响发展战略的因素。影响企业发展战略的因素主要包括企业经营环境变化的风险、科学技术发展的风险、走向国际化的风险、企业内部发展的风险、资本运营的风险。其次,对企业外部环境进行分析。外部环境分析包括对企业所处的宏观环境分析、行业环境分析及竞争对手分析、经营环境分析等。最后,对企业内部资源进行分析。企业内部资源分析包括企业资源分析、企业能力分析和核心竞争力分析。企业资源分析是对企业现有资源的数量和利用效率,以及资源的应变能力等方面的分析,以便明确形成企业核心能力和竞争优势的战略性资源。企业能力是企业有形资源、无形资源和组织资源等各种资源有机组合的结果,企业能力分析主要包括研发能力分析、生产能力分析、营销能力分析、财务能力分析、组织管理能力分析等。核心竞争力是指能为企业带来相对于竞争对手存在竞争优势的资源和能力。并不是所有的资源都能形成核心竞争力,能够有助于企业构建核心竞争力的资源主要包括稀缺资源、不可模仿的资源、不可替代的资源、持久的资源等。

第三步,制定科学的发展战略。发展战略可以分为发展目标和战略规划两个层次。发展目标是企业发展战略的核心和基本内容,表明企业在未来一段时间内所要努力的方向和所要达到的水平,是指导企业生产经营活动的准绳。战略规划是为了实现发展目标而制定的具体规划,表明企业在每个发展阶段的具体目标、工作任务和实施路径是什么。首先,企业应该制定发展目标。其次,编制战略规划。发展目标确定后,就要考虑使用何种手段、采取何种措施、运用何种方法来达到目标，即编制战略规划。战略规划应当明确企业发展的阶段和发展程度，制定每个发展阶段的具体目标和工作任务以及达到发展目标必经的实施路径等。最后，严格审议和批准发展战略。发展战略拟定后，应当按照规定的权限和程序对发展战略方案进行审议和批准。审议战略委员会提交的发展战略建议方案，是董事会的重要职责。在审议过程中，董事会应着力关注发展战略的全局性、长期性和可行性，董事会在审议中如果发现发展战略方案存在重大缺陷问题，应当责成战略委员会对建议方案进行调整。企业发展战略方案经董事会审议通过后，应当报经股东（大）会批准后付诸实施。

（四）发展战略的实施

1.发展战略的实施应该注意的事项

根据《企业内部控制应用指引第 2 号——发展战略》的规定，发展战略的实施应该注意以下方面。

（1）企业应当根据发展战略，制订年度工作计划，编制全面预算，将年度目标分解、落实；同时完善发展战略管理制度，确保发展战略有效实施。

（2）企业应当重视发展战略的宣传工作，通过内部各层级会议和教育培训等有效方式，将发展战略及其分解落实情况传递到内部各管理层级和全体员工。

（3）战略委员会应当加强对发展战略实施情况的监控，定期收集和分析相关信息，对于明显偏离发展战略的情况，应当及时报告。

（4）由于经济形势、产业政策、技术进步、行业状况以及不可抗力等因素发生重大变化，确需对发展战略做出调整的，应当按照规定权限和程序调整发展战略。

2.发展战略实施的步骤

具体来说，发展战略可以按以下步骤进行。

第一步，发展战略实施的领导。要确保发展战略有效实施，加强组织领导是关键。企业经理层作为发展战略制定的直接参与者，往往比一般员工掌握更多的战略信息，对企业发展目标、战略规划和战略实施路径的理解和体会也更加全面深刻，应当担当发展战略实施的领导者。依据“统一领导、统一指挥”的原则，发挥企业经理层在资源分配、内部机构优化、企业文化培育、信息沟通、考核激励相关制度建设等方面的协调、平衡和决策作用，确保发展战略的有效实施。

第二步，发展战略的分解落实。发展战略制定后，企业经理层应着手将发展战略逐步细化。①要根据战略规划，制订年度工作计划。②要按照上下结合、分级编制、逐级汇总的原则编制全面预算，将发展目标分解并落实到产销水平、资产负债规模、收入及利润增长幅度、投资回报、风险管控、技术创新、品牌建设、人力资源建设、制度建设、企业文化、社会责任等可操作层面，确保发展战略能够真正有效地指导企业各项生产经营管理活动。③要进一步将年度预算细分为季度、月度预算，通过实施分期预算控制，促进年度预算目标的实现。④要通过建立发展战略实施的激励约束机制，将各责任单位年度预算目标完成情况纳入绩效考评体系，切实做到有奖有惩、奖惩分明，以促进发展战略的有效实施。

第三步，发展战略的宣传培训。企业应当重视发展战略的宣传培训工作，为推进发展战略实施提供强有力的思想支撑和行为导向。在企业董事、监事和高级管理人员中树立战略意识和战略思维，充分发挥其在战略制定与实施过程中的模范带头作用；通过采取内部会议、培训、讲座、知识竞赛等多种行之有效的方式，把发展战略及其分解落实情况传递到内部各管理层级和全体员工，营造战略宣传的强大舆论氛围；企业高管层要加强与广大员工的沟通，使全体员工充分认清企业的发展思路、战略目标和具体举措，自觉将发展战略与自己的具体工作结合起来，促进发展战略的有效实施。

第四步，发展战略的执行。战略实施过程是一个系统的有机整体，目前复杂动态的市场环境和激烈的市场竞争，对企业内部不同部门之间的这种协同运作提出了越来越高的要求。为此，企业应当培育与发展战略相匹配的企业文化，优化调整组织结构，整合内外部资源，相应调整管理方式。

第五步，发展战略的调整。公司战略委员会应当加强对发展战略实施情况的监控，定期收集和分析相关信息，对于明显偏离发展战略的情况，应当及时报告。对由于经济形势、产业政策、技术进步、行业状况以及不可抗力等因素发生的重大变化，确需对发展战略做出调整的，应当按照规定权限和程序调整发展战略。

（五）企业文化概述

根据《企业内部控制应用指引第 5 号——企业文化》的规定，企业文化是指企业在生产经营实践中逐步形成的价值观、经营理念和企业精神，以及在此基础上形成的行为规范的总称。企业文化建设可以为企业提供精神支柱，可以提升企业的核心竞争力，还可以为内部控制的有效性提供有力保证。美国著名教授威约翰·科特教授与其研究小组的研究成果表明：企业文化会产生极其强有力的经营业绩。美国兰德公司的研究也表明，世界 500 强企业之所以强，关键在于以文化实力制胜，这是不可否认的事实。

（六）企业文化建设应关注的主要风险

根据《企业内部控制应用指引第 5 号——企业文化》的要求，加强企业文化建设至少应当关注下列风险。

（1）缺乏积极向上的企业文化，可能导致员工丧失对企业的信心和认同感，使企业缺乏凝聚力和竞争力。

（2）缺乏开拓创新、团队协作和风险意识，可能导致企业发展目标难以实现，影响可持续发展。

（3）缺乏诚实守信的经营理念，可能导致舞弊事件的发生，造成企业损失，影响企业的信誉。

（4）忽视企业间的文化差异和理念冲突，可能导致并购重组失败。

（七）企业文化建设与评估

1.企业文化建设与评估应关注的事项

根据《企业内部控制应用指引第 5 号——企业文化》的要求，企业文化建设与评估应关注以下几方面。

（1）企业应当采取切实有效的措施，积极培育具有自身特色的企业文化，引导和规范员工行为，打造以主业为核心的企业品牌，形成团队整体的向心力，促进企业长远发展。

（2）企业应当培育体现企业特色的发展愿景、积极向上的价值观、诚实守信的经营理念、履行社会责任和开拓创新的企业精神,以及团队协作和风险防范意识。企业应当重视并购重组后的企业文化建设,平等对待被并购方的员工,促进并购双方的文化融合。

(3)企业应当根据发展战略和实际情况,总结优良传统,挖掘文化底蕴,提炼核心价值,确定文化建设的目标和内容,形成企业文化规范,使其构成员工行为守则的重要组成部分。

(4)董事、监事、经理和其他高级管理人员应当在企业文化建设中发挥主导和垂范作用,以自身的优秀品格和脚踏实地的工作作风,带动影响整个团队,共同营造积极向上的企业文化环境。企业应当促进文化建设在内部各层级的有效沟通,加强企业文化的宣传贯彻,确保全体员工共同遵守。

(5)企业文化建设应当融入生产经营全过程,切实做到文化建设与发展战略的有机结合,增强员工的责任感和使命感,规范员工行为方式,使员工自身价值在企业发展中得到充分体现。企业应当加强对员工的文化教育和熏陶,全面提升员工的文化修养和内在素质。

(6)企业应当建立企业文化评估制度,明确评估的内容、程序和方法,落实评估责任制,避免企业文化建设流于形式。

(7)企业文化评估,应当重点关注董事、监事、经理和其他高级管理人员在企业文化建设中的责任履行情况、全体员工对企业核心价值观的认同感、企业经营管理行为与企业文化的一致性、企业品牌的社会影响力、参与企业并购重组各方文化的融合度,以及员工对企业未来发展的信心。

(8)企业应当重视企业文化的评估结果,巩固和发扬文化建设成果,针对评估过程中发现的问题,研究影响企业文化建设的不利因素,分析深层次的原因,及时采取措施加以改进。

2.企业文化建设与评估的步骤

具体来说,企业文化建设与评估可以按照以下步骤进行。

第一步,塑造企业核心价值观。核心价值观是企业的灵魂,会渗透到企业行为的各个方面。核心价值观的作用机制为:核心价值观—企业的理念、原则—企业制度—员工的行为。企业文化建设应该以塑造企业核心价值观为主导。企业应当根据发展战略和实际情况,总结优良传统,挖掘文化底蕴,提炼核心价值,确定文化建设的目标和内容,形成企业文化规范,使其构成员工行为守则的重要组成部分。企业的管理者和员工应该始终重视核心价值观的培育、维护、延续和创新。

第二步,打造以主业为核心的品牌。打造以主业为核心的品牌,是企业文化建设的重要内容。品牌通常是指能够给企业带来溢价、产生增值的一种无形的资产,其载体是用来和其他竞争者的产品或服务相区分的名称、术语、象征、记号或者设计及其组合。品牌之所以能够增值,主要来自消费者脑海中形成的关于其载体的印象。

第三步,充分体现以人为本的理念。“以人为本”是企业文化建设应当信守的重要原则。一家企业经营的好坏关键看企业能不能聚人,能不能人尽其才,能不能才尽其用。有灵魂的企业,可以通过核心价值观、企业文化,使每个人都充分发挥自己的才能。

第四步,强化企业文化建设中的领导责任。董事、监事、经理和其他高级管理人员应当在企业文化建设中发挥主导和垂范作用,以自身的优秀品格和脚踏实地的工作作风,带动影响整个团队,共同营造积极向上的企业文化环境。同时,企业应当促进文化建设在内部各层级的有效沟通,加强企业文化的宣传贯彻,确保全体员工共同遵守。

第五步,高度重视并购重组中的文化整合。企业并购,应当特别注重文化整合。一要在组织架构设计环节考虑文化整合因素;二要防止文化冲突,既要在治理结构层面上强调融合,又要在内部机构设置层级上体现"一家人"的思想,务必防止出现吸收合并方员工与被吸收合并方员工"分拨"的现象。

第六步,推进文化创新。没有创新,企业文化建设就没有活力,就无法结出有生命力的硕果。企业文化建设不是静止和一成不变的,必须与时俱进,适应形势变化。为此,企业应当建立企业文化评估制度,明确评估的内容、程序和方法,落实评估责任制,避免企业文化建设流于形式。

四、人力资源与社会责任

(一)人力资源概述

人力资源是企业实现发展战略的前提,如果人力资源结构不合理,或者开发机制不健全、员工的胜任能力不足,都会影响到内部控制目标的顺利实现。根据《企业内部控制应用指引第3号——人力资源》的规定,人力资源是指企业组织生产经营活动而录(任)用的各种人员,包括高管人员、专业技术人员和一般员工。其本质是企业组织中各种人员所具有的脑力和体力的总和。高管人员包括决策层和执行层人员。企业董事会成员和董事长构成企业的决策层,是决定企业发展战略的关键管理人员。决策层团队应具有战略眼光,具备国内、国际形势和宏观政策的分析判断能力,对同行业、本企业的优势具有很强的认知度。执行层通常又被称为经理层。

企业应当重视人力资源建设,根据发展战略,结合人力资源现状和未来需求预测,建立人力资源发展目标,制定人力资源总体规划和能力框架体系,优化人力资源整体布局,明确人力资源的引进、开发、使用、培养、考核、激励、退出等管理要求,实现人力资源的合理配置,全面提升企业核心竞争力。

(二)人力资源管理的主要风险

根据《企业内部控制应用指引第3号——人力资源》的规定,企业人力资源管理至少应当关注下列风险。

(1)人力资源缺乏或过剩、结构不合理、开发机制不健全,可能导致企业发展战略难以实现。

(2)人力资源激励约束制度不合理、关键岗位人员管理不完善,可能导致人才流失、经营效率低下或关键技术、商业秘密和国家机密泄露。

(3)人力资源退出机制不当,可能导致法律诉讼或企业声誉受损。

(三)人力资源内部控制制度设计

1.人力资源的引进与开发

无论是新设立企业还是存续企业,为实现其发展目标,都会遇到人力资源引进和开发问题。根据《企业内部控制应用指引第 3 号——人力资源》的规定,企业人力资源的引进与开发至少应当注意以下问题。

(1)企业应当根据人力资源总体规划,结合生产经营实际需要,制订年度人力资源计划,完善人力资源引进制度,规范工作流程,按照计划、制度和程序组织人力资源引进工作。

(2)企业应当根据人力资源能力框架要求,明确各岗位的职责权限和工作要求,遵循德才兼备和公开、公平、公正的原则,通过竞争上岗等多种方式选聘优秀人才,重点关注选聘对象的价值取向和责任意识。

(3)企业选拔高级管理人员和聘用中层及以下员工,应当切实做到以岗选人,避免因人设事或设岗,确保选聘人员能够胜任岗位职责要求。企业选聘人员应当实行岗位回避。

(4)企业确定选聘人员后,应当依法签订用工合同。企业对于在产品技术、市场、管理等方面掌握或涉及企业知识产权、商业秘密等的工作岗位,应当与该岗位员工签订有关岗位保密协议,明确其保密义务。

(5)企业应当建立选聘人员试用期和岗前培训制度,对试用人员进行严格考察,促进选聘员工全面了解岗位职责,掌握岗位基本技能,适应工作要求。试用期满考核合格后,方可正式上岗。

(6)企业应当重视人力资源开发工作,建立员工培训长效机制,营造尊重知识、尊重人才和关心员工职业发展的文化氛围,加强后备人才队伍建设,促进全体员工的知识、技能持续更新,不断提升员工的服务效能。

2.人力资源的使用与退出

根据《企业内部控制应用指引第 3 号——人力资源》的规定,企业人力资源的使用与退出至少应当注意以下问题。

(1)企业应当建立和完善人力资源的激励约束机制,设置科学的业绩考核指标体系,对各级管理人员和全体员工进行严格考核与评价,以此作为确定员工薪酬、晋升、降级、辞退等的重要依据,确保员工队伍处于持续优化状态。

(2)企业应当制定与业绩考核挂钩的薪酬制度,切实做到薪酬安排与员工贡献相协调,体现效率优先,兼顾公平。

(3)企业应当按照有关法律法规规定,结合企业实际,建立健全员工退出(辞职、辞退、退休等)机制,明确退出的条件和程序,确保员工退出机制得到有效实施。企业应当对考核不能胜任岗位要求的员工,及时暂停其工作,安排再培训或转岗培训;仍不能满足岗位职责要求的,应当按照规定的权限和程序予以辞退。企业应当与退出员工约定保守商业秘密和禁止在同业就业的期限,以确保企业知识产权和商业秘密的安全。企业关键岗位人员离职,应当根据有关法律法规的规定进行离任审计。

(4)企业应当定期对年度人力资源计划执行情况进行评估,总结人力资源管理经验,分析存在的主要缺陷和不足,完善人力资源政策,促进企业整体团队充满生机和活力。

(四)社会责任概述

根据《企业内部控制应用指引第 4 号——社会责任》的规定,企业社会责任是指企业在经营发展过程中应当履行的社会职责和义务,主要包括安全生产、产品质量(含服务)、环境保护、资源节约、促进就业、员工权益保护等。企业应当重视履行社会责任，切实做到经济效益与社会效益、短期利益与长远利益、自身发展与社会发展相互协调，实现企业与员工、企业与社会、企业与环境的健康和谐发展。

（五）企业履行社会责任应关注的主要风险

根据《企业内部控制应用指引第 4 号——社会责任》的规定，企业至少应当关注在履行社会责任方面的下列风险。

（1）安全生产措施不到位，责任不落实，可能导致企业发生安全事故。

（2）产品质量低劣，侵害消费者利益，可能导致企业巨额赔偿、形象受损，甚至破产。

（3）环境保护投入不足，资源耗费大，造成环境污染或资源枯竭，可能导致企业巨额赔偿、缺乏发展后劲，甚至停业。

（4）促进就业和员工权益保护的力度不够，可能导致员工积极性受挫，影响企业发展和社会稳定。

（六）社会责任内部控制制度设计

1.企业高管人员应给予充分重视

企业高管人员尤其是"一把手"的支持和承诺是企业社会责任管理体系的关键所在，对体系的建立、运行和保持具有十分重要的意义。企业高管人员应当重视履行社会责任，切实做到经济效益与社会效益、短期利益与长远利益、自身发展与社会发展相互协调，实现企业与员工、企业与社会、企业与环境的健康和谐发展。企业应该积极解决企业负责人无视社会责任的问题，既要在遴选、任命环节严格把关，更应依赖于民主监督、法律制裁，将问题消灭于萌芽期。

2.企业应建立或完善履行社会责任的体制和运行机制

企业要把履行社会责任融入企业发展战略，落实到生产经营的各个环节，明确归属管理部门，建立健全预算安排，逐步建立和完善企业社会责任统计指标和考核体系，为企业履行社会责任提供坚实的基础与保障。

3.企业应建立责任危机处理机制

企业应该建立危机处理责任制度。对于影响企业外部形象和自身发展的突发事件，要在第一时间及时处理，把损失降到最低程度；对于可能对公众信心、消费者选择产生重大影响的事件，应由单位负责人在媒体上予以说明并致歉；企业内部应保持畅通的沟通渠道，及时反映、沟通并解决平时的小问题，避免形成大问题。

4.应建立良好的企业社会责任报告制度

发布社会责任报告，是企业履行社会责任的重要组成部分，可使企业由外而内地深入审视企业与社会的互动关系，全面提高企业服务能力和水平，提高企业的品牌形象和价值。

5.应着力防范安全生产风险

安全生产要求最大限度地减少劳动者由工伤和职业病所带来的风险，保障劳动者在生产过程中的生命安全和身体健康。在我国，由于企业安全生产的意识非常淡薄，众多生产经营单位的生产安全条件差、安全技术装备陈旧落后、安全投入严重不足、企业负责人和从业人员安全执业素质低、安全管理混乱等原因,致使我国安全生产事故频发。

6.应有效控制产品质量风险

企业产品质量的优劣,事关消费者的身体健康和安全,保证产品质量是企业履行社会责任的一个重要方面。控制产品质量风险的主要措施有:建立健全产品质量标准体系,严格质量控制和检验制度,加强产品售后服务等。

7.应切实降低环境保护与资源节约风险

企业在降低环境保护和资源节约风险方面的控制措施包括:①转变发展方式,实现清洁生产和循环经济;②依靠科技进步和技术创新,着力开发利用可再生资源;③建立环境保护和资源节约监测考核体系等。

8.应切实规避促进就业与员工权益保护风险

企业在促进就业方面的风险主要包括:①法律风险;②招聘失败风险;③人才过剩风险。降低企业促进就业方面风险的控制措施主要包括:①提供公平就业机会;②加强对应聘人员的审查。企业在保护员工合法权益方面的风险主要包括:①侵犯员工民主权利的风险;②侵犯员工人身权益的风险;③薪酬管理风险;④员工发展风险等。企业在促进就业与保护员工合法权益方面的风险控制措施有:①提供公平的就业机会;②加强对应聘人员的审查;③建立完善科学的员工培训和晋升机制;④建立科学合理的员工薪酬增长机制;⑤维护员工的身心健康。

9.应重点管理产学研用结合风险

企业在产学研用结合方面的风险可能有:①研发风险;②市场风险;③利益分配风险等。产学研用结合风险的控制措施有:①企业应当重视产学研用结合;②确定不同产学研用合作方式下的利益分配模式。

10.应格外关注慈善事业风险

大力推动企业支持社会慈善爱心活动,对于组织调动社会资源、调节贫富差距、缓解社会矛盾、促进社会公平、构建和谐社会具有重要而深远的意义。慈善事业风险的影响主要在于对企业形象产生负面影响的风险和捐款过度给企业带来的现金短缺风险。

五、审计委员会与内部审计

审计委员会的建立及其独立性、良好的职业操守和专业胜任能力是影响内部控制的另外一个环境要素。《企业内部控制基本规范》第十三条规定,企业应当在董事会下设立审计委员会。规定所设定的审计委员会负责审查企业内部控制,监督内部控制的有效实施和内部控制自我评价情况,协调内部控制审计及其他相关事宜等。审计委员会负责人应当具备相应的独立性、良好的职业操守和专业胜任能力。内部审计机构是企业各项经济业务和管理活动的检察官,对各项活动加以检查监督,可以有效地防范风险。《企业内部控制基本规范》第十五条规定,企业应当加强内部审计工作,保证内部审计机构设置、人员配备和工作的独立性。规定了内部审计机构在内部控制中的职能。规范规定企业内部审计机构应当结合内部审计监督,对内部控制的有效性进行监督检查。内部审计机构对监督检查中发现的内部控制缺陷,应当按照企业内部审计工作程序进行报告;对在监督检查中发现的内部控制重大缺陷,有权直接向董事会及其审计委员会、监事会报告。

第二节　风险评估

一、风险评估概述

每个企业都面临来自内部和外部的风险,内部控制目的就是要控制这些风险。管控风险首要的就是要对这些风险加以识别、评估,在评估的基础上进行风险应对策略。风险评估是企业及时识别、系统分析与实现内部控制目标相关的风险,合理确定风险应对策略的互动过程。风险评估是管理各种风险的决策基础,而风险评估的前提是设立企业各个层面的风险目标。《企业内部控制基本规范》第二十七条规定,企业应当结合不同发展阶段和业务拓展情况,持续收集与风险变化相关的信息,进行风险识别和风险分析,及时调整风险应对策略。

二、目标设定

COSO《内部控制——整合框架》(2013)原则中指出:"组织应设定清晰明确的目标,以识别和评估与目标相关的风险。"《企业内部控制基本规范》第三章第二十条规定,"企业应当根据设定的控制目标,全面系统持续地收集相关信息,结合实际情况,及时进行风险评估"。由此可见,目标设定是风险评估的起点,是风险识别、风险分析和风险应对的前提。《企业内部控制基本规范》第一章第三条规定,"内部控制的目标是合理保证企业经营管理合法合规、资产安全、财务报告及相关信息真实完整,提高经营效率和效果,促进企业实现发展战略"。在这五大目标中,战略目标是最高层次的目标,经营目标、资产目标、报告目标与合规目标是建立在战略目标基础上的业务层面目标。

在企业内部控制目标的设定过程中,企业要根据自己的风险偏好和风险承受度首先制定企业层面的目标,即战略目标,然后再制定业务层面的目标,并对已经制定的目标进行审核,以保证这些目标与企业的风险偏好、风险承受度相一致。

(一)战略目标的设定

战略目标是企业最高层次的目标,它与企业的使命和愿景相协调,并支持使命和愿景,是企业使命和愿景的具体化。战略目标往往不止一个,而是由若干目标组成的一个战略目标体系,从战略目标的内容来看,战略目标可以分为两大类:一类是用来满足企业生存和发展需要的目标,如业绩目标和能力目标;另一类是用来满足与企业有利益关系的各个社会群体的目标。这些群体主要有顾客、企业职工、股东、社区及企业社会群体。

企业在设定战略目标时,需要综合考虑:①企业过去和现在已经达成的目标;②所在行业的平均水平;③所在行业的最优水平或标杆业绩;④依据使命和愿景,企业应该达到的水平。同时战略目标需要通过董事会及员工的相互沟通来确定,同时还要有支持其实现的战略计划及年度预算。

战略目标设定的步骤如下四点。

(1)明确企业发展目标。企业在其中长期规划中应明确自身的发展目标和发展方向,通过培训、发放宣传手册、领导讲话等方式将企业层面的目标清晰地传达给员工。

(2)制订实现目标的战略规划。企业通过 SWOT(strengths, weaknesses, opportunities, threats)分析,在了解自身的优势、劣势、机会和威胁的基础上制订帮助企业实现目标的战略规划。

(3)编制年度计划。企业根据制定的中长期战略规划,编制年度经营计划。该年度经营计划应符合企业中长期战略规划的效益目标、投资方向和投资结构。

(4)企业编制年度预算。企业应按照上下结合、分级编制、逐级汇总的原则编制全面预算,将战略目标进一步进行分解、细化与落实。

(二)业务层面目标的设定

业务层面目标包括经营目标、资产目标、报告目标和合规目标,它来自企业战略目标及战略规划,并制约或促进企业战略目标的实现。在设定经营目标、资产目标、报告目标以及合规目标时,需关注这些业务层面目标的重要特征。一般来说,报告目标和合规目标比较容易实现,在企业的控制范围之内;而经营目标、资产目标比较难实现,取决于外部因素,比如,外部竞争对手的状况、环境因素、政治与法律因素等,但内部控制有助于减轻外部因素的影响。

业务层面目标的设定一般需要经过 4 个步骤。

(1)确定业务层面目标。企业的总目标及战略规划为业务层面目标的设定指明方向,业务层面根据自身的实际情况及总体目标的要求提出本单位的目标,通过上下不断沟通最终确定。

(2)根据企业的发展变化,定期更新业务活动的目标。

(3)配置资源以保证业务层面目标的顺利实现。企业在确定各业务单位的目标之后,将人、财、物等资源合理分配下去,以保证各业务单位有实现其目标的资源。

(4)分解业务目标并下达。企业确定业务层面的目标后,再将其分解至各具体的业务活动中,明确相应岗位的目标。业务层面的目标应具体并具有可衡量性,并且与重要业务流程密切相关。

(三)风险偏好和风险承受度

目标设定是否科学、有效,取决于其是否符合企业的风险偏好和风险承受度。

1.风险偏好

风险偏好是指企业在实现其目标的过程中愿意接受的风险的数量。可以从定性和定量两个角度对风险偏好加以度量。风险偏好与企业的战略直接相关,在战略制定阶段,企业应进行风险管理,考虑将该战略的既定收益与企业的风险偏好结合起来,目的是帮助企业的管理者在不同的战略之间选择与企业的风险偏好相一致的战略。

2.风险承受度

风险承受度是指在企业目标实现的过程中对差异的可承受风险限度,是企业在风险偏好的基础上设定的对相关目标实现过程中所出现差异的可接受水平,也被称作风险承受能力。也就是说,风险承受度包括整体风险承受能力和业务层面的可承受风险水平。

例如,一家公司的目标市场份额是15%,同时公司还规定了对于市场份额的可接受范围,即10%~20%。又如,收入增长率的目标是40%,但允许有一定的偏差,比如35%~45%的收入增长率都可以接受。再如,要求产品的废品率是3%,但是最多允许5%的产品是废品。

在确定各目标的风险承受度时,企业应考虑相关目标的重要性,并将其与企业风险偏好联系起来。企业在风险承受度之内经营,能够使其在风险偏好之内向管理层提供更大的保证,进而对企业实现其目标提供更高程度的保证。

此外,企业应以风险组合的观点看待风险。对企业内每个单位而言,其风险可能落在该单位的风险承受范围内,但从企业总体来看,总风险可能会超过企业总体的风险偏好范围。因此,应从企业总体风险组合的视角看待风险。

三、风险识别

(一)风险识别的含义

风险识别是对企业面临的各种潜在风险进行确认。这些风险来自企业内部和外部,可能会影响企业战略的执行和目标的实现。企业应采用一系列技术或方法来识别可能影响企业发展的所有风险,这些风险既包括整体业务层面的重大风险,也包括单个业务或项目层面的次要风险。COSO《内部控制——整合框架》(2013)原则指出,组织应对影响其目标实现的风险进行全范围的识别和分析,并以此为基础来决定应如何管理风险。《企业内部控制基本规范》第三章第二十一条规定,"企业开展风险评估,应当准确识别与实现控制目标相关的内部风险和外部风险,确定相应的风险承受度"。由此可见,风险识别是风险评估的基础,为风险分析和风险应对提供依据。风险识别能否全面地识别出企业面临的潜在风险,直接影响风险评估的质量以及内部控制目标的实现。

(二)风险识别的内容

风险识别的主要内容包括两方面。①感知风险。通过调查和了解,识别风险的存在。按风险的来源,企业风险可以划分为内部风险和外部风险;按风险的层级,企业风险可以划分为组织层面的风险和交易层面的风险。②分析引起风险的内外部因素。通过归类分析,掌握引起风险的原因和条件,以及风险具有的性质。感知风险和分析引起风险的内外部因素,这两者是相辅相成、互相联系的。

1.感知风险

风险识别的第一步就是通过对企业高管、风险管理人员等进行访谈,识别出符合企业实际情况的风险。一般来说,企业的主要风险包括但不限于战略风险、营运风险、财务风险、自然风险、政治风险、市场风险、法律风险等。战略风险、营运风险、财务风险是企业常见的内部风险。内部风险来源于企业的决策和经营活动,表现为与外界环境不相适应,或表现在企业本身的经营活动中,是来自企业各个流程和各个部门的风险。自然风险、政治风险、市场风险、法律风险等是企业常见的外部风险。外部风险来自企业经营的外部环境,包括外部环境本身和外部环境的变化对企业目标的影响。

(1)战略风险是指不确定性对企业战略目标实现的影响。因企业内部流程、人为错误或外部因素而令企业产生经济损失的风险。

(2)营运风险是指企业在运营过程中,由于外部环境的复杂性和变动性以及主体对环境的认知能力和适应能力的有限性,而导致的运营失败或使运营活动达不到预期的目标的可能性及其损失。营运风险可以进一步细分为人为风险、流程风险、事件风险、业务风险、信息系统风险等。人为风险是指因员工缺乏知识和能力、缺乏诚信或道德操守而引致损失的风险。流程风险是指因交易流程中出现错误而引致损失的风险。事件风险是指因内部或外部欺诈、市场扭曲、人为或自然灾害而引致损失的风险。业务风险是指因市场或竞争环境出现预期以外的变化而引致损失的风险。信息系统风险是指因系统失灵、数据的存取和处理、系统的安全和可用性、系统的非法接入与使用而引致损失的风险。

(3)财务风险是指企业的财务收益与预期收益发生偏离,从而使企业有蒙受损失的可能性,包括筹资风险、投资风险和收益分配风险等。筹资风险指的是由于资金供需市场、宏观经济环境的变化,企业筹集资金给财务成果带来的不确定性。投资风险指企业投入一定资金后,因市场需求变化而影响最终收益与预期收益偏离的风险。收益分配的风险是指由于收益分配可能给企业的后续经营和管理带来的不利影响。

(4)自然风险是指自然灾害、环境状况等自然环境因素导致的建筑物的损失、限制获取原材料,或者人力资本等方面的损失。

(5)政治风险是指因投资者所在国与东道国政治环境发生变化、东道国政局不稳定、政策法规发生变化给投资企业带来经济损失的可能性。

(6)市场风险分为产品市场风险和金融市场风险两类。产品市场风险是指因市场变化、产品滞销等原因导致的产品跌价或不能及时卖出。金融市场风险是指由于基础资产市场价格的不利变动或者急剧波动而导致衍生工具价格或者价值变动的风险,包括利率风险,外汇风险,股票与债券市场风险,期货、期权与衍生工具风险等。

(7)法律风险是指因企业内外部的行为不规范,引起与企业所期望达到的目标相违背的法律上的不利后果发生的可能性。

在初步识别企业存在的或潜在的风险后,企业应考虑所有与风险相关的内部与外部风险因素。外部风险因素既要考虑外部的各方利益相关者,如潜在的和现有的供应商、投资者、客户、竞争对手等,也要考虑法律法规、环境问题、潜在的自然灾害等。内部风险因素则覆盖至企业整体,上至企业的最高层,下至企业的各级运营部门、业务单元、分支机构和下属职能部门。

2.分析引起风险的内外部因素

1)识别内部风险需要关注的因素

《企业内部控制基本规范》第二十二条规定,企业识别内部风险,应当关注下列因素。

(1)董事、监事、经理及其他高级管理人员的职业操守、员工专业胜任能力等人力资源因素。

(2)组织机构、经营方式、资产管理、业务流程等管理因素。

(3)研究开发、技术投入、信息技术运用等自主创新因素。

(4)财务状况、经营成果、现金流量等财务因素。

(5)营运安全、员工健康、环境保护等安全环保因素。

(6)其他有关内部风险因素。

2)识别外部风险需要关注的因素

《企业内部控制基本规范》第二十三条规定,企业识别外部风险,应当关注下列因素。

(1)经济形势、产业政策、融资环境、市场竞争、资源供给等经济因素。

(2)法律、法规、监管要求等法律因素。

(3)安全稳定、文化传统、社会信用、教育水平、消费者行为等社会因素。

(4)技术进步、工艺改进等科学技术因素。

(5)自然灾害、环境状况等自然环境因素。

(6)其他有关外部风险因素。

(三)风险识别技术和方法

风险识别实际上就是收集有关风险因素、风险事故和损失暴露等方面的信息,发现导致潜在损失的因素。风险识别的方法就是收集和分析这些信息的方法和技术。风险识别的方法一般有:财务报表分析法、流程图分析法、事件树分析法、现场调查法、保单对照法等。

1.财务报表分析法

财务报表分析法是通过资产负债表、利润表、现金流量表和其他附表等财务信息的分析来识别风险事项。财务报表分析法具体分为以下几种主要方法:

(1)趋势分析法。趋势分析是通过对一家企业连续数期的利润表和资产负债表的各个项目进行比较,以求出金额和百分比增减变动的方向和幅度,揭示当期财务状况和经营状况增减变化的性质及趋向。趋势分析法通常包括横向分析法和纵向分析法。

(2)比率分析法。比率分析就是把财务报表的某些项目同其他项目进行比较,这些金额或者数据可以选自一张财务报表,亦可以选自两张财务报表。比率分析法可以分析财务报表所列项目与项目之间的相互关系,运用得比较广泛,主要有经营成果的比率分析、权益状况的比率分析、流动资产状况的比率分析。

(3)因素分析法。因素分析法也是财务报表分析中常用的一种技术方法,它是指把整体分解为若干个局部的分析方法,包括比率因素分解法和差异因素分解法。

2.流程图分析法

流程图分析法是将风险主体的全部生产经营过程,按其内在的逻辑联系绘成作业流程图,针对流程中的关键环节和薄弱环节调查和分析风险。企业内部经营的流程图反映了各种经营活动的种类和顺序,它把企业看作一个加工单位,可以设法发现所有可能中断这个过程的偶然因素,对企业经营流程图的分析可以向风险主体揭示企业经营异常的方面,而这些方面常常存在特有的风险。流程图分析法最大的好处在于,促使工作人员熟悉主体运作中技术层面上的问题,可以将复杂的生产过程或业务流程简单化,从而增加发现公司中一些特殊问题的可能性。企业的生产工序、经营活动越复杂,越能够表现出流程图识别风险的优势,但流程图的绘制要耗费大量时间,另外也不能进行定量分析以判断风险发生可能性的大小,所以其应用仍然具有局限性。

3.事件树分析法

事件树分析法又称故障树法,其实质是利用逻辑思维的规律和形式,从宏观的角度去分析事故发生的过程。它的理论基础是,任何一起事故的发生,必定是一系列事件按时间顺序相继出现的结果,前一事件的出现是随后事件发生的条件,在事件的发展过程中,每一事件有两种可能的状态,即成功和失败。这是国家标准化管理委员会规定的事故分析的技术方法之一。

事件树分析法从某一风险结果出发,运用逻辑推理的方法推导出引发风险的原因,遵循风险事件—中间事件—基本事件的逻辑结构。它的具体操作是:从事件的起始状态出发,用逻辑推理的方法,设想事故的发展过程,然后根据这个过程,按照事件发生先后顺序和系统构成要素的状态,并将要素的状态与系统的状态联系起来,以确定系统的最后状态,从而了解事故发生的原因和发生的条件。

4.现场调查法

获知主体经营情况的最佳途径就是现场调查。对企业各个活动场所进行检查,与各种员工或管理人员沟通可以发现原本已经忽视的风险。

现场调查一般有三个步骤:①调查前的准备,包括确定调查时间(开始的时间、持续时间的长短)和调查对象等;②现场调查和访问,认真填写表格,形成调查报告与反馈。在实际调查之前先对企业情况做一个大致的了解,包括调查对象的名称、职能、年限、目前状况、故障状况和应采取的行动等项目,这样才能达到更好的检查效果;③风险人员对所关注的问题要具备一定的感性认识,同时还要关注那些并不明显的细节,这样则更容易发现主体的风险事项。现场调查中要注意带上专业管理人员,并且带上必备专业工具,以便照相、录音记录现场情况。

5.保单对照法

保单对照法是将保险公司现行出售的保单风险种类与风险分析调查表融合修改而成的,用于风险识别的问卷式表格,风险管理者可以根据这一表格与主体已有的保单加以对照分析,发现存在的风险事项。

保单对照法是从保险的角度,由保险专家设计,突出了对风险管理主体可保风险的调查,而对一些不可保风险事项的识别则具有相当的局限性。另外该方法的适用要求风险管理人员具有丰富的保险专业知识,并对保单性质和条款有较深入的认识。

四、风险分析

(一)风险分析的概述

风险分析是结合企业特定条件(如企业规模、经营战略等)在风险识别的基础上,运用定量或定性方法进一步分析风险发生的可能性和对企业目标实现的影响程度,并对风险的状况进行综合评价,以便为制定风险管理策略、选择应对方案提供依据。风险分析是风险应对的基础,并为制定合理的风险应对策略提供依据,没有客观、充分、合理的风险分析,风险应对将无的放矢、效率低下。

风险分析的内容复杂多样,通常是分析风险发生的可能性和影响程度。可能性表示一个给定事项将会发生的概率,影响程度则代表它的后果。一般来说,对识别出来的风险,从可能性和影响程度两个方面进行分析后,就可以根据分析的结果采取应对措施。此外,固有风险和剩余风险分析也是风险分析中的重要方面。风险分析还涉及风险速度分析，即预期风险到来的速度分析，如监管要求的变化一般比较缓慢，而消费者偏好的变化较快，其“风险速度更快”。

1.风险发生的可能性分析

可能性分析是指假定企业不采取任何措施去影响经营管理过程，即将会发生风险的概率。可能性分析通常是通过对实际情况信息的收集和利用专业判断来完成的，科学的方法是依据数理统计原理，以数值为依据，根据现象特征，采用二项分布、泊松分布等数学模型，进行科学测算。

风险可能性分析的结果一般有“很少”“不太可能”“可能”“很可能”“几乎确定”五种情况。“很少”意味着在例外情况下可能发生；“不太可能”意味着在某些时候不太能够发生；“可能”意味着在某些时候能够发生；“很可能”意味着在多数情况下很可能发生；“几乎确定”意味着在多数情况下预期会发生。对可能性的定性测评见表2-1。

表2-1　可能性的定性测评

序号	描述	详细描述举例
1	几乎确定	在多数情况下预期会发生
2	很可能	多数情况下很可能发生
3	可能	在某些时候能够发生
4	不太可能	在某些时候不太能够发生
5	很少	在例外情况下可能发生

2.风险产生的影响程度分析

影响程度分析主要是指对目标实现的负面影响程度分析。风险影响程度的大小是针对既定目标而言的，因此对于不同的目标，企业应采取不同的衡量标准。按照影响的结果（通常是量化成数值），一般将风险划分为“不重要”“次要”“中等”“主要”“灾难性”五级。影响程度的定性分析见表2-2。

表2-2　影响程度的定性分析

序号	描述符	详细描述举例
1	不重要	不受影响，较低的损失
2	次要	轻度影响（情况立刻受到控制），轻微的损失
3	中等	中度影响（情况需要外部支持才能得到控制），中等的损失
4	主要	严重影响（情况失控，但无致命影响），重大的损失
5	灾难性	重大影响（情况失控，对企业产生致命影响），极大的损失

在进行风险分析的过程中，公司应从自身的具体状况出发，运用适当的风险分析技术，定量或定性地评估相关事项，根据风险分析的结果，按风险发生的可能性及影响程度

进行排序分析,分清哪些是主要风险,哪些是次要风险,从而筛选出企业的关键风险,为风险应对提供依据。

3.固有风险和剩余风险分析

固有风险是在管理层没有采取任何措施来改变风险的可能性或影响的情况下,影响主体目标实现的风险。在各级业务和流程中,固有风险是不可避免的。剩余风险是在管理层建立并采取风险应对措施之后所剩余的影响目标实现的风险。无论风险评估效力如何,剩余风险总是存在的,不可能降为零。风险分析首先应用于固有风险,一旦风险应对措施确定,管理层再考虑剩余风险。如果剩余风险仍超过各级管理层和董事会的可接受水平,管理层应当重新审视和修改风险的应对策略,或在某些情况下调整风险承受度。

(二)风险分析的方法

根据《企业内部控制基本规范》第三章第二十四条的规定,企业应当采用定性与定量相结合的方法,按照风险发生的可能性及其影响程度等,对识别的风险进行分析和排序,确定关注重点和优先控制的风险。企业进行风险分析,应当充分吸收专业人员,组成风险分析团队,按照严格规范的程序开展工作,确保风险分析结果的准确性。

1.定性分析的方法

定性分析的方法是目前风险分析中采用比较多的方法,它具有很强的主观性,往往需要凭借分析者的经验和直觉,或者国际标准和惯例,对风险因素的大小或高低程度进行定性描述,譬如高、中、低三级。定性分析的操作方法多种多样,有问卷调查、集体讨论、专家咨询、人员访谈等。最常见的定性分析方法是风险评估图法。风险评估图法是把风险发生的可能性、风险发生后对目标的影响程度,作为两个维度绘制在同一个平面上(即绘制成直角坐标系)。风险评估图如图 2-6 所示。

与影响较小且发生的可能性较低的风险(图 2-6 中的点 B)相比,具有重大影响且发生的可能性较高的风险(图 2-6 中的点 A)亟待关注。需要注意的是,每种风险的重大程度及影响会因企业结构的不同而有所差别,所以企业应根据自身的经营特点来确定各风险因素影响程度的等级。

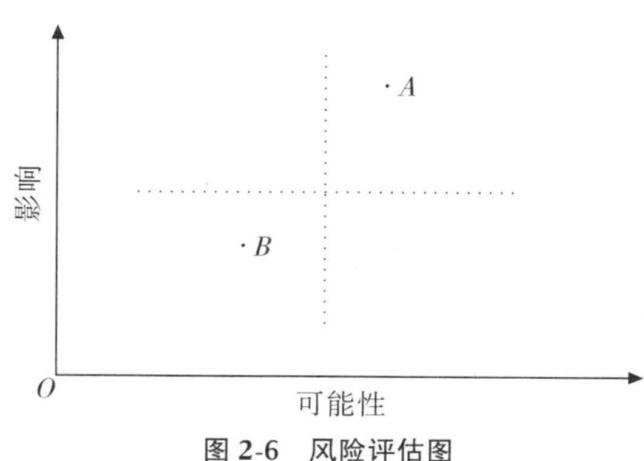

图 2-6 风险评估图

绘制风险评估图的目的在于对多项风险进行直观的比较,从而确定各风险管理的优先顺序和策略。例如,某公司绘制了风险评估图,如图 2-7 所示,根据风险发生的可能性和风险发生后的影响程度,将该图划分为 *A*、*B*、*C* 三个区域,*A* 区域是低风险区域,*B* 区域是中等风险区域,*C* 区域是高风险区域。公司决定承担 *A* 区域中的各项风险且不再增加控制措施;严格控制 *B* 区域中的各项风险且专门补充各项控制措施;确保规避和转移 *C* 区域中的各项风险且优先安排实施各项防范措施。

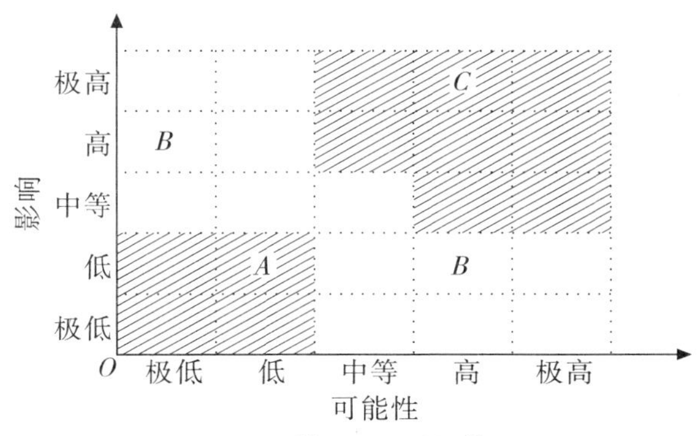

图 2-7　某公司风险评估图

2.定量分析的方法

定量分析法,就是对构成风险的各个要素和潜在损失的水平赋予数值或货币计量的金额,从而量化风险分析的结果。比较常用的定量分析法有情景分析法、敏感性分析、风险价值、压力测试等。

1)情景分析法

情景分析法是通过假设、预测、模拟等手段生成未来情景,并分析其对目标产生影响的一种分析方法。情景分析法适用于对可变因素较多的项目进行风险预测和识别。它在假定关键影响因素有可能发生的基础上,构造出多种情景,提出多种未来可能的结果,以便采取适当措施防患于未然。

2)敏感性分析

敏感性分析是通过分析,预测项目主要因素发生变化时对经济评价指标的影响,从中找出敏感因素,并确定其影响程度。项目对某种因素的敏感程度可以表示为该因素按一定比例变化时引起评价指标变动的幅度,也可以表示为评价指标达到临界点(如内部收益率等于基准收益率)时允许某个因素变化的最大幅度,即极限变化。简言之,敏感性分析就是从改变可能影响分析结果的不同因素的数值入手,估计结果对这些变量变动的敏感程度。那些对评价指标影响大的因素称为敏感因素,反之则称为非敏感因素。

3)风险价值

风险价值(value at risk,VaR),是指在正常的市场条件和给定的置信水平(通常是95%或 99%)下,在给定的持有期间内,某一投资组合预期所面临的潜在的最大损失金额。或者说,在正常的市场条件和给定的时间段内,该投资组合发生 VaR 损失的概率为给定的概率水平(置信水平)。VaR 方法是为适应当前风险管理的需求而产生的,以规范的统计全面权衡市场风险的方法。VaR 方法把对预期的未来损失的大小和该损失发生的可能性结合起来,不仅让投资者知道发生损失的规模,而且知道其发生的可能性,是一种量化市场风险的重要度量工具。

4)压力测试

压力测试,是指在具有极端影响事件的情景下,分析评估风险管理模型或内控流程的有效性,发现问题,并制定改进措施的方法。极端事件是指在非正常情况下,发生概率很小,而一旦发生,后果十分严重的事件。它与情景分析中关注一个正常规模的变化相反,压力测试一般被用作概率度量方法的补充。用来分析那些通过与概率技术一起使用的分布假设可能没有充分捕捉到的低可能性、高影响力的事件的结果。与敏感性分析类似,压力测试通常用来评估经营事项或金融市场中各种变化的影响。例如,产品生产缺陷的增加,外汇汇率的变动,衍生工具所基于的一个基础因素价格的变动,固定收益投资组合价值的利率增加,影响一个生产厂家运营成本的能源价格提高等。其目的是防止企业出现重大损失事件。

五、风险应对

(一)风险应对的概念

风险应对是指在风险分析的基础上,针对企业所存在的风险因素,运用现代科学技术知识和风险管理方面的理论与方法,提出各种风险解决方案,经过分析论证与评价从中选择最优方案并予以实施,以达到降低风险的目的。

(二)风险应对策略

《企业内部控制基本规范》第三章第二十六条规定:“企业应当综合运用风险规避、风险降低、风险分担和风险承受等风险应对策略,实现对风险的有效控制。”风险应对的具体策略如下几点。

1.风险规避

风险规避(risk avoidance)是企业对超出风险承受度的风险,通过放弃或者停止与该风险相关的业务活动以避免和减轻损失的策略。风险规避能将特定风险造成的各种可能损失完全消除,因此,也有人将其称为最彻底的风险管理技术。

(1)完全放弃,是指企业拒绝承担某种风险,根本不从事可能产生某些特定风险的活动。例如,某 IT 企业打算开展软件外包业务,但是发现市场上开展此类业务的企业之间竞争极其激烈,于是该 IT 企业考虑完全放弃开展软件外包业务的计划。

(2)中途放弃,是指企业终止承担某种风险。例如,一个经销家庭日用品的企业在经销小儿麻痹疫苗的过程中发现,有缺陷的小儿麻痹疫苗在某些情况下会导致小儿麻痹症,于是决定终止这种经销活动,以免引发该产品责任索赔案。这种风险规避通常与环境的较大变化和风险因素的变动有关。由于发生了新的不利情况,经过权衡利弊后,认为得不偿失,故而放弃。

(3)改变条件,是指改变生产活动的性质、改变生产流程或工作方法等。其中,生产性质的改变属于根本的变化。例如，梧州电子仪器厂在开发生产高频接插件时，如果选择从日本引进全套设备，需要投资800万元，企业难以承受由此带来的财务压力。于是，企业采取逐步改变条件的策略，先投资200万元，引进散件和后续工序设备，待收回投资款后再成套引进，最终使新产品开发获得成功。

2.风险降低

风险降低(risk reduction)是企业在权衡成本效益之后，准备采取适当的控制措施降低风险或者减轻损失，将风险控制在风险承受度之内的策略。风险降低的目的在于积极改善风险特性，使其能为企业所接受，从而使企业不丧失获利机会。因此，相对于风险规避而言，风险降低是较为积极的风险处理策略。风险降低依目的的不同可以划分为损失预防和损失抑制两类。前者以降低损失概率为目的，后者以缩小损失程度为目的。

(1)损失预防。损失预防，是指在损失发生前，为了减少或消除可能引起损失的各项因素所采取的具体措施，也就是消除或减少风险因素，以便降低损失发生的概率，即做到预先防范。损失预防与风险规避的区别在于，损失预防不消除损失发生的可能性，而风险规避则使损失发生的概率为零。

(2)损失抑制。损失抑制，是指在事故发生过程中或事故发生后，采取措施减小损失发生范围或损失程度的行为，如通过给计划提供支持性的证明文件并授权合适的人做决策，应对偶发事件。

3.风险分担

风险分担(risk sharing)又称风险转移，是企业准备借助他人力量，采取业务分包、购买保险等方式和适当的控制措施，将风险控制在风险承受度之内的策略。风险分担是一种事前的风险应对策略，即在风险发生前，通过各种交易活动，如业务外包、购买保险、租赁等，把可能发生的风险转移给其他人承担，避免自己承担全部风险损失。通过分担方式应对风险，风险本身并没有减小，只是风险承担者发生了变化。

风险分担的方式主要可以分为3种：财务型非保险转移、控制型非保险转移和保险转移。

1)财务型非保险转移

财务型非保险转移，是指利用经济处理手段转移经营风险。比较常用的手段有保证、再保证、证券化、股份化等。

(1)保证。保证是保证人与被保证人通过某种契约签署的，为使保证人履行相关义务以确保被保证人合法的既得利益的文件，其中有执行合约双方应尽责任的要求，如有违背，保证可能被取消或做相应调整。

(2)再保证。由于事项重大，为使被保证人的利益切实得到保护，在“保证”的基础上，由实力更强或声望更高的团体或个人通过合约或契约对被保证人所做的承诺。

(3)证券化。利用可转换债券、双汇率债券等金融工具方式，满足投资人、筹资方利益的需要，这是一种双赢的风险转移。

(4)股份化。它又叫公司化，指通过发行股票的方式，将企业风险转嫁给多数股东，这种操作实际上只是分散原始股东的风险，增强了企业抵抗风险的能力，而企业的运营风险并未得到转移。

2)控制型非保险转移

控制型非保险转移是通过契约、合同将损失的财务和法律责任转嫁给他人,从而解脱自身的风险威胁。其常用的方法有外包、租赁、出售、售后回租等。

(1)外包。外包又称转包或分包,转让人通过转包或分包合同,将其认为风险较大的业务转移给非保险业的其他人,从而将相应的风险全部或部分转移给承包人。

(2)租赁。出租人通过合同将有形或无形的资产交给承租人使用,承租人交付一定的租金,承租人对所租物只有使用权。

(3)出售。通过买卖契约将与财产或活动相关的风险转移给他人。

(4)售后回租。这是将出售和租赁合并操作的风险转移方式。为避免错过市场行情或由于资金紧张将资产整体卖掉,然后租回部分资产。

3)保险转移

保险,是指通过签订保险合同,向保险公司缴纳一定的保险费,在事故发生时就能获得保险公司的赔偿,从而将风险转移给保险公司。采用保险的方式,一方面,风险转移到保险公司之前,投保人须履行其义务,有责任缴付保险金;另一方面,当损失出现时,保险公司将会代替投保人承受因风险所带来的损失。企业对于自身不能控制、无法通过抑制实现转移的风险,或者根据外部与内部环境的变化对风险控制效果有一定的担忧时,可以采用投保的方式转移风险。

4.风险承受

风险承受(risk acceptance),又称风险自留,是企业对风险承受度之内的风险,在权衡成本效益之后,不准备采取控制措施降低风险或者减轻损失,由自己承担的策略。风险承受是企业明知可能有风险发生,但在权衡了其他风险应对策略之后,出于经济性和可行性的考虑将风险留下,若出现风险损失,则依靠企业自身的财力去弥补风险所带来的损失。风险承受的前提是自留风险可能导致的损失比转移风险所需代价小。

风险承受对策包括非计划性风险承受和计划性风险承受两种。非计划性风险承受是非计划的和被动的,主要是由风险识别过程的失误、风险的评价结果认为可以忽略、风险管理决策延误等原因造成的。如果在风险管理规划阶段已对一些风险有了准备,当风险事件发生时马上执行应急计划,自留风险就是计划性风险承受。风险自留的计划性主要体现在风险自留水平和损失支付方式两方面。风险自留水平,是指选择风险事件作为风险自留的对象。确定风险承受的水平可以从风险发生的概率及损失期望值大小的角度考虑,一般应选择风险发生概率小、损失期望值小的风险事件作为风险自留的对象。损失支付方式,是指风险承受应预先制订损失支付计划。常见的损失支付方式有:从现金净收入中支出、建立非常基金储备、建立风险准备金等。

(三)选择风险应对策略

《企业内部控制基本规范》第三章第二十七条规定,“企业应当结合不同发展阶段和业务拓展情况,持续收集与风险变化相关的信息,进行风险识别和风险分析,及时调整风险应对策略”。因此,风险应对策略与企业的具体业务或者事项相联系,不同的业务或事项要采取不同的风险应对策略,同一业务或者事项在不同的时期要采取不同的风险应对策略,同一业务或事项在同一时期也可以综合运用多种风险应对策略。

选择风险应对策略时，应考虑以下因素。

1.风险承受度

企业抵抗风险的能力决定了企业能够承受多大的风险，也决定了企业应对策略的选择。企业抵抗风险的能力取决于多种因素，包括管理者的风险偏好、企业的资源和财力水平、企业的风险态度等。《企业内部控制基本规范》中强调，企业应当合理分析、准确掌握董事、经理及其他高级管理人员及关键岗位员工的风险偏好，采取适当的控制措施，避免因个人风险偏好给企业经营带来重大损失。

2.成本与效益

实际上每一种风险应对策略在设计和实施过程中都会产生一些直接或间接成本，这些成本要与其创造的效益相权衡。只有风险应对策略的成本小于其带来的收益时，这种风险应对策略才是可行的。

3.风险的特性

制定风险应对策略，必须以风险的特性为依据，对不同特性的风险制定相应的应对措施。例如，对于风险较大（超出企业的风险承受度）的业务，企业一般采用风险规避策略；对于自然灾害等不可抗力风险，企业一般采用风险转移策略。

4.可供选择的措施

对于某一特定风险，如果可以采取多种应对策略，那么风险应对措施的制定就需要在多种策略中进行比较，选择最有效的风险应对措施。选定风险应对策略后，企业应当回顾已经确立的风险目标，以及这些目标的风险承受度，然后根据每个风险目标下已经识别的风险，重新评估风险发生的可能性及相互影响，进而对单个和整体风险的应对策略进行再评估，确保这些策略与企业整体风险偏好保持一致。

第三节　内部环境与风险评估

——ALBB 的内部控制管理失败案例分析

企业管理控制的成功离不开良好的内部环境。ALBB 在 2011 年爆出了著名的“欺诈门”事件，这揭露了 ALBB 内部控制的不足，MY 将事件的责任归结为违背公司价值观，由公司经营管理层承担全部责任，在一场公关达人秀后，ALBB 的诚信危机得到了缓和，但是这掩盖不了 ALBB 内部控制管理的缺陷。

一、ALBB 的内控危机始于董事会

第一，ALBB 内部控制的最高管理机构为上市公司董事会。

按照国家内部控制规范的要求，董事会是内部控制的最高管理机构，而 ALBB 董事会也成立了审核委员会等四大委员会，主要负责协助董事会就财务报告程序、内部监控及风险管理制度的有效性提供独立意见，并强调审核委员会定期召开会议，就检讨财务报告、内部监控及风险管理事宜，ALBB 从内部也明确了董事会关于内部控制管理的责任。

ALBB 的主营业务是 B2B 电子商务，而电子商务有三个阶段，即交易机会、交易确认和交易执行。ALBB 主要是做交易机会的，交易机会中最为关键的是交易信息与诚信问题，所以诚信问题是 ALBB 的重大控制要点，事关公司生存的风险点没有管理好，两年之后才发现，董事会负有不可推卸的责任。

第二，ALBB 发展战略的选择导致了本次危机的产生。

ALBB 于 2007 年 11 月成功上市以来，主要借助最大规模的供给信息，通过会员服务、开展企业信用认证、关键字竞争搜索收费是 ALBB 的主要盈利模式。受 2008 年金融危机的影响，ALBB 率先抛出“过冬论”，股价也跌到最低。为提升客户数量，2008 年 11 月，在“中国供应商”体系下推出了一款低价产品出口通，该产品刚推出的价格是 1.98 万元，而此前中国供应商的价格为 5 万元。受此政策影响，2009 年，中国供应商数量增长 123%，净增用户大约 53000 个，增加收入 10.5 亿元。同年，ALBB 营业利润 10.7 亿元，如果没有这个因素的影响，ALBB 很可能会陷入亏损。正是因为董事会的决策，该降价举措才帮助 ALBB 度过了金融危机，也为后面的诚信危机埋下伏笔。

第三，董事会针对重大风险没有采取有效的针对性措施。

在公司发展面临危机时，董事会做出一些战略性决策，帮助公司渡过难关是高明之举，这样一个重大战略举措的实施必须经过全方位的评估，信用风险也必将受到最多关注，从结果来看，ALBB 的董事会没有采取有效的针对性举措。董事会完全可以责成经营层加强对这类客户的信用审查，以不相容职务分离控制为原则，采取预防性控制与发现性控制相结合的方法，指派专人进行抽查，进而防止这类欺诈的发生，同时借助审核委员会定期听取这类客户风险发展的趋势评估报告，并采取针对性举措来进行控制。而不是两年后当央视 2011 年 3·15 晚会主题被确定后的公关秀。

MY 曾经说过：“这世界上没有优秀的理念，只有脚踏实地的结果。”从欺诈门的结果来看，欺诈源于公司内部控制管理不规范，而内部控制的第一责任人是 ALBB 的董事会，从这个角度而言，MY 作为董事会主席需要承担领导责任。

二、经营管理层失职导致内部控制制度失效

第一，关键管理流程仅是一纸公告。

为严格审查供应商资质，ALBB 制定较为严格的管理流程，从源头上防堵欺诈事件的发生。由于大约 7500 名销售人员在市场一线对商家进行会员销售工作，他们直接在供应商的办公现场，他们的认证应该是最直接、最有效、最立体的监督，而当地销售分支机构人员的交叉认证也是最有效的手段，可是当销售人员互相串通的时候，这个最有效的认证体系就会失灵。而此时，通过总部其他控制部门对他们提交材料的核实、依托第三方对相关材料进行核实或抽检就变得很重要。但很遗憾，新增客户中有 0.8% 涉嫌欺诈，更为重要的是，有些骗子使用的是没有年检的营业执照，而他们居然通过了认证，有些骗子的账户被查封之后，换了个公司名，连联系方式都没改，就再次通过审查了。我们只能说 ALBB 的多渠道交叉认证没有有效执行，如若不然，一些销售业务单元是不敢集体欺诈的。

第二，重大风险点没有进行分类管理。

内部控制需要对企业风险进行控制，企业风险的梳理则是自上而下，由重至轻地进行

梳理,会员供应商的诚信问题是事关 ALBB 生死存亡的第一风险点,当公司做出降低供应商缴费门槛时,就应该提前预判到信用风险可能会更大,而企业则应相应增加风险防范的资金和人员投入,提高多方认证执行的有效性,并加大第三方的抽检和认证,降低人工介入的条件等,很可惜,事件过去了两年,ALBB 才迫于外界的压力而开始自查自纠。

第三,投诉问题异常未能引起管理层的重视。

被欺骗的国外买家绝大部分均向 ALBB 进行了投诉,ALBB 也通过了手工控制与自动控制收集情况与处理问题,当自动控制不能解决双方纠纷时,ALBB 将会人工介入进行协调与控制,最便捷的人员还是在各地的监督人员,当各地的监督人员接到介入通知时,事实证明他们也违背了公司价值观,结果事情是不了了之。当降低门槛后的新供应商投诉问题上升到几十起时,管理层完全应该启动发现性控制的内部控制程序,立即组织非当地分支机构参与的独立调查或第三方介入,而不是在事件发生到 2000 余起时才介入。

第四,薪酬与绩效管理设计导致分支机构管理失控。

ALBB 的盈利模式决定了其是一家业务驱动型公司,13500 名员工中有 8400 名销售人员,其中 5000 人服务于“出口通”,2500 人服务于“中国诚信通”。而 ALBB 给予他们的待遇则是低底薪高提成,如在“出口通”部门,销售人员的底薪在 1000~3000 元,销售提成则实施阶梯式的提成率,从 6%~30%不等;主管的业绩也和销售总量挂钩,从 0.5%~6%不等,能够完成任务的金牌销售人员的奖励提成高达几万元。由于销售主管与销售人员的利益高度一致化,在利益的驱使下,业绩任务的重压下,他们之间达成利益默契成为可能,而总部的管理松散和其他人员成功的刺激,使他们敢于冒险,而高流动性则使他们中的很多人可以免于处罚。

MY 曾经说过:“最大的挑战和突破在于用人,而用人最大的突破在于信任人。”作为董事会主席,MY 使用并信任了经营层,在捍卫价值观之余,MY 用人的挑战只能用未能突破来形容了。在内控机制与人均失效的状态下,ALBB 的诚信风险被曝光也就在情理之中了,只不过在外人看来很震惊而已。

三、ALBB 应该如何解决上述问题

从英国石油公司生产事故导致的墨西哥湾漏油事件到丰田的“质量门”,企业在内部控制上的缺陷会给企业的发展带来致命打击,在 ALBB 的“欺诈门”中,MY 的世界级公关秀,避免了一次不可预知结果的行业地震。虽然,ALBB 已经展开独立调查,也已经将出口价格上调至 2.98 万元,我们仍应反思,ALBB 的内部控制体系应该如何构建呢?

第一,由公司董事会牵头,构建公司完整的内部控制体系,构建从董事会、经营层、各部门的三级内部控制体系,重点建立覆盖销售分支机构、销售团队、销售代表的销售体系三级内部管理体系,梳理各级风险点并在内部控制委员会的牵头下,制定各类风险控制办法、制度与流程。董事会定期与不定期听取关于公司战略性风险点的内部控制情况的报告,及时发现问题与解决问题。

第二,董事会应讨论制定企业新的商业模式及盈利模式,避免通过培训式和人海式的销售战术来拉供应商入会,而应着眼于为供应商提供更高价值的全程服务,使供应商更为自愿地掏钱,否则即使今天控制了风险,企业本身的盈利模式风险也无法扭转与控制。

第三,按照已有的内部控制制度认真执行,强化销售人员现场监督的优势,在供应商认证环节中进行严格把关,按照不相容职务相分离控制的原则,加强售后服务体系的建设,在提升服务水平的同时,提升现场监控能力,委托公司内部的监察部门和独立第三方进行程序认证和大比例抽检,严肃处理违纪行为,杜绝欺诈之风在内部蔓延。

第四,对公司薪酬与激励政策进行改革。为普通员工制定发展通道,加强中长期激励政策的使用,提升销售序列员工的归属感,将主管级以上的重要销售人员的考核转化为年度考核,加大揭发造假行为的奖励,由现在的短期激励向短期激励与中长期激励相结合的方式转变。

第五,对重要风险点进行管理并加强监控。梳理危及公司生存的重大风险点,按照公司承受风险能力大小给予分类管理,对极度危险的风险应给予人力、财力的倾斜,有针对性地设计风险防范措施,同时加大重大风险点的监控,及时总结风险点的变化与发展趋势,不断调整防范策略,使风险始终处于受控范围。

一场异常震撼的风暴被 MY 演化为一场世界级的公关秀,在一箭数雕之后,该公司管理层一定会改革 ALBB 的发展模式与盈利模式,媒体的关注点也将随之转移,后续还会有一连串的改革与创新之举,到那时事件的真相与 MY 的责任或许已经无人想起。可是正如 MY 所说:“这个世界不是因为你能做什么,而是你该做什么。”,MY 能做的公关秀已经做了,而 MY 真正该做的又是什么呢?商业文明的进步中,我们不希望 ALBB 的欺诈门留给公众与商学院的是公共关系与企业经营模式转型的经典案例,我们更希望是一次企业内部控制失效与重建的警示教材。

本章小结

内部环境是建立和实施内部控制的基础,内部环境影响企业内部控制的各个方面,是其他内部控制要素的基础,企业若没有良好的内部环境,内部控制就形同虚设。风险评估是指企业及时识别、系统分析经营活动中与实现企业内部控制目标相关的风险,进而合理确定风险应对策略。通过本章学习,在理论知识方面:首先要了解内部环境与内部控制的关系,掌握内部环境的要素,如组织架构、发展战略、人力资源、社会责任、企业文化;其次要了解目标设定、风险识别、风险分析和风险应对的概念及其关系,掌握风险评估的概念以及风险识别的方法、风险分析的工具以及风险应对的策略。在思政方面:通过学习内部环境中的发展战略、组织架构、人力资源及社会责任,风险评估中的目标设定、风险识别、风险分析与风险应对等内容,培养学生的家国情怀、责任担当以及忧患意识,引导学生树立正确的人生观和价值观,成为德才兼备,符合国家和社会需要的高素质人才。

课后练习题

一、单项选择题

1.为企业提供精神支柱,提升企业的核心竞争力,还可以为内部控制有效性提供有力保证的是(　　)。

A.企业的规章制度　　B.企业文化

C.管理层的管理理念　　D.管理者与员工的关系

2.企业实施内部控制的基础是(　　)。

A.内部环境　　B.内部监督

C.控制活动　　D.信息与沟通

3.审议战略委员会的发展战略建议方案应提交给(　　)。

A.股东大会　　B.董事会

C.监事会　　D.总经理

4.企业风险评估的起点是(　　)。

A.目标设定　　B.风险识别

C.风险分析　　D.风险应对

5.根据《企业内部控制基本规范》,最高层次的内部控制目标是(　　)。

A.经营目标　　B.资产目标

C.战略目标　　D.报告目标

二、多项选择题

1.内部控制与内部环境的关系是(　　)。

A.内部环境是内部控制的基础　　B.内部环境与内部控制相互联系又相互依存

C.内部环境与内部控制相互制约　　D.内部环境与内部控制是互动关系

2.现代企业组织结构的基本形式包括(　　)。

A.U 型结构　　B.M 型结构

C.H 型结构　　D.矩阵型结构

3.企业社会责任包括(　　)。

A.安全生产、产品质量(含服务)　　B.环境保护

C.促进就业　　D.员工权益保护

4.下列各项中,属于企业内部风险的是(　　)。

A.法律风险　　B.市场风险

C.营运风险　　D.财务风险

5.下列各项中,属于风险识别方法的是(　　)。

A.财务报表分析法　　B.流程图分析法

C.事件树分析法　　D.现场调查法

三、简答题

1.内部环境构成要素的内容是什么?

2.人力资源管理的主要风险有哪些?

3.影响诚信和道德价值观的因素有哪些?

4.风险识别包括哪些内容?

5.风险识别的方法有哪些?各自的优缺点是什么?

四、案例分析题

1.沃尔玛从一家不起眼的小店发展成为当今世界上最大的零售企业,必定有其独特的经营之道。约翰·科特在进行企业文化与企业业绩关系的研究中惊奇地发现,沃尔玛这家服务性公司在企业文化力量方面平均分值排名第一,而同期的企业经营业绩增长指数排名也位居前列(排名第二)。在众多成功因素当中,沃尔玛的文化和因其文化而聚集的团队起了重要的作用。在美国管理界,沃尔玛被公认为是最具文化特色的公司之一和最适宜工作的公司之一。可以说,沃尔玛文化打造的团队是沃尔玛其他战略得以成功实施的肥沃土壤。

张瑞敏说,海尔的核心竞争力就是海尔文化,海尔的任何东西别人都可以复制,唯独海尔文化无法复制。历史悠久、卓越不凡的团队如IBM,它们的产品在不断地更新换代,经营模式在不断地改变,CEO也经历了很多代人,但它始终能抓住机遇。为什么?就是因为它有自己优秀、独特的团队文化。

要求:

(1)如何理解企业文化?

(2)企业文化的意义是什么?

2.2019年6月14日,奥马电器的股价在早间开盘后一字跌停,无疑成为A股市场上舆论的焦点。事情源于6月13日晚上奥马电器发布的一则公告,公告称:截至6月12日,公司逾期债务合计2.72亿元,公司将因支付大量违约金、滞纳金等,面临财务费用增加、融资能力下降等问题,由此将加剧公司资金紧张状况,对部分业务造成不利影响。该公告一出,市场哗然。

2019年4月25日,奥马电器董事会通过了使用不超过13亿元自由闲置资金进行委托理财的议案,并且5月17日还收到华鑫信托的9.7亿元纾困资金。奥马电器有22.7亿元的闲置资金而还不上2.72亿元的债务这一现象,令市场费解。

奥马电器在2002年创立,于2012年4月16日在中小板挂牌。公司主营冰箱的设计、制造和销售,公司70%营业收入来自海外,因而被称为“出口冰箱之王”。上市之后直至2015年,虽然奥马电器没有十分亮眼的经营业绩,但营业收入和净利润逐年稳步增长。

2015年是奥马电器生命中的转折点。当年10月28日,从京东副总裁职务离职的赵国栋入主奥马电器,其受让了奥马电器20.38%股权。出身金融业的赵国栋入主后的第一步就是发力金融行业。2015年11月,赵国栋推动奥马电器以6.12亿元现金收购中融金51%股权。2017年4月,奥马电器又支付7.84亿元现金收购了中融金剩下的49%股权。除了收购中融金,奥马电器还通过投资设立、参与增资等途径,相继拥有宁夏小贷、钱包好车、广投资管、钱包易行、钱包保险经纪、网金创新等众多互联网金融公司,并拥有地方资产管理牌照、互联网小贷牌照、商业保理牌照、融资租赁牌照等。此外,奥马电器还入股长治银行、石嘴山银行。

在互联网金融领域大肆攻城略地，奥马电器形成了冰箱与金融双主业，直至2018年，金融业务都给其带来不菲的业绩。然而2018年后，受国内外宏观经济形势、金融政策和金融环境整体的影响，互联网金融整治持续推进，P2P网贷行业出现集中性风险，奥马电器部分网贷平台合作方属于出清范围，奥马电器预计大量贷款逾期并无法收回。在此种情况下，奥马电器对2018年商业保理、助贷、车贷等业务部分应收账款计提坏账准备14.15亿元，并对此前高溢价收购的中融金计提商誉减值准备5.48亿元，这将对平台投资人的合法权益造成严重影响。资产减值损失合计高达20.47亿元，致使奥马电器2018年巨亏19.03亿元。除了亏损，因资金周转困难，奥马电器旗下子公司还面临多起债务诉讼纠纷，多家银行和湖南省资产管理有限公司因合同纠纷对奥马电器、钱包汇通(平潭)商业保理、钱包金服(北京)、钱包智能(平潭)、中融金(北京)提起了民事诉讼。

钱包金服出现的兑付问题，也引发了奥马电器的连锁反应：债务危机接连爆发、高管频频辞职、实际控制人股权质押爆仓、公司股价持续下挫。早在2018年，奥马电器原董事长秘书、副总经理何石琼，原财务总监、副总经理杨锐志，原副董事长、副总经理李迎晨等多位高管相继提出辞职，并抛售公司股票；2019年，接替何石琼担任董事长秘书、副总经理的宁芳琦也递交了辞呈。接连离职的高管，似乎早已洞悉奥马电器躲不过的风险。2018年年末，公司20多个银行账户和所持的多家子公司股权被冻结，各路债权机构也纷纷申请保全财产并强制执行。而赵国栋也一直在通过股权转让、爆仓质押等多种方式扭转颓势，但情况未见实质性好转，奥马电器的股价一直在“跌跌不休”。2018年3月，奥马电器的股价一度达到16元/股以上，经历了一年的持续下跌至5.87元/股，一年多时间跌幅超60%，市值蒸发超百亿元。

从最新公布的2019年一季度业绩来看，奥马电器归属母公司的净利润扭亏为盈，实现超过9 000万元的盈利。然而，奥马电器的偿债能力依然堪忧，近三年奥马电器的流动比率持续下降，2018年年末降至0.98，2019年一季度末流动比率指标升至1.05。另外，奥马电器连续两年利息保障倍数为负，说明公司存在严重的偿债风险。

要求：根据上述材料，分析奥马电器在由盛转衰这一过程中面临的主要风险有哪些？

第三章　信息与沟通、内部监督

第一节　信息与沟通

一、信息与沟通概述

《企业内部控制基本规范》第三十八条规定："企业应当建立信息与沟通制度，明确内部控制相关信息的收集、处理和传递程序，确保信息及时沟通，促进内部控制有效运行。"

信息与沟通是及时、准确、完整地收集与企业经营管理相关的各种信息，并使这些信息以适当的方式在企业有关层级之间进行及时传递、有效沟通和正确应用的过程，是实施内部控制的重要条件。

企业在其经营过程中，需按某种形式辨识、取得确切的信息，并进行沟通，以使员工能够履行其责任。信息系统不仅处理企业内部所产生的信息，同时也处理与外部的事项、活动及环境等有关的信息。企业所有员工必须从最高管理阶层清楚地获取承担控制责任的信息，而且必须有向上级部门沟通重要信息的方法，并对外界顾客、供应商、政府主管机关和股东等做有效的沟通。

（一）信息的内涵

要了解内部信息传递的流程，首先应该知道信息是什么、信息具有哪些特征。只有这样，才能很好地理解和把握信息搜集、组织和传递活动。

信息是对人有用的、能够影响人们行为的数据。信息是数据的含义，是人们对数据的理解，是数据加工后的结果。数据是信息的载体，没有数据便没有信息，因此信息不能单独存在。要想获得信息就要先获得载荷信息的数据，再对其进行加工。将数据加工成信息有时很简单，有时很复杂，有时需要很多数据、经过复杂的加工过程才能得到信息。信息还有下面一些特征。

（1）共享性。一方面，同一内容的信息可以在同一时间为多人所用；另一方面，同一内容的信息可以被多次使用，通过传递可实现信息共享。

（2）可传递性。信息是事物存在方式的直接或间接显示。它依附于一定的载荷媒体（声、光、电、磁、语言、表情、文字、数字、符号、图形、图像等）进行呈现、传递和扩散。这些载荷媒体就是我们所说的广义的数据。信息技术极大地扩展了信息的扩散范围，提高了信息的传递速度和共享程度。

（3）可编码性。信息可以用标准符号（如数字、字母等）来表示。在信息社会中将有更多的信息以数字形式表示。它的采集、存储、处理、传输都是数字化的,因此极易识别、转换、传递和接收,也更易于处理。

(4)具有价值。信息是一种资源,同样有其效用和成本。信息的效用表现为,可能为使用者提供新的知识或创造新的价值,可能为使用者的特定决策减少不正确性。信息成本包括收集、输入、处理、存储以及信息形成与传递过程中的全部耗费。

在一家企业内,一般来说,地位越高的管理者所需要的信息越需要加工和处理。图3-1是企业中的基层、中层和高层管理者对信息的需求特征。

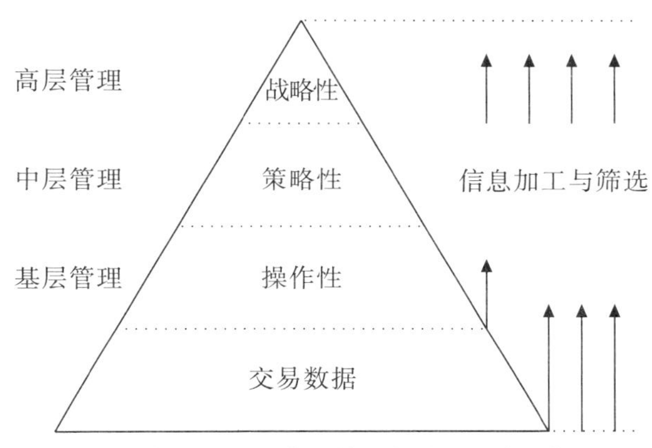

图3-1　基层、中层和高层管理者对信息的需求特征

(二)信息收集与传递

企业在进行信息收集时应明确收集的内容和方式等。企业应当对收集的各种内部信息和外部信息进行合理筛选、核对、整合,提高信息的有用性。企业可以通过财务会计资料、经营管理资料、调研报告、专项信息、内部刊物、办公网络等渠道,获取内部信息。企业可以通过行业协会组织、社会中介机构、业务往来单位、市场调查、来信来访、网络媒体以及有关监管部门等渠道,获取外部信息。由于不同企业需求的信息存在差异,各企业对每类信息的侧重点也存在差异,因此,企业应当结合自身特点以及成本效益原则,选择使用适合的方式收集有价值的信息。

企业应当将内部控制相关信息在企业内部各管理级次、责任企业、业务环节之间与外部投资者、债权人、客户、供应商、中介机构和监督部门等有关方面之间进行沟通和反馈。信息沟通过程中发现的问题,应当及时报告并加以解决。但是,企业管理者对信息传递的认识不够或传递方式的问题通常会使信息传递存在一些问题。常见问题包括准确性问题、完整性问题、及时性问题和安全性问题等。

信息与沟通包括内部和外部沟通、决策信息支持和反舞弊措施等三个要素。

(三)内部信息传递的基本流程

内部信息传递流程是根据企业生产经营管理的特点来确定的,其形式千差万别,没有一个最优的方案。一般来说,内部信息传递至少包括三个阶段:一是信息形成阶段,二是信息使用阶段,三是信息评估阶段。

以内部报告为例,内部报告形成阶段的起点是报告中指标的建立;根据所确定的报告指标,确定所要搜集和存储的相关信息;对搜集的信息进行加工,以一种美观的和可理解的表现形式组织这些信息,形成内部报告;审核形成的内部报告,如果不符合决策要求,就要重新修订或补充有关信息,直到达到标准为止。

内部报告使用阶段的起点是内部报告向指定位置和使用者的传递。使用者获得内部报告后,要充分地理解和有效地利用其中的信息,以评价业务活动和制定相关决策;与此同时,要定期对企业内部报告的全面性、真实性、及时性、安全性等进行评估,一旦发现不妥之处,要及时地进行调整。图 3-2 列示了内部信息传递的基本流程。

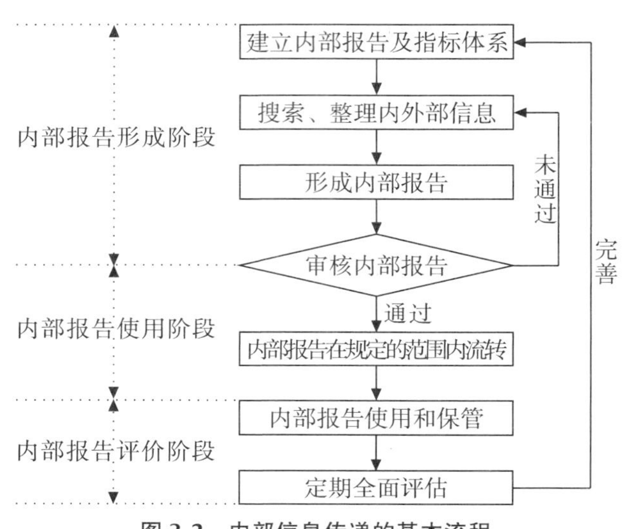

图 3-2 内部信息传递的基本流程

(四)信息系统

信息系统处理企业内部信息和外部信息。内部信息资料包括采购资料、销售交易资料、内部营业活动资料和内部生产过程资料等。内部信息还包括会计制度,即由管理当局建立的记录和报告经济业务和事项,维护资产、负债和业主权益的方法和记录。有效的会计制度应是:包括可以确认所有有效业务的方法和记录;按时详细记录业务以便于归类,提供财务报告;采用恰当的货币价值来计量业务;确定业务发生时期以保证业务记录于合理的会计期间,在财务报告中恰当披露业务。

外部信息资料包括显示本企业产品的需求发生改变时,某种特定市场或行业的经济资料,用于企业生产商品的资料,显示顾客偏好的市场情报,竞争对手产品开发活动的信息,立法机关与行政机关所发布的信息。

企业建立良好的信息系统,必须做到:建立良好的信息系统支持策略;信息系统与企业营运应有效地结合;选择更新信息系统的最佳时间;有很好的信息品质。

一般来说,组织的 3 种管理层次对应着 4 种不同类型的信息系统:

（1）经理信息系统（executive information system，EIS）：支持组织的战略层，帮助高层管理者进行长期战略计划活动的信息系统。

（2）决策支持系统（decision support system，DSS）和管理信息系统（management information system，MIS）：支持组织中层管理者进行监督、控制、管理和决策的信息系统。

（3）业务处理系统（transaction processing system，TPS）：处理和记录企业经营运作所必需的组织基本活动和作业信息的计算机系统，服务于组织的作业层。

常见的管理信息系统有企业资源规划系统（enterprise resource planning，ERP）、客户关系管理系统（customer relationship management，CRM）、供应链管理系统（supply chain management，SCM）、电子商务系统（electronic business，E-business）、智能决策支持系统（intelligence decision supporting system，IDSS）、商业智能系统（business intelligence，BI）等。

（五）沟通的内涵

沟通，即信息交流，是指将某一信息传递给客体或对象，以期客体做出相应反应的过程。按沟通的渠道划分，沟通可以分为正式沟通和非正式沟通。正式沟通是指在企业正式结构、层次系统进行沟通。非正式沟通是指通过正式系统以外的途径进行沟通。按沟通的对象划分，沟通可以分为内部信息沟通和外部信息沟通。内部信息沟通是指企业经营、管理所需的内部信息、外部信息在企业内部的传递与共享。外部信息沟通是指企业与利益相关者之间信息的沟通。

沟通是把信息提供给适当的人员，以便他们能够履行与经营、财务报告和合规相关的职责。但是，沟通还必须在更广泛的意义上进行，以便处理期望、个人和团体的职责以及其他重要问题，没有沟通就不可能实现控制。沟通是技术性的，已经在管理工作中得到广泛的应用，但比技术更有意义的是企业组织内外部的有效交流。

（六）内部沟通的方式

充分的内部沟通对企业控制环境、控制活动、风险评估等各方面都起着至关重要的作用。企业所采取的沟通方式要能够达到顺畅沟通的目的，使员工了解自己应承担的责任、应实现的目标以及这些目标对企业的影响。有效的信息沟通需要合理考虑来自不同部门和岗位、不同渠道的相关信息，并进行合理筛选和相互核对。

企业员工应当采取电子沟通、书面沟通、口头沟通等多种方式，实现所需的内部信息、外部信息在企业内部准确、及时地传递和分享，确保董事会、管理层和企业员工之间有效沟通。

（1）电子沟通包括互联网、电子邮件、电话传真等方式。这种沟通方式在现代企业中已经开始扮演越来越重要的角色，但是由于网络的开放性及技术上的要求，信息的安全性是值得考虑的问题。

（2）书面沟通包括例行或专题报告、调查研究报告、员工手册、内部刊物、教育培训资料等方式。书面沟通以文字为媒体，其优点是比较规范、信息传递准确度高、信息传递范围广、有据可查、便于保护。但是，书面沟通也存在缺点，如为了形式规范而耗用较长的时间，导致成本效益不对等，并且缺少反馈或反馈机制不灵敏等。

（3）口头沟通包括例行会议、专题会议、座谈会、讲座等形式。在这种形式下，沟通迅速、灵活且反馈及时,但是往往由于信息的汇总及传递机制不到位导致信息失真的可能性较大。

二、信息与沟通流程存在的主要风险与管控措施

(一)信息与沟通流程存在的主要风险

信息与沟通流程存在的主要风险包括以下几点。

(1)管理层无法获取适当和必需的信息。

(2)无法及时向相关的人士收集或发送信息。

(3)信息披露委员会无法有效地履行工作职责。

(4)公司没有建立有效的期末报告程序。

(5)财务报告及相关的应用和信息系统是不可靠的。

(6)公司未建立预防、识别舞弊风险的内部控制措施与程序,无法预防可能存在的舞弊行为。

(二)内部和外部沟通的风险管理

1.内部和外部沟通的控制目标

内部和外部沟通的控制目标为管理层建立有效的内部及外部关系方的信息沟通渠道。管理层应建立有效的内部信息沟通渠道,使财务信息、经营信息、规章制度信息及其他重要综合信息等内部信息,通过公司规章制度和文件、公司职能部门调研报告、财务会计报告、员工直接向上级沟通的信息、内部刊物、资料、公司局域网、各种会议提案、记录、纪要等渠道在公司内部各层次、各部门及公司与下属单位之间传递。

管理层应与外部关系方建立有效的信息沟通渠道,公司可以通过国家部委和外部监管方的文件、期刊、中介机构、互联网、广播、电视、公司采购及销售部门收集的市场和价格信息、外部来信来访、参加行业会议、座谈交流等渠道获取外部信息,并使这些信息在公司与客户、供应商、监管者等外部环境之间有效地传递。

2.内部和外部沟通的风险管控措施

(1)建立预算、利润及其他财务和经营方面的目标执行情况沟通渠道。公司制定全面预算管理制度,在公司内上下级之间、同一级的各职能部门之间建立顺畅的沟通协调机制。公司建立生产经营综合分析制度,并召开月度和季度的生产经营分析会,对公司经营计划和预算的执行情况进行评估,并对目标实际执行中出现偏差采取应对措施。

(2)建立与分散办公的员工信息沟通的政策和程序。公司制定了公文处理办法,并通过领导层签发后下发各业务部门和下属单位。公司通过传真电报、通知、邮件等形式下发,或通过办公系统,将公司相关的政策和程序传达至各个业务分部和各职能部门。

(3)公司建立开放的和有效的双向外部沟通渠道。公司明确规定客户投诉处理程序,建立与客户开放的和有效的沟通渠道和投诉处理机制。公司明确规定供应商投诉处理程序,建立与供应商开放的和有效的沟通渠道和投诉处理机制。公司在对外网站建立了相应栏目宣扬公司的企业文化、经营理念及道德准则等信息,规范公司业务宣传,统一企业及业务品牌形象,达到向外部宣传企业文化和道德准则的目的。

(4)从外部关系方收到的信息能得到及时和恰当的总结和反馈。公司规定客户投诉处理办法，对客户投诉处理结果进行归档，对客户投诉进行回访。公司建立定期收集和汇报供应商信息的制度，并有专人对审阅的信息进行核实。公司建立定期收集和汇报政府部门、监管者等外部信息的制度，并有专人对审阅的信息进行核实。

(三)决策信息支持的风险管控

1.决策信息支持的控制目标

决策信息支持的控制目标为管理层获得必要信息和报告，为管理层决策提供支持。

2.决策信息支持的风险管控措施

(1)定期收集和报告影响企业目标的重要内部与外部信息。公司建立生产经营分析会制度，对企业目标完成情况进行分析和报告。公司建立收集和报告影响企业目标的重要外部信息的制度，并有专人对审阅的信息进行核实。

(2)信息系统可以根据管理层的需求提供信息。公司成立企业信息化小组或专业部门作为企业信息化工作的领导机构，负责企业信息化工作的统筹安排、协调及重大决策，领导层参与研究和审批信息规划，使信息化工作满足管理层的需求。公司建立信息化系统，涵盖协同办公(内部邮件、信息发布)、内部论坛、经营报表统计、分析等功能。

(3)信息能被及时传递。公司建立信息报告传递制度，要求在规定时限内上报和传递信息，不允许发生任何隐报、瞒报、迟报、漏报的行为，对未按时上报或隐瞒不报的，追究有关领导和直接责任人责任。

(4)管理层鼓励员工提出合理化建议。公司建立奖励制度，鼓励员工提出合理化建议，并建立员工合理化建议的途径，包括书信、电话、走访、邮件等形式。

第二节　内部监督

一、内部监督概述

内部监督是内部控制有效发挥作用的保证，它对于一个完善的内部控制体系来说是必不可少的。《企业内部控制基本规范》第四十四条规定，要求企业应当根据基本规范及其配套办法，制定内部控制监督制度，明确内部审计机构(或经授权的其他监督机构)和其他内部机构在内部监督中的职责权限，规范内部监督的程序、方法和要求。

根据基本规范的规定，企业在健全内部控制时，首先，必须健全内部审计机构，这一机构一般来说是企业的内审部门，也可以由审计委员会委托有关部门或外部机构承担审计监督任务。其次，要明确内审机构的职责权限，根据基本规范的精神，内审机构的权力应该高于内部控制执行层，应直属内部控制规划决策层。再次，要规范相应的程序、内审方法以及标准等，防止内审形式化。监督系统对内部控制的支持作用主要体现在以下几点。

(1)确保内部控制在企业的各个层次以及经营管理环节中的有效实施。

(2)发现、报告与纠正内部控制设计、运行中存在的问题与缺陷。

(3)评价内部控制实施的效率与效果。

(4)帮助管理层改进识别与管理风险的过程。

(5)评估内部控制运行状况与效率并提供相关的保证。

二、监督系统的要素与主要参与者

要对内部控制实施有效监督必须有一套完整而科学的监督系统,这套监督系统不仅要能够实时地跟踪、监督内部控制的执行情况,还要能够对特定的内部控制问题做出评价与反应。

(一)监督系统的组成

监督系统的主要活动应包括:持续监督、个别评估与报告缺陷。企业可以通过持续监督、个别评估或者将这两种方式相结合来对内部控制进行监督。持续监督存在于日常的经营过程中,它包括交易行为中日常的管理和监督活动,以及员工在履行其评价内部控制系统运行质量的职责时的相关活动。个别评估则是指基于有计划的定期检查,或基于经营或日常监督过程中产生的例外事项的后续检查。持续监督和个别评估相结合可以使企业内部控制在不断变化的经营环境中保持有效性。进一步,监督系统中还应包含适当的程序与政策以保证内部审计和审查的工作结果与建议能获得管理层的注意并及时得到处理,在监督过程中发现的内部控制缺陷必须向相关的内部控制责任人报告,严重的缺陷则需要向高级管理层和董事会报告。

从某种程度上说,监督系统离不开对企业内部控制的记录。对企业内部控制进行记录的程度根据企业的规模、经营的复杂性和其他因素的影响而有所不同。适当的记录通常会使内部控制的监督更加有效果和效率。当企业管理者需要向外部利益相关者提供关于企业内部控制效率的报告时,设计一套内部控制记录模式并保持有关的记录显然能够帮助管理者证明自己在建立和实施企业内部控制方面有所建树。

(二)监督系统的主要参与者及其职能

为了保证监督系统发挥作用,根据内部控制的关键环节设定相应的监督制度,并将监督的职责具体分配到组织的各个层级、部门以及个人是必不可少的制度安排。下面简单介绍董事会、审计委员会、高级管理层和内部审计的职能。

(1)董事会。董事会对内部控制的有效性负最终责任,也就是说董事会对内部控制制度的建立健全、有效实施及其检查监督都负有责任。董事会委托相关委员会(如审计委员会等)负责对内部控制进行监督和报告,定期从这些委员会接受并审阅内部控制的相关报告。

(2)审计委员会。审计委员会受董事会的委托,负责指导内部控制监督程序。审计委员会应定期与直接负责实现内部控制目标的管理人员、内部审计师沟通以获取有关内部控制的保证以及其他相关信息,并据此判断内部控制的有效性。

(3)高级管理层。内部控制是否有效在很大程度上取决于高级管理层的表现。企业高管包括首席执行官、总裁、财务总监、副总监等。首席执行官、总裁、副总监并不广泛地参与内部控制监督程序,而主要由财务总监、首席审计师负责对内部控制(尤其是内部会计控制）的监督职能。

（4）内部审计。对内部控制进行评价与监督是内部审计的中心任务。内部审计的工作内容和工作成果是评价内部控制充分性和有效性的一个独立的意见来源。并且内部审计可以促进其他与内部控制监督程序有关的人员采用更为积极有效的控制和监督方法。

三、日常监督与专项监督

《企业内部控制基本规范》第四十四条规定："内部监督分为日常监督和专项监督。日常监督是指企业对建立与实施内部控制的情况进行常规、持续的监督检查；专项监督是指在企业发展战略、组织结构、经营活动、业务流程、关键岗位员工等发生较大调整或变化的情况下，对内部控制的某一或者某些方面进行有针对性的监督检查。"

专项监督的范围和频率应当根据风险评估结果以及日常监督的有效性等予以确定。为了理解这两种监督形式，我们可以借鉴美国 COSO 报告中有关监督的具体做法。COSO 项目组认为监督是由实时评价内部控制执行质量的程序组成，这一程序包括持续监督、独立评价，或是两者的综合。独立评价的范围和频率取决于所评估的风险程度，监督能够确保内部控制的有效运行。

内部控制系统通常是组织完善的系统，在某种程度上持续地监督其自身的活动。内部控制系统持续性监督的有效性程度越高，对单独评估的需要程度就越低，管理层为了合理地确认内部控制系统的有效性所必须进行的单独评估的频率，取决于管理层的判断。在做出该决定时管理层应考虑以下因素：变化发生的性质和程度以及与变化相关的风险；实施内部控制的人员的能力和经验以及持续性监督的结果。通常，持续性监督和独立评估在某种程度上的合并使用，将会保证内部控制系统随着时间的变化而保持其有效性。

应该认识到，持续性监督程序根植于企业日常重复发生的活动中。与独立评估所实施的程序相比，由于持续性监督程序在实时基础上实施，动态地应对环境的变化并在企业中根深蒂固而显得更加有效。由于独立评估发生在事实出现之后，因此通过持续性监督的日常程序通常可以更快地发现问题。尽管如此，一些持续性监督活动完善的企业仍然每隔几年要对其整个内部控制体系或其中一些部分进行一次独立评估。那些察觉到需要经常进行独立评估的企业应重点关注增强其持续性监督活动的途径，从而强调将持续性监督活动"根植于"而不是"添加在"内部控制活动中。

（一）日常监督

基本规范中的日常监督相当于 COSO 报告中的持续性监督。COSO 报告中的持续性监督活动主要涉及以下 7 个方面。

（1）在日常活动中获得内控执行的证据。在执行日常管理活动时，负责运营的管理层获取内部控制持续发挥功能的证据，这是很重要的一点。在营业报告并入财务报告系统或与该系统核对并持续用于管理企业运营时，很可能会迅速发现重要的不正确的数字或预期结果的例外情况。

（2）外部反映对内部信息的印证程度，即与外界各方的沟通能够印证内部生成的信息或揭示问题。

（3）定期核对财务系统数据与实物资产。也就是说，将信息系统所记录的数据与实物资产相比较。

(4)对内部、外部审计师关于加强内部控制的措施做出响应。内部、外部审计师则定期为进一步加强内部控制的方法提供建议。在许多企业,审计人员关注的焦点主要集中在评估内部控制的设计以及测试其有效性,识别潜在的缺陷并向管理层建议采取替代方案,同时提供做出成本效益决策有用的信息。在监督企业内部控制活动中,内部审计人员或实施类似审核职能的人员能够发挥尤为有效的作用。

(5)培训、会议等对内部控制有效性的反馈。培训研讨会、计划会议及其会议可以向管理层提供有关内部控制是否有效的重要反馈。这些会议不但可以指出内部控制中存在的某些问题,还能够增强参与者的内部控制意识。

(6)定期询问员工是否理解并执行了公司的道德准则,员工是否执行了内控活动;定期要求企业员工明确说明他们是否理解并遵守企业的员工行为守则。同样,也可以要求经营及财务人员说明某些内部控制程序是否正常地实施。管理层或内部审计人员可以对这些说明进行核实。

(7)内部审计活动的有效性。适当的组织结构和监督活动可监督内部控制职能的执行并识别内部控制的缺陷。

(二)专项监督

《企业内部控制基本规范》中的专项监督相当于美国 COSO 报告中的独立评估。美国 COSO 报告认为:尽管持续性监督一般可以提供关于其他控制要素有效性的重要反馈,但经常从一个新的角度,把焦点集中在对系统的有效性直接进行评估也是十分有益的。这也提供了一个机会来考虑持续性监督程序的连续有效性。独立评估工作是内部审计、监察等部门从独立性角度出发,对内部控制系统进行审核的过程,主要关注的是系统的设计和运行的有效性。

1.评估范围和频率

个别评估的范围和频率,应以被控制对象的风险大小及控制的重要性而定。一般来说,处理风险顺位排列在前的那些控制,应经常进行评估;在相同顺位中,最不可缺失的那些控制,更要经常进行评估;对整体控制评估的次数,通常要少于对特定控制评估的次数,如有重大策略改变、管理阶层变动、重大的收购或处分、重大的营运方法改变或财务资讯处理方式改变等,就需要对整体内部控制制度进行评估。当管理层决定要对单位整体控制制度进行评估时,必须注意内部控制的每个组成要素及其所有重大活动的关系,同时还须考虑评估的范围受内部控制的影响。

2.评估主体

通常的评估,是以自我评估的形式进行,也由特定单位或职能的负责人决定评估。例如,某一部门的最高主管可以命令相关员工评估该部门的内部控制制度,他自己可以评估控制环境的因素是否有效,而要负责该部门各营运活动的员工评估其他组成要素是否有效。最后,单位的管理层再考核各个部门的评估结果。

内部审计机构是单位进行控制评估的主要力量,一是因其职责分工之故,二是因董事会、高层主管、子公司或部门主管的特别要求。管理层在考核内部控制是否有效时,还可以借用外部审计的力量。

3.评估过程

评估内部控制制度,本身就是一个过程。尽管在评估中使用不同的方法或技术,但必须遵循一些基本的原则和要求。

评估者必须了解涉及的每一个作业及每一个内部控制制度组成要素。首先要注意每一项制度设计的要求是什么,它应该发挥什么样的控制功能,以及如何发挥其功能。评估者应与员工讨论,并复核现有的文件,以了解设计思想。

评估者应了解制度的实际运行情况,与原设计有何不同,各种变更是否必须和适当。评估者与执行控制的人员与控制影响的人进行讨论、检查执行控制情况的记录,了解上述应知道的情况。

评估者应比较设计与执行之间的差异,并确定控制制度对已定目标的达成是否能提供合理的保证。

4.评估方法

评估内部控制的方法和工具有很多种,如检查清单、阅读及绘制流程图技术、量化技术等。

某些单位还采用标杆比较方法,将自己单位的内部控制制度与其他单位的内部制度进行比较,以判断优劣。某些行业有同业复核功能,单位还可通过与同业的比较,来帮助单位评估自己的控制制度。值得提出的是,在比较不同单位的内部控制制度时,应注意目标、事实和环境的差异以及内部控制要素和内部控制的局限性。

5.书面记录

一个单位把内部控制制度作为书面文件的程度,因单位规模的大小、复杂程度的高低及其他因素影响而异。规模大的单位通常有书面的政策手册、正式的组织结构图、书面的工作说明、操作指令及资讯系统流程图等;而规模小的单位书面文件通常较少。

许多控制虽非正式,也无书面文件,但仍有规律地执行,并且有效,因而也可视同有书面文件一样进行测试。某项内部控制虽未做成书面文件,并非意味其无效,或无法进行评估。不过,内部控制以适当的书面文件反映,不仅有助于提高评估效率,而且可以帮助员工了解控制制度如何运行,以及员工自己所扮演的角色,同时也方便对内部控制制度的修订。

评估者应该将自己的评估过程做成书面记录,以及记录评估过程中所进行的测试、分析及测试结果,有必要时还可以进行有关系统文件的补充。还有的评估者在原有的书面文件上进行批注,但仅仅依靠这种批注不是一种好的方法。

当内部控制制度的声明或评估结果要给较多的单位使用时,书面记录的内容将会要求更加具体。书面记录应该有利于证实内部控制有效性声明的所有内容,以防止日后有人对声明的可靠性产生怀疑。

6.行动计划

单位首先评估内部控制制度时,负责评估工作的高层管理人员,应制定必要的行动计划。

(1)根据目标的类别、内部控制的组成要素,以及欲讨论的活动来界定评估的范围。

(2)根据持续监督活动中发现的应予评估的事项。

(3)分析内部审计人员所执行的评估和考察外部检查人员的发现,决定有关评估的内容。

(4)对必须注意的高风险区域,应按组成要素或其他类别排列先后顺序。

(5)根据上述分析结果,制订评估计划,并做评估时间长短的安排。

(6)参与评估的人员应集中研究讨论评估的范围、程序、时间安排、使用的方法和工具、内部审计人员及主管机关所提供的信息等。

(7)监督评估的进度,复核评估的发现。

(8)必要时,修改评估计划的后续部分。

上述工作,可由评估负责人授权他人进行,如果由其本人独自管理全过程,将会更加有效。

四、内部监督流程存在的主要风险与关键控制要点

(一)内部监督流程存在的主要风险

内部监督流程存在的主要风险包括两个方面。

(1)自我评估无法提升对控制的认知和责任。

(2)对发现的重大内部控制缺陷缺少报告与改正措施。

(二)内部监督的关键控制要点

1.持续监控的风险管控

1)持续监控的控制目标

持续监控的控制目标为管理层对日常经营过程中的内部控制进行持续评估,以确保控制活动按照既定方式进行,包括日常监督和专项监督。日常监督是指企业对建立与实施内部控制的情况进行常规、持续的监督检查;专项监督是指在企业发展战略、组织结构、经营活动、业务流程、关键岗位员工等发生较大调整或变化的情况下,对内部控制的某一或者某些方面进行有针对性的监督检查。

2)持续监控的风险管控措施

(1)员工在执行日常工作中获得的数据与信息系统中产生的数据核对。公司通过生产经营分析会的形式对生产经营活动进行综合分析,分析生产经营中出现的问题,下发经营分析通报。各业务部门将生产经营数据与财务数据及外部关系方数据进行核对。公司财务部在编制会计报告前,核对账证、账账、账表是否一致,对差异情况进行调整,对账表不符属非正常原因的进行警告或通报。

(2)定期核对账面记录与实物资产,保证资产的安全性。制定书面的实物资产管理制度,对资产、记录及文档的接触进行限制。公司通过下发年度、半年度财务会计报告的编报制度,要求各部门进行全面资产清查和债权债务核实。公司制定有关实物盘点的流程及政策。相关部门负责对实物资产的记录、保护和定期核对。如采购与物流中心对存货、账销案存等实物资产建立备查簿,定期盘点;财务部对银行存款、现金日清月结,定期对账。

(3)通过培训、计划会议或其他方式向管理层提供内部控制是否有效的反馈。公司

通过召开总经理办公会议和公司领导专题办公会议制定内部管理制度、听取下级单位的汇报，讨论决策重要事项。公司通过组织内部流程质量审核，评价流程体系的适宜性、充分性和有效性，并对不适宜的部分进行调整。公司通过效能监察工作，检查各部门落实企业内部制度和实施管理活动的情况，发现问题，提出整改意见或建议，纠正违规违纪行为。

2.缺陷报告的风险管控

1）缺陷报告的控制目标

缺陷报告的控制目标为管理层对发现的内部控制缺陷采取必要的行动，并建立报告渠道。

2）缺陷报告的风险管控措施

（1）对于发现的重大内部控制缺陷，建立及时向管理层及董事会的报告渠道。公司建立重要事项报告制度，明确各级机构的报告渠道和报告方式。对审计中发现的问题，通过审计建议书、审计要情的形式向管理层和审计部门反映情况。对权益纠纷或重大诉讼事件，归口管理部门向监督部门汇报，每年上报案件情况统计。

（2）管理层对持续监控中发现的内部控制缺陷及时改正。公司应设立专职部门负责跟踪检查内外部审计提出的管理建议和内部控制检查整改建议的落实情况。监控、指导、控制整改方案的实施，根据对方案实施过程和结果的监控，对控制措施的有效性、适宜性进行验证，提出改进建议，并组织有关部门对控制整改方案进行必要的调整，以确保风险控制目标的实现。公司应设立专职部门在对公司内部控制体系进行评价的基础上，编制公司内部控制评价报告，报公司管理层审核确认后再报董事会审议。

（3）管理层对内部审计和第三方独立评估中发现的内部控制缺陷及时改正。被审单位对审计报告征求意见书中提出的问题进行确认，执行整改要求。离任审计要进行后续审计，对重大关键敏感项目进行后续审计。对第三方独立评估提出的改进意见，实施相应的整改。财务部门对外部审计师提出的管理建议，落实后续整改，并对需要集团层面解决的问题上报集团公司。

第三节 信息与沟通、内部监督案例分析

——齐鲁银行金融诈骗案件的反思

一、案例介绍

2010年12月6日，齐鲁银行在受理业务咨询过程中发现一家存款单位所持“存款证实书”系伪造并由此引发的案件，具体为上海全福投资管理有限公司董事长兼总经理刘济源及其妻子肖洁涉嫌贷款诈骗罪、金融凭证诈骗罪和票据诈骗罪，涉案金额101.3亿元，其中涉嫌诈骗银行100亿元，涉嫌诈骗企业1.3亿元。由于牵涉多家银行及多个国企高管，又因涉及齐鲁银行的诈骗金额最多，逾70亿元，因此，刘济源案又被称为“齐鲁银

行案”。

2010年12月24日,济南警方召开的一次新闻发布会透露:2010年12月6日,济南市公安局接到报案,齐鲁银行在受理业务咨询过程中发现一家存款单位所持“存款证实书”系伪造。案件发生后,济南市公安局将嫌疑人刘济源及其他犯罪嫌疑人抓获归案。

初查为“刘某某通过伪造金融票证等手段多次骗取资金,涉及济南一些金融机构和多家企业,其行为扰乱经济金融秩序”。2010年12月23日,济南警方通报案情,案件对外名为“刘某某涉嫌特大伪造金融票证案”“案件侦破工作进展顺利,最大限度地保证了资金和居民及单位的存款安全,相关金融机构经营正常”;31日,中国银监会回应,当地公安机关对该案的侦查工作正在有序进行,监管部门和相关银行正积极配合公安部门侦破案件。“当地相关银行运行正常,各项监管指标均符合监管要求”,银监会新闻处向媒体表示。

2011年1月4日,齐鲁银行总行营业部经理赵连成被司法调查,涉案金额预计在10亿~15亿元。

2012年1月,山东省纪委相关负责人介绍,“纪检监察机关先后对涉案的20名党政机关领导干部和国有企业负责人立案调查,其中涉及厅级干部9人、处级干部6人、企业管理人员5人”。

2013年1月29日、2月1日,济南市历下区人民法院开庭审理肖洁涉嫌诈骗1亿元的案件。检方指控肖洁“冒充中信银行工作人员坐在柜台后面,用刘济源(另案处理)私刻的中信银行业务章,办理了在进账单等资料上加盖假印章的业务”,涉嫌诈骗罪。同案受审的,还有刘济源公司员工金某。该案当庭未宣判。

检方指出,在诸城公司的财务人员到中信银行办理活期转定期业务前,刘济源对济南中信广场830号房间紧急装修,装修模仿银行格局,有“银行柜台”和客人排队的“等候区”,有中信银行的宣传资料、档案袋、信封和有银行标识的纸杯。这个房间变成中信银行的“大户室”,其公司几名员工穿上类似中信银行制服的服装,进行了两次紧急“彩排”。

检方认为,这个“大户室”其实是刘济源、肖洁等人冒充银行职员进行诈骗的一个虚假场地。

肖洁在庭审中表示,刘济源曾告诉她,他和中信银行在830号房间合作建一个“大户室”,专门接待银行的VIP客户。在该房间为她引见了叫“王健”的中信银行“行长”。“王健”的出现,以及“大户室”里中信银行的标识,让她对“大户室”之说“深信不疑”。

对于“伪造银行大户室”,刘济源供述,“已和企业领导和银行领导谈好了”。据刘济源供词,他装修“大户室”,银行高层是知情的。

另据“王健”供述,刘济源帮银行拉存款,所以他帮刘济源装修“大户室”,事后也获得刘济源3000多万元的好处费。

据财新网报道,肖洁案的起诉书并没有显示,中信银行的“王健”和诸城公司的财务人员被另案处理。报道称,中信银行济南分行证实,“王健”确系该行员工,但并非“行长”,已因违规离职。

而原定于2012年12月25日开庭审理的刘济源案,因“没有律师到庭未能进行”。检方共指控刘济源20项涉嫌犯罪事实,其中涉案金额最多的达40亿元,被刘济源涉嫌诈骗的企业包括阳光财险、阳光人寿、生命人寿、正德人寿等金融机构，也包括枣庄矿业集团、淄博矿业集团等大型国有企业。

2010 年年末，轰动一时的齐鲁银行票据案的损失金额终于在该行延期 3 年的 2010 年年报中被公开。根据年报显示，该票据案导致齐鲁银行损失金额共 22.59 亿元。

年报显示，2010 年 12 月，犯罪嫌疑人刘济源因采取伪造金融票证等手段骗取资金，齐鲁银行为涉案受害单位，该案件给齐鲁银行声誉和经营造成重大影响和损失，导致齐鲁银行损失金额共 22.59 亿元。

齐鲁银行称，截至 2012 年 12 月 31 日，该行涉案资产损失已全部处置完毕。

齐鲁银行当时高管以及涉案人员分别受到处分或被起诉。2011 年 3 月，经济南市委提议，齐鲁银行董事会、监事会、股东大会审议通过，免除了当时齐鲁银行董事长邱云章、行长郭涛、监事长张苏宁三人的职务。

2011 年 11 月，山东银监局决定取消邱云章、郭涛担任银行业金融机构董事和高管人员资格。2012 年 3 月，山东银监局决定取消张苏宁担任银行业金融机构高管人员资格 5 年。

原齐鲁银行总行营业部总经理赵连成、原济南西门支行行长魏思习等四名涉案人员已被司法机关依法提起公诉及审判。票据案主角刘济源涉嫌伪造金融票据案，涉案金额达百亿元左右，涉案银行包括齐鲁银行等多家银行，其中以齐鲁银行涉案金额最多。

经公安机关查明，从 2002 年起，主要犯罪嫌疑人刘济源产生骗取银行信贷资金想法，从涉嫌骗取银行贷款最后转为直接诈骗企业。司法文件显示，刘济源以支付高额利息、好处费等方式，引诱企业到其指定的银行办理定期存款，而后采用虚假质押的手段，以骗贷的方法从银行诈骗巨额资金。

这一涉嫌贷款诈骗罪的行为集中在 2009 年和 2010 年，共被指控 10 起事实，涉案金额 71.6 亿元，除了当地多家银行涉及此案外，山东省多家企业也被骗取大量资金。

票据案爆发的 2010 年，齐鲁银行不良贷款锐增 33.12 亿元，主要是次级类贷款增加 34.72 亿元。齐鲁银行当年计提资产减值损失 9.56 亿元，同比大增 94.7%，当年实现净利润仅 3.33 亿元，同比减少 31.34%。

齐鲁银行加大了核销不良贷款的力度，2010 年、2011 年、2012 年齐鲁银行分别核销不良贷款 3.37 亿元、15.83 亿元、7.59 亿元。

齐鲁银行 2012 年实现净利润 8.61 亿元，该行 2013 年的净利润目标是 12 亿元，各项存款和贷款均增长 10%，核销前不良贷款零增长，不良贷款率控制在 1%以内。

二、案例反思

监管上的放任自流和失之于宽是齐鲁银行出事的原因。采取恶性竞争、票据抵押等手段吸收存款。这种吸收存款的手段必须由客户包括企业财务会计人员的配合，银行内部人员不可能完成整个操作。这就给了伪造金融票证骗取资金者可乘之机。与齐鲁银行事件似曾相识，轰动全国、震惊世界的哈尔滨中行高山盗取 10 亿元资金案件就是利用揽存款之机得逞的。2011 年央行 6 次上调存款准备金率，使得一些银行资金出现了紧张状况。由央行收紧银根到商业银行资金紧张，再到商业银行为了缓解头寸资金紧张而高息揽储，再到出现伪造金融票据骗取资金大案有其必然性。说明目前商业银行经营管理能力低下，竞争力极弱，也说明银行业监管防线有待加强。

另一个需要思考的是，当前有一个极为不好的现象是，对金融风险、对银行经济案件以及经营中存在的问题采取“纸里包火”的错误做法。结果是把小问题酿造成了大问题，把小风险酿造成了大风险。比如齐鲁银行事件，普华永道中天会计师事务所早有预警和提示，结果是人员被换，最终酿成大案。现在许多银行包括公开上市的商业银行竟然封闭消息、封闭舆论，只要有负面东西一律不让报道。其实在风险案件有苗头时就公开消息，自觉接受舆论监督，一方面锻炼了商业银行应对突发事件的能力；另一方面又能把风险消灭在萌芽和初期；再一方面也能使得民众及时了解真实情况，避免被谣言所惑，俗话说谣言止于真相，真是千真万确。这种“纸里包火”的做法已经给中国金融业带来了相当大的危害。因此，齐鲁银行事件给我们带来的反思和警示是深刻的！

本章小结

信息与沟通是内部控制其他要素的桥梁，直接影响企业内部控制的贯彻执行，企业应当建立健全信息与沟通制度。内部监督是企业内部控制得以有效实施的机制保障，能帮助董事会和经理层预防、发现和整改内部控制设计和运行中存在的问题，确保内部控制体系有效运行。通过本章学习，在理论知识方面：要了解信息与沟通的含义，掌握内部信息传递的流程及信息与沟通存在的主要风险及关键控制要点；了解内部监督的要素及主要参与者，掌握内部监督的概念及主要风险和关键控制要点。在思政方面：要承担构建社会主义和谐社会法律义务，保守国家秘密；加强财会专业学生的思想道德建设，弘扬科学管理精神，提升科学管理意识。

课后练习题

一、单项选择题

1.内部传递的信息能否满足使用者的需要，取决于信息是否(　　)。

A.安全可靠　　B.及时相关

C.有高价值　　D.真实准确

2.沟通按照其对象划分，可以分为(　　)。

A.自下而上沟通、自上而下沟通　　B.单向沟通、双向沟通

C.内部信息沟通、外部信息沟通　　D.正式沟通、非正式沟通

3.书面沟通的优点是(　　)。

A.规范、信息传递准确度高、信息传递范围广、有据可查、便于保护

B.为了形式规范而耗用较长的时间导致成本效益不对等

C.反馈性强并且反馈机制灵敏

D.安全性高

4.我国企业内部监督体系的构成不包括(　　)。

A.审计委员会　　B.监事会

C.股东大会　　D.内部审计机构

5.内部监督时需关注关键控制要点,其中不包括(　　)。

A.复杂程度高的控制和需要高度判断力的控制

B.已知的失效控制且无法及时识别的控制

C.相关人员缺少实施某一控制所需的资质或经验

D.某项实施成本过高的控制

二、多项选择题

1.在建立内部报告指标环节,主要风险点具体可细分为(　　)。

A.未以企业战略和管理模式为指导设计内部报告及指标体系

B.内部报告体系或者指标体系不完整或者过于复杂

C.报告指标体系运行过程中的硬件问题

D.指标信息难以获得或者成本过高

2.三种沟通方式的优点对应正确的是(　　)。

A.书面沟通坚持成本效益对等的原则

B.书面沟通迅速、灵活且反馈及时

C.电子沟通在网络媒介多元化蓬勃发展的背景下开始扮演越来越重要的角色

D.书面沟通的信息传递准确度高、信息传递范围广、有据可查、便于保护

3.外部沟通应重点关注的领域有(　　)。

A.企业与投资者和债权人的沟通　　B.企业与客户的沟通

C.企业与供应商的沟通　　D.企业与中介机构的沟通

4.审计委员会的监督职责包括(　　)。

A.监督及评估外部审计工作,提议聘请或更换外部审计机构

B.监督及评估内部审计工作,负责内部审计与外部审计的协调

C.监督及评估公司的内部控制

D.审核公司的财务信息及其披露

5.内部监督的基本要求包括(　　)。

A.监督人员应具有独立性　　B.监督人员应具有胜任能力

C.关注关键控制　　D.监督人员应评估相应的风险水平

三、简答题

1.什么是内部报告?它有什么作用?

2.内部信息传递中及时有效性原则、反馈性原则和预测性原则的要求是什么?

3.内部信息传递时,编制及审核内部报告环节的主要风险有哪些?有什么相应的控制措施?

4.什么是内部监督？指出内部监督与内部控制自我评价的关系。

5.如何通过内部监督实现内部监督目标？

四、案例分析题

1.2019年，已从某大型超市一分店辞职的方某、陈某，和当时在该店担任咨询员的于某合谋，利用非法程序截留超市营业款。此后一年多时间里，由方某设计并定期修改非法应用程序，利用其他人担任超市咨询员、收银员的工作便利，将方某设计的非法应用程序安装到该超市其他数个分店的收银系统，并从社会上物色和招聘人员，进行面试和技能培训，然后将"自己人"安插到超市收银员等岗位，先后侵吞营业款近400万元。上述赃款由收银员上交后，再按比例分成，涉案人员各得赃款几千元至数十万元不等。

众所周知，正因为有了功能强大的POS(point of sale，销售终端)信息系统，零售业才有了脱胎换骨的变化。然而，信息技术是一把"双刃剑"。随着企业信息系统的应用和会计信息系统的普及，信息技术帮助企业改善了经营管理，加强了会计的反映和监督职能，整体提高了企业的营运效率和信息质量水平，这些都显现出了信息技术的有利一面。但与此同时，恶意的数据窃取、计算机舞弊、病毒侵袭、黑客的肆意妄为、非法程序的滥用现象屡见不鲜，这又折射出了信息技术不利的一面。

要求：

(1)该大型超市收银舞弊案发生的主要原因是什么？

(2)针对这种舞弊案，应该如何加强超市内部控制，特别是POS系统的内部控制功能？

2.2016年12月15日，由中国上市公司协会、上海证券交易所、深圳证券交易所共同主办的"上市公司监事会最佳实践评选活动"颁奖典礼在北京举行。其中，中国石油获得"上市公司监事会最佳实践20强"奖项。中国石油作为在境内外同时上市的大公司之一，严格遵守《中华人民共和国公司法》和上市地监管法律法规要求，规范运作，对监事会工作进行了有效探索，形成了自己的工作特色。据了解，中国石油监事会于1999年10月28日成立，现有监事9人，其中监事会主席1人，其他股东代表监事4人，职工代表监事4人，由公司法律、审计、内控、资本运营、安全部门领导及地区公司代表组成。合理配备监事是保障有关各方利益和提升监事会整体工作水平的重要前提。

要求：搜集相关材料分析中国石油监事会发挥内部监督作用方面有哪些成功经验？

第四章 控制活动

第一节 控制活动的内涵

一、控制活动的定义

控制活动(control activity)是企业根据风险评估的结果,采取相应的控制措施,将风险控制在可承受度之内。企业在进行控制活动时应当结合风险评估结果,通过手工控制与自动控制、预防性控制与检查性控制相结合的方法,运用相应的控制措施,将风险控制在可承受度之内。控制活动可以根据其相关的目标分为战略类、经营类、报告类和遵循类。有时,某一特定的控制活动,如经营性控制活动也有助于提高报告的可靠性;报告类的控制活动也会影响到法规的遵循。内部控制活动通常包括:不相容职务分离控制、授权审批控制、会计系统控制、财产保护控制、预算控制、运营分析控制和绩效考评控制等。

企业内部控制的核心是控制活动,而控制活动又是一个动态的管理过程。由于企业所面临的风险不是静止不动的,而是随着企业的发展和内外部环境的变化呈现出动态特征。因此,企业在建立和实施内部控制的时候需要从一个动态管理的过程对内部控制进行全局性把握,把控制的各个因素要点进行系统性地链接,这样才能应对不断变化的风险。

二、控制活动的方法

控制活动的方法可以按照控制的形式与控制的性质来划分。

(一)按照控制的形式划分

按照控制的形式,可以将控制活动的方法分为两类:人工控制和自动控制。控制是掌握对象不使其任意活动或超出范围,或使其按控制者的意愿活动。控制由人来操作,即人工控制。在生产生活中有很多需要控制的事物。自动控制是指在没有人直接参与的情况下,利用外加的设备或装置,使机器、设备或生产过程的某个工作状态或参数自动按照预定的规律运行。自动控制是相对人工控制概念而言的。如果企业采用人工控制,那么由于人为疏忽,会导致很多风险事件的发生。所以企业越来越愿意采用自动控制,不仅能准时,而且准确率非常高,现在很多软件都具有预警功能。

(二)按照控制的性质划分

按照控制的性质,可以将控制方法分为两类:预防性控制和检查性控制。预防性控制是为了避免产生错误或尽量减少今后的更正性活动,是为了防止资金、时间或其他资源的损耗而采取的一种预防保证措施。检查性控制是指将已经发生或存在的错误检查出来的控制。检查性控制通常并不适用于业务流程中的所有交易,而适用于一般业务流程以外的已经处理或部分处理的某类交易,可能一年只运行几次,如每月将应收账款明细账与总账比较。相对来说,预防性控制比检查性控制要好,因为它不会让问题发生。所以,企业最好使用自动化控制系统,做到提前预防。

三、建立和实施企业内部控制活动的重要性

(一)有利于完善企业内部控制制度

为了加强和规范企业内部控制,提高企业经营管理水平和风险行为防范能力,促进企业可持续发展,维护社会主义市场经济秩序和社会公众利益,2008 年 5 月 22 日,财政部会同证监会、审计署、银监会、保监会制定了《企业内部控制基本规范》,该基本规范规定自 2009 年 7 月 1 日起在上市公司范围内施行,鼓励非上市的大中型企业执行。所以,建立和实施企业内部控制活动可以确保国家财经法律法规、规章制度的贯彻执行,这也是制定内部控制制度的首要目标。企业建立和实施内部控制活动,可使企业内部控制至臻至美,使得做事的有责权,监督管理的有章法可依,从而形成良性而有效的内部控制制度。

(二)有利于保护企业资产安全和完整

内部控制活动通常包括:不相容职务分离控制、授权审批控制、会计系统控制、财产保护控制、预算控制、运营分析控制和绩效考评控制等。通过建立和完善内部控制活动的各项措施,可防止和减少贪污盗窃和舞弊行为的发生,实现保护财产安全和完整的目的。

(三)有利于促进企业经营管理水平的提高

通过建立健全内部控制活动,可不断完善会计、经营工作相关的岗位责任制,规范经营管理行为,强化管理工作,防范经营风险,提高经济效益,实现经营目标。

(四)有利于促进企业会计信息质量的提高

加大对会计信息的采集、归类、记录、汇总等过程和相关环节的监督和管理力度,能及时发现并有效纠正会计工作中出现的问题,提高会计信息质量,真实、完整地反映单位经营管理活动。

第二节　不相容职务分离控制

一、不相容职务分离控制的定义

不相容职务是指那些由一个人担任,既可能发生错误和舞弊行为,又可能掩盖其错误和舞弊行为的职务。这些职务通常包括授权、批准、业务经办、会计记录、财产保管、稽核检查等。不相容职务分离的核心是“内部牵制”,它要求每项经济业务都要经过两个或两个以上的部门或人员的处理,使得单个人或部门的工作必须与其他人或部门的工作相一

致或相联系,并受其监督和制约。《企业内部控制基本规范》第二十九条规定:“不相容职务分离控制要求企业全面系统地分析、梳理业务流程中所涉及的不相容职务,实施相应的分离措施,形成各司其职、各负其责、相互制约的工作机制。”

二、不相容职务分离的内容

企业在内部机构设置时应体现不相容岗位相分离的原则,特别是在涉及重大或高风险的业务处理程序时,必须考虑建立各层级、各部门、各岗位之间的分离和牵制。企业在内部机构设置时首先要考虑哪些岗位和职务是不相容的;其次要明确规定各个机构和岗位的职责与权限,使不相容岗位和职务之间能够相互监督、相互制约,形成有效的制衡机制。不相容岗位是指设置的岗位不能交叉,不能重叠,不能由一个人担任。根据大部分企业的经营管理特点和一般业务性质,需要分离的不相容职务主要有以下六种:①可行性研究与决策审批相分离;②业务执行与决策审批相分离;③业务执行与审核监督相分离;④会计记录与业务执行相分离;⑤业务执行与财产保管相分离;⑥财产保管与会计记录相分离。不相容职务分离控制图解如图 4-1 所示。

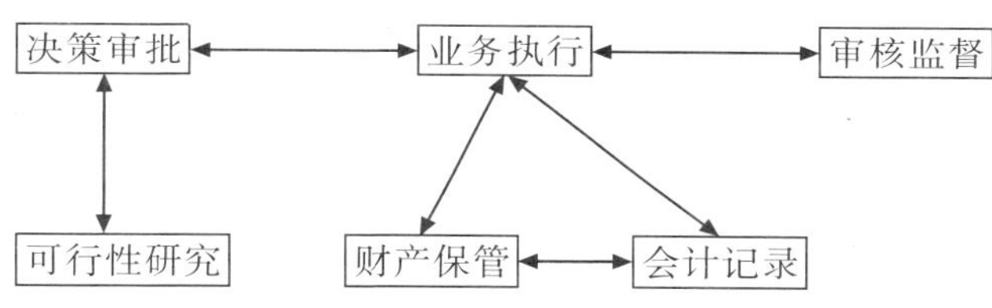

图 4-1　不相容职务分离控制

企业应当遵循不相容职务相分离的原则,综合考虑企业性质、发展战略、文化理念和管理要求等因素,形成各司其职、各负其责、相互制约、相互协调的工作机制,并确定具体岗位的名称、职责和工作要求等,明确各个岗位的权限和相互关系。在内部控制实务中不相容岗位一般有以下几种。

(1)货币资金业务的不相容岗位,至少包括:货币资金支付的审批与执行,货币资金的保管与盘点清查,货币资金的会计记录与审计监督。出纳人员不得兼任稽核、会计档案保管和收入、支出、费用、债权债务账目的登记工作等。

(2)企业采购与付款业务的不相容岗位,至少包括:请购与审批,询价与确定供应商,采购合同的订立与审核,采购、验收与相关会计记录,付款的申请、审批与执行等。

(3)存货业务的不相容岗位,至少包括:存货的请购与审批、审批与执行,存货的采购与验收、付款,存货的保管与相关会计记录,存货发出的申请与审批、申请与会计记录,存货处置的申请与审批、申请与会计记录等。

(4)销售与收款不相容岗位,至少包括:客户信用调查评估与销售合同的审批签订,销售合同的审批、签订与办理发货,销售货款的确认、收回与相关会计记录,销售退回货品的验收、处置与相关会计记录,销售业务经办与发票开具、管理,坏账准备的计提与审批、坏账的核销与审批等。

(5)对外投资不相容岗位,至少包括:对外投资项目的可行性研究与评估,对外投资的决策与执行,对外投资处置的审批与执行,对外投资绩效评估与执行。

(6)筹资业务的不相容岗位,至少包括:筹资方案的拟订与决策,筹资合同或协议的审批与订立,与筹资有关的各种款项偿付的审批与执行,筹资业务的执行与相关会计记录等。

(7)成本费用业务的不相容岗位,至少包括:成本费用定额、预算的编制与审批,成本费用支出与审批,成本费用支出与相关会计记录等。

(8)固定资产业务不相容岗位,至少包括:固定资产投资预算的编制与审批、审批与执行,固定资产采购、验收与款项支付,固定资产投保的申请与审批,固定资产处置的申请与审批、审批与执行,固定资产取得与处置业务的执行与相关会计记录等。

第三节　授权审批控制

一、授权审批控制的定义

授权审批控制是在不相容职务分离控制基础上,由企业权力机构或上级管理者明确规定有关业务经办人员的职责范围和业务处理的权限与责任,使所有的业务经办人员在办理每项经济业务时都能事先得到适当的授权,并在授权范围内办理有关经济业务,承担相应的经济责任和法律责任。根据《企业内部控制基本规范》第三十条的规定:"授权审批控制要求企业根据常规授权和特别授权的规定,明确各岗位办理业务和事项的权限范围、审批程序和相应责任。企业各级管理人员应当在授权范围内行使职权和承担责任。"因此,业务经办人员必须在授权范围内办理业务。完善的授权审批控制有助于明确权利和义务,层层落实责任,层层把关,最大限度地避免经营风险的发生。毫无疑问,授权审批控制也是防范企业风险的一种重要手段。

二、授权控制

(一)授权的种类

1.常规授权

常规授权是指企业在日常经营管理活动中按照既定的职责和程序进行的授权,用以规范经济业务的权力、义务和有关责任者,其时效性一般较长。常规授权可以在企业正式颁布的岗(职)位说明书中予以明确,或通过制定专门的权限指引予以明确。如销售部门确定销售价格的权力、财务部门批准费用报销的权力。常规授权的范围不宜太大,也不可太小,如果常规授权的范围太大,会使企业领导失去对重要业务的控制,从而产生较大的经营风险。因此,常规授权过大会削弱内部控制制度。反之,如果常规授权范围过小,凡事需要请示、批准,使常规授权名存实亡,也会削弱管理人员的工作积极性和责任心,从而对企业经营管理产生不利影响。

2.特别授权

特别授权一般是由董事会给经理层或经理层给内部机构及其员工授予处理某一突发

事件(如法律纠纷)、做出某项重大决策、代替上级处理日常工作的临时性权力。例如在处理材料采购业务时,企业规定材料采购员对于1万元以下的材料采购业务有权根据实际情况进行处理,决定是否采购,而对于1万元及以上的材料采购业务必须经过主管领导批准方可进行采购。前者即为一般授权的情况,而后者为特殊授权的情况。

(二)授权控制的基本原则

1.授权的依据——依事而不是依人

企业应该本着有利于实现战略目标,有利于资源配置的目的来设置职务并进行授权,而不是仅凭被授权者的能力,如果因人授权,虽然充分考虑了被授权人的知识与才能,但却不能确保职权被授予最合适的人员,不利于企业目标的实现;即要遵循"因事设岗,以岗定人"原则,不能"因人设岗,以岗生事"。

2.授权的界限——不可越权授权

授权者对下级的授权,必须在自己的权利范围内,不能超越自己拥有的权限进行授权。

3.授权的"度"——适度授权

授权过程中对于"度"的把握是授权控制成败的关键,既不能贪恋权力,不愿下放,也不能过度授权。权力下放不到位会直接影响下级部门的工作效率和积极性;而过度授权则等于放弃权力,甚至出现滥用职权的现象。正确的做法是将下级在行使职责时必需的权力下放,并且做到权力和责任相匹配。对于重大事项的权限,不可轻易下放。

4.授权的保障——监督

相关人员在授权后应该给予适当的监督。如果放任不管,可能发生越权或滥用职权的行为;如果常加干涉,则授权形同虚设,不利于调动下属的主动性和创造性。对授权进行监督的重点主要是防止下级越权操作和"先斩后奏"的行为。

(三)授权的形式

1.口头授权

口头授权是上级领导利用口头语言对下属进行工作交代,或者是上下级之间根据会议所产生的工作分配。这种授权形式一般适合于临时性与责任较轻的任务。

2.书面授权

书面授权是上级领导利用文字形式对下属工作的职责范围、目标任务、组织情况、等级规范、负责办法与处理规程等进行明确规定的授权形式。这种授权形式适合比较正式与长期的任务。企业应当尽量采用书面授权的形式明确相关人员的权限和责任界限,以避免出现口头授权形式下误解权责范围、滥用职权,以及出事之后相互推诿、无法问责等情况的发生。

三、审批控制

(一)审批控制的原则

1.审批要有界限——不得越权审批

越权审批就是超越被授权权限进行审批,通常表现为下级行使了上级的权力。如资金的调度权按规定属于总会计师，但总经理直接通知出纳将资金借给其他企业就属于越权审批的行为。

2.审批要有原则——不得随意审批

审批控制的目的是为了保证企业的所有行为有利于经营效果和效率的提高，最终实现目标。因此，即便审批人有一定的审批权限，也不能随意批准，而应该依据企业的有关预算、计划或者决议进行。在审批中，应贯彻集体决策的原则，实行集体决策审批或者联签制度。在综合正反两方面意见的基础上进行决策，而不应由少数人主观决策。

（二）审批的形式

同授权的形式一样，审批也应该尽量采用书面形式，采用书面形式既可以方便上级进行批示，又可以避免口说无凭，责任不清。此外，还便于监督检查人员对该活动的监控。

四、授权审批体系的构成要素

授权审批是企业根据常规授权和特别授权的规定，明确各岗位办理业务和事项的权限范围、审批程序和相应责任。《企业内部控制基本规范》要求："企业应当编制常规授权的权限指引，规范特别授权的范围、权限、程序和责任，严格控制特别授权。"从授权审批体系的含义来看，授权是指从治理层、管理层到员工，自上而下对企业各类"决策权限"的分配，审批则是指通过"审核"和"批准"使决策生效。从《中华人民共和国公司法》的角度来看，授权可分为两个层面：在公司治理层面，包括股东会对董事会、董事会对管理层的授权；在经营管理层面，包括总经理对各级管理人员及员工的授权。从内部控制角度来看，授权审批控制属于事前控制，通过对决策事项的前置审核和批准来防范风险损失的发生。具体来说，授权审批体系的要素由以下三个主要方面构成。

（一）组织架构与岗位设置

组织架构和岗位设置是授权审批体系的前提。只有实现了这个前提，才能进行自上而下的、不同层级不同岗位的权限分配。部分企业在组织架构和人员职责都还不太完善的情况下，最终建立的授权审批权限没有对应到岗位，而是对应了具体的个人。这样的授权审批体系既无防范风险的作用，又僵化了审批过程，降低了管理效率，反而为未来发展埋下隐患。而健全的组织架构有利于指导各个岗位根据自身职责对事项进行审批，有效优化决策效果。

（二）决策事项的类别和范围

决策事项是授权审批体系的核心，所有的授权审批都围绕决策事项展开。决策事项可根据事项的类型、重要性水平、风险等级、常规性与突发性等进行分类处理，如生产投料计划、员工差旅费报销、发行债券进行融资等，这些事项的申请、审核、批准的过程和批准权限完全不同。对于上市公司而言，由于需要有针对性地保护公众投资者利益，还特别需要梳理董事会和股东大会的授权审批事项。

（三）申请、审核与批准的程序

"申请、审核与批准"是授权审批体系的实现过程。申请是指具有相关业务需求的岗位，为实现企业业务目标，提出拟实施的事项资金；审核是指由申请人之外的人员，从自身岗位职责出发，对该决策事项进行分析，排除该事项可能带来的风险（是否一定需要审核、审核的复杂性可根据该事项的重要性和风险水平而定）；批准是指具有权限的岗位最终决定该事项的实施与否。从内部控制的角度来看，申请与审核、申请与批准彼此是不相容职责，不得由同一人实施，否则无法防范舞弊风险或决策失误。综合来看，组织架构与岗位职责、决策事项的类别和范围及申请、审核与批准的程序三者共同构成了授权审批体系的主要要素，在企业的实际操作中，应当从提升效率和防范风险的角度出发，来决定各个决策事项分别应由哪些岗位提出申请、进行审核和最终批准。

第四节　会计系统控制

一、会计系统控制的定义

会计系统是指企业为汇总、分析、分类、记录、报告公司交易等而建立的方法和记录的工作系统，它对内向管理层提供经营管理的信息，对外向投资者、债权人等提供相关的决策信息。

会计系统控制是指通过会计的核算和监督系统所进行的控制，主要包括会计凭证控制、复式记账控制、会计账簿控制、会计报表控制及财务成果控制。会计系统控制是企业内部控制的核心之一。企业依据会计法和会计制度，制定适合本企业的会计控制制度。制定资金预算编制、调整的办法；制定资金审批、支付的程序；制定财务人员任用的标准和岗位设立的原则；制定资产管理的原则；制定会计凭证、会计账簿和会计报表的处理程序；制定会计档案保管和会计交接办法；制定内部财务业务稽核办法。通过实行会计人员岗位责任制，充分发挥会计人员的管理、核算和监督职能。根据《企业内部控制基本规范》第三十一条的规定："会计系统控制要求企业严格执行国家统一的会计准则制度，加强会计基础工作，明确会计凭证、会计账簿和财务会计报告的处理程序，保证会计资料真实完整。"

二、会计系统控制的原则

（一）全面系统原则

会计系统控制的对象是资金运动，即对企业生产产品的价值形成全过程的控制，可以前馈控制，也可以事中反馈控制，既要有纵向控制，也要有横向控制，既要对总指标进行控制，又要对分指标进行控制，会计控制不强调全面系统就很难实现企业效益和社会效益。

（二）及时性原则

会计系统控制及时性指会计控制标准的制订和下达要及时；测量经济活动的执行结果和信息反馈要及时；采取有效的改进措施要及时；纠正偏差要及时。会计控制如不遵循及时性原则，企业广大职工就不能把握控制的目标，不能对经济活动过程实施有效的管理，造成损失、浪费就不可避免。及时性原则要求会计控制应将事前控制、事中控制、事后控制有机结合起来。从时间上形成一个严密、连续、完整的控制体系,会计控制贵在及时,一旦发现问题,就应及时加以控制、改进。

(三)归口分级控制原则

会计系统控制应遵循统一领导、分级控制原则,以财务部门为中心,将各部门控制指标层层分解,归口分级落实到人,把整个生产经营活动置于一个严密的网络系统控制之下。从横向上看,各职能科室应对其分管指标加以严格的控制,从纵向上看,要切实加强企业层面、管理层面、员工个人层面的三级控制,把专业控制与群众控制有效地结合起来。只有这样,才会使会计控制有坚实的基础,会计职能的实现才会有组织保证,才会更具有科学性。

(四)责权利相结合原则

会计系统控制职能的实现,首先要明确各职能科室、部门各责任人的职责。同时,各责任人必须具有履行其职责的权力;为了激发广大职工参与管理的积极性、主动性,会计系统控制还应贯彻经济利益原则,正确理解和应用权责利相结合原则。对会计控制过程中责任归属的确定,应遵循权责利对等的原则,会计工作出现问题(如成本不实、利润虚假等),首先应追究企业领导责任,如属于会计人员本身工作造成失误,则应追究会计人员的责任。

三、会计系统控制的方法

(一)会计凭证控制

会计凭证控制是指在填制或取得会计凭证时实施的相应控制措施,包括原始凭证与记账凭证的控制。会计凭证控制的内容主要包括:①严格审查。对取得的原始凭证要进行严格的审查,对不符合要求的原始凭证予以退回。②设计科学的凭证格式。凭证格式应当符合规定要求,便于核算与控制;做到内容及项目齐全,能够完整地反映业务活动的全貌。③连续编号。对记载经济业务的凭证按照顺序统一编号,确保每项经济业务入账正确、合理、合法。④规定合理的凭证传递程序。各个部门应当按照规定的程序在规定期限内传递流转凭证,确保经济业务得到及时的反映和正确的核算。⑤明确凭证装订与保管手续。凭证传递完毕,各个部门有关人员应当按照顺序,妥善保管,定期整理归档,按照规定存放保管,以备日后查验。

(二)会计账簿控制

会计账簿控制是指在设置、启用及登记会计账簿时实施的相应控制措施。其具体内容包括:①按照规定设置会计账簿。②启用会计账簿时要填写“账簿启用表”。③会计凭证必须经过审核无误后才能够登记入账。④对会计账簿中的账页连续编号。⑤会计账簿应当按照规定的方法和程序登记并进行错账更正。⑥按照规定的方法与时间结账。

(三)财务报告控制

财务报告控制是指在编报财会报告时实施的相应控制措施。其具体内容包括:①按照规定的方法与时间编制及报送财务报告。②编制的会计报表必须由单位负责人、总会计师以及会计主管人员审阅、签名并盖章。③对报送给各有关部门的会计报表要装订成册，加盖公章等。

（四）会计复核控制

会计复核控制是指对各项经济业务记录采用复查核对的方法进行的控制，其目的是避免发生差错和舞弊，保证财务会计信息的准确与可靠，及时发现并改正会计记录中的错误，做到证、账、表记录相符。会计复核控制的内容主要包括：①凭证与凭证之间的复核。②凭证与账簿之间、账簿与报表之间以及账簿之间的复核。会计复核工作应由具有一定会计专业知识、熟悉业务、责任心强、坚持原则的人员担任。复核人员必须对会计凭证、会计账簿、财务会计报表和所附单据认真审查、逐笔复核，复核过的凭证及账表应加盖名章。未经复核人员复核的，出纳人员不得对外付款，会计人员不得对外签发单据或上报报表。

四、会计系统控制的内容

（一）会计准则和会计制度的选择

企业管理层应当依据企业具体情况选择适用的会计准则和相关会计制度。例如根据规模和行业性质，分别采用《企业会计准则》《企业会计制度》《小企业会计准则》等。

（二）会计政策选择

企业的会计政策是指企业在会计确认、计量和报告中采用的原则、基础和会计处理方法。企业管理层应当以真实、公允地反映企业状况为标准来选择适当的会计政策，变更会计政策时要说明变更的合理原因。

（三）会计估计确定

会计估计是指企业对其结果不确定的交易和事项以最近可利用的信息为基础所做出判断。企业管理层需要依据企业的真实情况，做出合理的会计估计。如果资产和负债的当前状况及预期未来经济利益和义务发生了变化，则会计估计也需要做出相应改变。

（四）文件和凭证控制

企业应当对经济业务文件进行记录并且相关的凭证需要连续编号，避免业务记录的重复或遗漏，同时也便于业务查询，并在一定程度上防范舞弊行为的发生。例如，企业对产品出入库单预先编号，这样可以有效控制产品的流动，不会出现产品的无故短缺。

（五）会计档案保管控制

会计档案是指会计凭证、会计账簿和财务报表等会计核算专业资料，是记录和反映企业经济业务的重要历史资料和证据。企业应当详细记录且妥善保管合同、协议、备忘录、出资证明等重要的法律文书，作为企业重要的档案资料以备查用。

（六）组织和人员控制

企业应当依法设置会计机构，配备会计从业人员。从事会计工作的人员，必须具备相应的资质与能力。会计机构负责人应当具备会计师以上专业技术职务资格。大中型企业应当设置总会计师。设置总会计师的企业，不得设置与其职权重叠的副职。

（七）建立会计岗位制度

企业应根据自身规模大小、业务量多少等具体情况设置会计岗位。一般大中型企业设置会计主管、出纳、流动资产核算、固定资产核算、投资核算、存货核算、工资核算、成本核算、利润核算、往来核算、总账报表、稽核、综合分析等岗位。小型企业因业务量较少，应适当合并减少部分岗位。这些岗位可以一人一岗、一人多岗，也可以一岗多人，但出纳人员不得兼任稽核、会计档案保管和收入、费用、债权债务账目的登记工作。

（八）业务流程控制

企业应当采用业务流程图的形式清晰反映其业务流程（业务流程图是由特定的符号组成，反映在业务处理程序及部门之间相互关系的图表，它既是企业管理的有效工具，也是评价企业内部控制的重要手段），使得员工能够充分理解企业的业务流程，从而清楚自己在整个业务流程中的地位，采取适当的工作方式实现自己的岗位责任。

第五节　财产保护控制

一、财产保护控制的定义

众所周知，保护资产的安全完整始终是企业最关心的问题之一，财产保护控制就是为了保护资产的安全而采取的控制措施。财产保护控制要求企业限制未经授权的人员对财产的直接接触，采取定期盘点、财产记录、账实核对、财产保险等措施，确保各种财产的安全完整。《企业内部控制基本规范》第三十二条规定："财产保护控制要求企业建立财产日常管理制度和定期清查制度，采取财产记录、实物保管、定期盘点、账实核对等措施，确保财产安全。"这里所述的财产主要包括企业的现金、存货以及固定资产等。它们在企业资产总额中的比重较大，是企业进行经营活动的基础，因此企业必须加强实物资产的保管控制，保证实物资产的安全与完整。

二、财产保护控制的措施

（一）记录监控

实物保护控制要求企业建立即时记账制度。经济业务发生以后应及时记账，特别是涉及现金、银行存款、存货等资产的业务，更是要按照这一要求处理，做到日清月结，防止现金被挪用。同时加强银行存款和存货的对账工作，至少每月对账一次，确保账实相符，以防止时间拖延而造成的疏漏和弊端。

对存货应建立存货永续盘存制度。永续盘存制度是平时对企业各项存货分别设立明细账，根据会计凭证连续记载其增减变化并随时结出余额的一种管理制度。这种盘存制度能从账簿中随时反映出企业各项存货的收入、发出和结存数额，为及时掌握企业财产增减变动情况和余额提供可靠依据，以便加强企业财产物资的管理。

对固定资产应保管好所有权证。投资人以实物出资的，应及时将所有权证过户到企业名下。如果财产所有权人发生变更应及时更名。严格执行会计档案存档制度。会计档案是指会计凭证、会计账簿、会计报表、会计核算专业资料，它是记录和反映经济业务的重要证据，是国家档案的重要组成部分，也是企业的重要档案之一。会计档案存档制度就是要建立会计档案立卷、归档、保管、调阅和销毁等管理制度。

（二）限制接触

限制接触是指严格限制未经授权的人员对资产的直接接触，只有经过授权批准的人员才能接触资产。其他人员不论职位有多高，都限制接触特定资产，防止因非经授权的人员接触资产而使资产受到损害。限制接触包括限制对资产本身的接触和通过文件批准方式对资产使用或分配的间接接触。内部控制中，保护资产的最好方式就是限制接触，制定完善的资产限制接触制度。

1.限制接触货币资金

企业的货币资金包括库存现金、银行存款和其他货币资金。限制接触货币资金包括不仅要限制对货币资金的直接接触，还应限制接触与货币资金有关的重要凭证。如银行汇票、空白支票、信用证等。货币资金和上述凭证只能由经过授权的出纳人员经管；汇往外埠的银行采购款项，只能由指定的采购人员经管。货币资金控制应严格执行不相容职务分离控制。出纳人员下班时，必须盘点现金，并将现金和其他重要凭证存放在保险柜中。超过库存现金限额的现金，应当及时送存银行。向银行提取大额现金时，必须由两人以上同行。签发支票、汇票、信用证等，必须按照规定的程序，经过企业负责人、总会计师或者会计主管人员审查签发。签发支票的印章应该分开保管，不得由出纳人员一人保管，更不得放在同一保险柜内。银行对账单应由会计人员负责核对。超过一个月的未达账项，应该列出清单呈报总会计师或者会计主管人员查明原因。

2.限制接触实物资产

限制接触的实物资产包括原材料、半成品、产成品、易移动的固定资产等，尤其是贵重物品，有毒、易燃、易爆等危险品。存放贵重、有毒、易燃、易爆物品的仓库，应当与一般仓库分开，库房内须装有消防和防盗设施。贵重品如果需要可以存放银行保险库。存放危险品的仓库，必须设有特别安全设施，并远离厂区。仓库重地必须日夜有人巡视。仓库保管人员与控制库存的记账人员应定期或不定期对仓库存货进行检查。检查凭证的合法性与真实性，核对账目与库存量，确保账实相符。

3.盘点清查

盘点清查，是指定期或不定期地对存货、固定资产等进行实物盘点和对库存现金、银行存款、债权债务进行清查核对，说明资产管理上出现错误、浪费、损失或其他不正常现象，应当及时分析原因，查明责任，提出处理意见，出具清查报告，并将其结果及处理办法向企业的董事会或相关机构报告，完善管理制度。一般来说，盘点清查范围主要包括存货、库存现金、票据、有价证券以及固定资产等。

实物保全控制还要求企业建立安全、科学的保管制度。科学保管要求对财产物资分门别类地存放在指定地点，并进行科学的编号以便于保管和检查。同时建立完善的财产盘点清查制度。妥善处理清查中发现的问题，实物资产不论是发生盘盈还是盈亏，都要查明原因，并追究该项资产管理者的管理责任。按照规定的程序经过管理人员批准后才能进行账面调整处理。对于现金，应于每日业务终了时清点库存现金。存货应做到每月盘点一次，固定资产则应做到每半年盘点一次，或至少每年盘点一次，做到账实相符。另外，盘点存货时不仅要盘点数量，也应该关注一下存货的质量。盘点时，应该多人在场，盘点的人员应定期轮换。对盘点中发现的差异应及时查明原因，追究责任人的责任，严肃处理。对于财产清查盘点发现的管理漏洞应及时完善，防微杜渐。

4.财产保险

企业可以根据实际情况考虑，对其重要或特殊的财产投保，使得企业可以在意外情况发生时通过保险获得补偿，减轻损失程度。

第六节　预算控制

一、预算控制和全面预算

（一）预算控制

预算控制是内部控制的重要组成部分，其内容涵盖企业活动的全过程。预算控制是指对单位各项经济业务编制详细的预算或计划，并通过授权，由有关部门对预算或计划执行情况进行控制。在预算控制中，所编制的预算必须体现单位的经营管理目标。预算在执行中应当允许通过授权批准对预算加以调整，并应当及时或定期反馈预算执行情况。《企业内部控制基本规范》第三十三条规定："预算控制要求企业实施全面预算管理制度，明确各责任单位在预算管理中的职责权限，规范预算的编制、审定、下达和执行程序，强化预算约束。"

通过预算控制，企业可以规范组织的目标和经济行为过程，调整与修正管理行为与目标偏差，保证各级目标、策略、政策和规划的实现。因此，预算控制作为管理控制系统的一种模式，是确保战略目标最终实现的一种有效机制。

（二）全面预算

全面预算是指企业对一定期间的经营活动、投资活动、财务活动等做出的预算安排。全面预算作为一种全方位、全过程、全员参与编制与实施的预算管理模式，凭借其计划、协调、控制、激励、评价等综合管理功能，整合和优化配置企业资源，提升企业运行效率，成为促进实现企业发展战略的重要途径。

全面预算是由经营预算（也称业务预算）、资本预算与财务预算等一系列预算组成的相互衔接和勾稽的综合预算体系，如图 4-2 所示。

经营预算是明确所有的日常经营活动，如销售、采购、生产等需要多少资源以及如何获得和使用这些资源的计划，如销售预算、采购预算、生产预算等；资本预算包括投资预算和筹资预算。资本预算是公司对将要进行的长期工程和将要引进的固定资产等的投资和筹资计划，如研究与开发预算、固定资产投资预算、银行借款预算等；财务预算是一系列专门反映公司未来一定预算期内预计财务状况和经营成果，以及现金收支等价值指标的各种预算的总称。财务预算具体包括预计资产负债表、预计利润表和现金收支预算等内容。

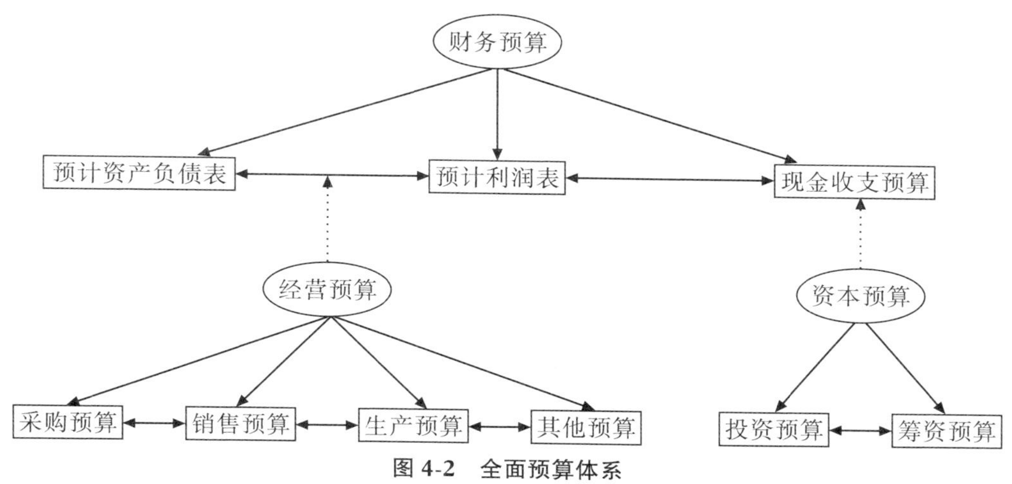

图 4-2　全面预算体系

二、全面预算的作用

（一）企业实施内部控制、防范风险的重要手段与措施

预算本身并不是最终目标，企业的最终目标是企业采取管理与控制手段来实现对企业风险的有效控制并达成企业目标，因此，全面预算的本质是企业内部管理控制的一项工具。全面预算的制定和实施过程，就是企业不断用量化的工具，使自身所处的经营环境与拥有的资源和企业的发展目标保持动态平衡的过程，也是企业在此过程中所面临的各种风险的识别、预测、评估与控制过程。因此，《企业内部控制基本规范》将预算控制列为重要的控制活动和风险控制措施，并专门制定了《企业内部控制应用指引第 15 号——全面预算》，旨在引导和规范企业加强全面预算管理各环节的风险管控。

（二）企业实现发展战略和年度经营目标的有效方法和工具

"三分战略、七分执行"，企业战略制定得再好，如果得不到有效实施，终不能实现企业的最终目标，甚至可能因实际运营背离战略目标而导致经营失败。通过实施全面预算，将根据发展战略制定的年度经营目标进行细化、分解、落实，可以使企业的长期战略规划和年度具体行动方案紧密结合，从而实现"化战略为行动"，确保企业发展目标的实现。《企业内部控制应用指引第 2 号——发展战略》中明确规定，企业应当编制全面预算。

（三）有利于企业优化资源配置、提高经济效益

全面预算是为数不多的能够将企业的资金流、实物流、业务流、信息流、人力流等相整合的管理控制方法之一。全面预算以经营目标为起点，以提高投入产出比为目的，其编制和执行过程就是将企业有限的资源加以整合，协调分配到能够提高企业经营效率效果的业务、活动、环节中去，从而实现企业资源的优化配置，增强资源的价值创造能力，提高企业经济效益。

（四）有利于实现制约和激励

全面预算可以将企业各层级之间、各部门之间、各责任单位之间等内部权、责、利关系予以规范化、明细化、具体化、度量化，从而实现出资者对经营者的有效制约，以及经营者对企业经营活动、企业员工的有效计划、控制和管理。通过全面预算的编制，企业可以规范内部各个利益主体对企业具体的约定投入、约定效果及相应的约定利益；通过全面预算的执行及监控，可以真实反馈内部各个利益主体的实际投入及其对企业的影响并加以制约；通过对全面预算执行结果的考核，可以检查契约的履行情况并实施相应的奖惩，从而调动和激励员工的积极性，最终实现企业目标。

三、全面预算的实施主体

《企业内部控制应用指引第 15 号——全面预算》第四条指出："企业应当加强全面预算工作的组织领导，明确预算管理体制以及各预算执行单位的职责权限、授权批准程序和工作协调机制。"企业设置全面预算管理体制，应遵循合法科学、高效有力、经济适度、全面系统、权责明确等基本原则。其实施主体一般分为全面预算管理决策机构、工作机构和执行单位 3 个层次，如图 4-3 所示。

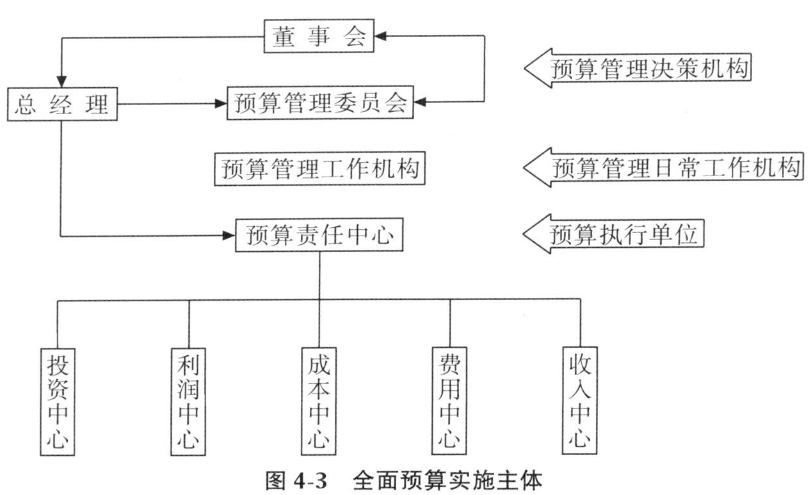

图 4-3　全面预算实施主体

（一）决策机构——预算管理委员会

预算管理委员会是预算管理的领导机构和决策机构，应作为预算控制的最高级别控制主体承担监控职责。预算管理委员会成员由企业负责人及内部相关部门负责人组成，总会计师或分管会计工作的负责人应当协助企业负责人负责企业全面预算管理工作的组织领导。预算管理委员会主要负责拟订预算目标和预算政策，制定预算管理的具体措施和办法，组织编制、平衡预算草案，下达经批准的预算，协调解决预算编制和执行中的问题，考核预算执行情况，督促完成预算目标。

（二）工作机构——预算管理工作机构

预算管理工作机构履行预算管理委员会的日常管理职责，对企业预算执行情况进行日常监督和控制，收集预算执行信息，并形成分析报告。预算管理工作机构一般设在财会部门，其主任一般由总会计师（或财务总监、分管财会工作的副总经理）兼任，工作人员除了财务部门人员外，还应有计划、人力资源、生产、销售、研发等业务部门人员参加。

（三）执行单位——各责任中心

各责任中心既是预算的执行者，又是预算执行的监控者，各责任中心在各自职权范围内以预算指标作为生产经营行为的标准，同预算指标比较，进行自我分析，并上报上级管理人员以便采取相应措施。企业内部预算责任单位的划分应当遵循分级分层、权责利相结合、责任可控、目标一致的原则，并与企业的组织机构设置相适应。

四、全面预算的内容

全面预算的内容一般包括经营预算、资本预算、财务预算三大部分。

（一）经营预算

经营预算也称业务预算、营业预算，是为规划和控制未来时期的生产销售等日常业务以及与此相关的收入和成本费用而编制的预算。它与企业预算期损益状况有关，是具有较强的操作性和时效性的最基本的预算。主要内容包括销售预算、生产预算、直接材料预算、直接人工预算、制造费用预算、产品成本预算、存货预算等。

（二）资本预算

资本预算是企业全面预算体系的重要组成部分，是指企业非正常经营活动的预算，一般是不经常发生的一次性预算。如固定资产购置预算、技术更新改造预算、资金筹集预算、对外投资预算等。主要涉及企业进行规划、评价、选择、决策、实施长期投资活动的全过程，所以又称长期投资预算；又因为企业进行的长期投资活动，主要是为了生产经营发展的长远需要，属于资本性投资活动，不能用当年的收益来补偿，故称作资本支出预算。

（三）财务预算

财务预算是在预测和决策的基础上，围绕企业战略目标，对一定时期内企业资金取得和投放、各项收入和支出、企业经营成果及其分配等资金运动所做的具体安排。主要包括现金流量、预计利润表和预计资产负债表。财务预算是把经营预算和资本预算中的数据进行分析、汇总而编制的。现金流量预算是指预先估计企业在预算期内由于生产经营及投资活动引起的现金收入与现金支出，它实质上是其他预算有关现金收支部分的汇总，一般由现金收入、现金支出、现金多余和不足，以及现金的筹集和运用四个部分构成。预计利润表揭示的是企业未来的盈利状况，它是在经营预算的基础上按照权责发生制的原则编制的，与一般利润表编制方法相同。预计资产负债表是综合反映企业在预算期末各账户的预计余额表，可以据此了解期末企业财务状况，可以提前采取有效措施，防止不良财务状况出现。它是以预算期期初的资产负债表为基础，根据各项分预算和其他与企业财务状况有关的数据资料，分析计算得出的。

在全面预算内容体系中，经营预算、财务预算、资本预算是相互依存、相互作用的。经营预算是财务预算的基础，财务预算是经营预算的结果。即只有销售量、价格、采购原料类型、职工工资、能源消耗等预算确定后，才能据以做出利润表、资产负债表等反映财务结果的预算。而财务预算的效益水平或经营活动的现金流量又决定着投资预算的规模，投资预算对生产经营等业务预算产生直接影响，间接影响财务预算。如图 4-4 所示。

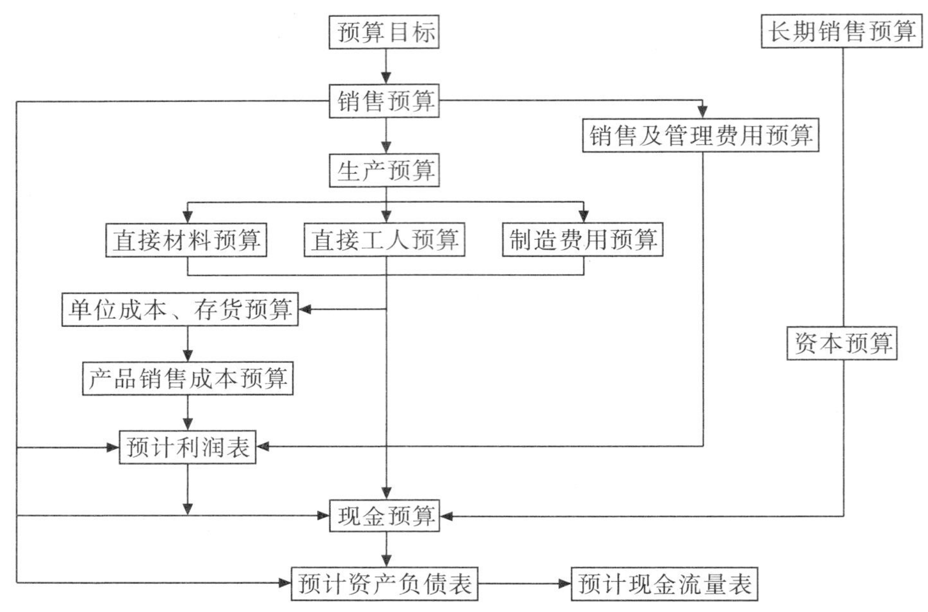

图 4-4　全面预算管理的内容体系及其相互关系

根据图 4-4 可以看出，全面预算内容体系的特点：销售预算是编制全面预算的起点，企业确定了预算目标后，首先要编制销售预算，生产预算和销售及管理费用预算要在销售预算确立之后才能编制，生产成本预算（直接材料、直接人工、制造费用预算）需在生产预算的基础上编制，进而在生产预算和制造费用预算基础上编制产品成本预算；资本支出预算应根据企业的战略目标来确定，它以长期销售预算为依据。但在编制资本支出预算时，应全面考虑销售、生产、现金等有关因素；在上述各种预算确立后，可编制现金预算；最后编制各种预计财务报表。

从全面预算的内容体系来看，全面预算具有全面性和系统性。所谓全面性是指预算内容必须涵盖企业经营的全部和财务的全部；所谓系统性是指各项预算之间存在着密切的内在联系，它们环环相扣，按一定的逻辑顺序编制而成。经营预算、资本预算与财务预算缺一不可，它们是一个整体，相互支撑，相互依赖，是一个完整而紧密的系统。

五、全面预算编制方式

预算的编制就是根据公司的战略目标确定年度预算总目标，对预算总目标分解、量化，并下达到预算执行者的过程，是基础、关键性环节。全面预算编制方式视企业不同情况，预算模式分为以下三种方式。

（一）自上而下式

在这种方式下，预算目标由公司总部根据公司战略计划，结合本地区同行业平均资本报酬率、子公司经营状况及拥有的资源条件，结合其他因素而提出的。总部预算管理委员会从公司战略发展需要，编制全面而详细的预算管理方案，在预算管理体系中，各层级预算责任单位只是预算的执行者，一切权力都集中在预算管理委员会。这种方式最大的优点就是从企业整体出发，能确保整体的利益，最大的缺点就是与预算息息相关的基层的员工没有参与到预算的编制中来，仅由预算管理委员会编制的预算难免与实际存在偏差，员工很难完全接受这种预算，影响预算执行的效果。一般而言，这种预算编制方式适用于单一产品生产和经营的企业，适用于集权制企业。

（二）自下而上式

这种方式主要适用于资本型的控股集团，总部提出责任目标和预算编制的指导性原则，各预算责任单位根据自身情况，编制年度预算。预算编制完成后经董事会授权的预算管理委员会批准后下达执行，同时预算责任单位将正式下达的预算方案上报预算管理委员会备案。在自下而上式中，管理总部对预算只有最终审批权，主要起到管理中心的作用，预算主要是总部监控各预算责任单位落实其预算情况的一种手段。总部的责任是确定战略目标（如投资收益率），分部的管理责任是制定预算并执行预算来实现总部制定的战略目标，分部编制并上报的预算在总部看来只是对总部战略目标实现的一种承诺，总部审批下级上报预算的目的只是对其可靠性进行的核实，预算的主动性来自各分部。这种方式的优点在于充分体现分权主义和人本管理，将子公司置于市场前沿，提高了各子公司的主动性和独立作战的能力。

采用该种方式的不足有三点。第一，由于这种方法只注重结果而忽视过程，一旦结果成为既成事实，则没有任何回旋的余地，难免导致管理失控。第二，宽打窄用，各预算责任单位为获得集团资源而有意多报或少报预算，造成资源浪费。第三，不利于预算责任单位最大限度地发挥潜能，如很多预算责任单位为了以后每个预算年度都能顺利完成预算指标，而采取“挤牙膏”式的利润预算方式，这样每年很容易便达到预算指标并且使得利润逐年增长然而增幅不大。可见，在这种方式下，总部对子公司预算的审批关键在于审核预算责任主体上报的预算与其实际潜能之间的差距也即预算松弛现象。

（三）上下结合式

在预算编制过程中，经历了自上而下和自下而上的往复，顾名思义，上下结合式取前两式之长。据我国企业目前的实际情况而言，采用上下结合式预算编制方式是最可取的。不仅能使各预算责任主体的主观能动性得到很好的发挥，还能提高预算编制的效率。预算编制遵循的是先“自上而下”再“由下而上”的上下结合过程，也即，预算目标应自上而下下达，而预算编制则应自下而上。企业按部门、按业务、按人员分解预算目标，各责任单位在编制过程中将资源与企业战略相匹配，将集中和民主很好地结合起来。该方式的主要步骤是：首先由预算管理委员会提出预算思想与目标；其次下发预算目标并由各子公司、二级单位结合自身情况编制预算草案；再次由预算管理委员会进行初步协调和汇总；

最后预算管理委员会召集各子公司、二级单位负责人等进行协调各级预算,并形成最终预算审批通过。这一阶段如果一次协调不够,还可以将协调后形成的预算方案下发到各子公司和二级单位进行平衡、并上报再协调,直到各方的目标达到完全一致为止;最后对通过的预算方案以内部法案的形式下达到各子公司、二级单位执行。其编制流程如图 4-5 所示。

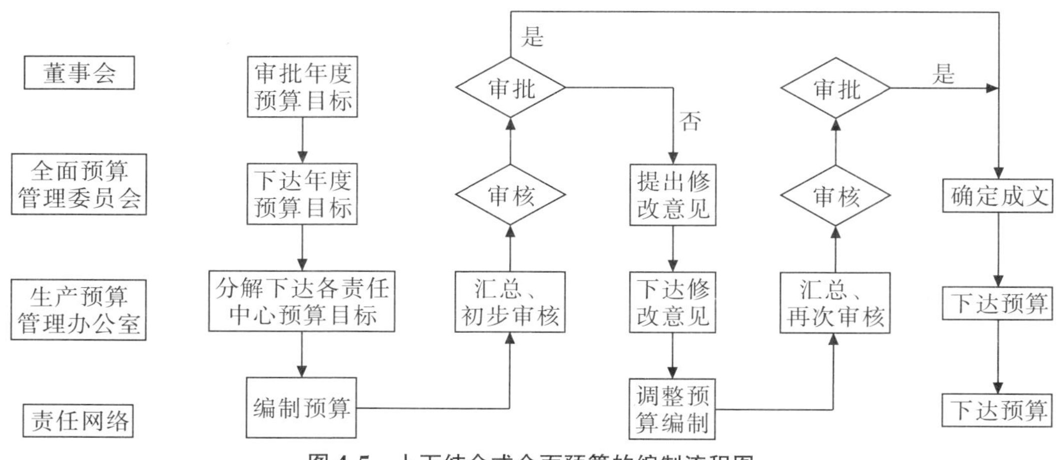

图 4-5 上下结合式全面预算的编制流程图

采用该种方式的优点在于:第一,能够有效保证企业战略的实现;第二,按照统一、明确的规则分解预算目标,体现了公平、公正的原则,避免挫伤"先进"、保护"后进";第三,预算的编制必须以目标的实现为前提,避免预算编制过程中的讨价还价、"宽打窄用"提高了预算编制效率。基于以上分析,采用上下结合的预算编制流程更为合理。通过"自上到下,自下到上"充分交流沟通,既能保证预算的合理性,又能调动各方积极性。

第七节 运营分析控制

一、运营分析控制的定义

运营分析是指以统计报表、会计核算、管理信息、计划指标和相关资料为依据,运用科学的分析方法对一段时期内的经营管理活动情况进行系统的分析研究,旨在真实地了解经营情况,发现和解决经营过程中的问题,并按照客观规律指导和控制企业经营活动。

《企业内部控制基本规范》第三十四条规定:"运营分析控制要求企业建立运营情况分析制度,经理层应当综合运用生产、购销、投资、筹资、财务等方面的信息,通过因素分析、对比分析、趋势分析等方法,定期开展运营情况分析,发现存在的问题,及时查明原因并加以改进。"

二、运营分析控制的流程

运营分析控制的流程一般包括以下四个阶段。

（一）数据收集

企业各职能部门应根据本部门运营分析的目的收集相关数据，一方面在履行本部门职责过程中应注意相关数据的收集与积累，另一方面可以通过外部各种渠道（如网络媒体、行业协会、中介机构、监管部门等）广泛收集各种数据。

（二）数据处理

数据是血液、是资产，但也可能是垃圾。也就是说，不是所有的数据都能够产生有用的信息。企业各职能部门只有对数据进行有效的清理与筛选，即消除噪声和删除不合格的数据，数据才能变成有用的信息。

（三）数据分析

企业各职能部门围绕本部门运营分析的目的采用各种分析方法（包括对比分析法、比率分析法、趋势分析法、因素分析法、综合分析法等）对处理后的数据进行分析，充分挖掘数据背后所隐藏的原因或规律，并对未来经营做出预测。

（四）结果运用

在数据分析结果的基础上形成总结性结论，并提出相应的建议，从而对发展趋势、策略规划、前景预测等提供重要的分析指导，为企业的效益分析、业务拓展提供有力的保障。

三、运营分析控制的方法

（一）比较分析法

比较分析法是运营分析最基本的方法，有纵向比较法和横向比较法。纵向比较公司历史数据，可以知道公司某一方面的变动情况，纵向比较法也称水平分析法；横向与同行业其他上市公司比较，可以衡量公司在同行业中的竞争力和地位。

（二）比率分析法

比率分析法是利用两个或若干相关数据之间的某种关联关系，运用相对数形式来考察、计量和评价，借以评价企业运营状况的一种分析方法。

（三）趋势分析法

趋势分析法，是根据企业连续若干会计期间（至少 3 期）的分析资料，运用指数或动态比率的计算，比较与研究不同会计期间相关项目的变动情况和发展趋势的一种财务分析方法，也叫动态分析法。

（四）因素分析法

因素分析法，是通过分析影响重要指标的各项因素，计算其对指标的影响程度，来说明指标前后期发生变动或产生差异的主要原因的一种分析方法。

因素分析法按分析特点可以分为连环替代法和差额计算法两种。连环替代法是在通过比较分析确定差异的基础上,利用各种因素的顺序“替代”,从数值上测定各个相关因素对指标差异的影响程度的计算方法。差额计算法是连环替代法的一种简化形式。它是利用各个因素的分析期值与基期值之间的差异,依次按顺序替换,直接计算出各个因素对指标变动影响程度的一种分析方法。

(五)综合分析法

综合分析法,是指将反映企业运营各个方面的指标纳入一个有机的整体之中,以系统、全面、综合地对企业运营状况进行分析与评价。目前在实践工作当中应用比较广泛的综合分析体系包括杜邦财务分析体系、可持续增长率分析体系、经济增加值(economic value added,EVA)价值树分析体系等。

第八节 绩效考评控制

一、绩效考评控制的定义

绩效考评是指运用科学的方法,对企业或其各分支机构一定经营期间内的生产经营状况、资本运营效益、经营者业绩等进行定量和定性的考核、分析,做出客观、公正的综合评价,作为一个反馈控制手段,绩效考评在内部控制中作用显著。《企业内部控制基本规范》第三十五条规定:“绩效考评控制要求企业建立和实施绩效考评制度,科学设置考核指标体系,对企业内部各责任单位和全体员工的业绩进行定期考核和客观评价,将考评结果作为确定员工薪酬以及职务晋升、评优、降级、调岗、辞退等的依据。”

二、绩效考评的内容

绩效考评的本质是一个由各个要素组成的具有整体目的性和内在联系性的系统。一个典型的绩效考评系统应由评价主体、评价客体、评价目标、评价指标、评价标准、评价方法、评价报告等基本要素构成。

(一)评价主体与客体

绩效考评系统的评价主体主要是公司董事会和各级管理者,评价客体是各级管理人员和全体员工,当然也涉及对部门的绩效考评。

(二)评价目标

评价目标是指通过绩效考评所要达到的目的。评价目标与组织目标相关联,多依赖于战略目标的层层分解。企业应当建立以绩效为核心的分配激励制度,将绩效考核与薪酬相挂钩,切实做到薪酬安排与员工贡献相协调,既体现效率优先又兼顾公平,杜绝高管人员获得超越其实际贡献的薪酬;同时,要注意发挥企业福利对企业发展的重要促进作用,既要吸引企业所需要的员工、降低员工的流动率,又要激励员工、提高员工士气及对企业的认可度与忠诚度。

（三）评价指标

评价指标是指对评价客体的哪些方面进行评价。目前，评价指标的反映内容已经从过去的仅仅关注财务结果逐步拓展到关注驱动财务结果的非财务活动。考虑到绩效考核的目的不同，故要准确、客观地评价客体的业绩，必须对不同目的的绩效考核的评价指标进行个性化处理。

（四）评价标准

评价标准是判断评价客体业绩优劣的基准。评价标准最初是以实际的业绩水平为准来评判，但随着组织背景的逐渐变化，评价标准也随之变化。就目前而言，绩效考评系统最为常用的三类标准是预算标准、历史标准和行业标准（包括竞争对手的标准）。

（五）评价方法

评价方法解决的是如何评价的问题，即采用一定的方法运用评价指标和评价标准，从而获得评价结果。目前在实践中应用比较广泛的评价方法主要有 3 类：单一评价方法（比如经济增加值方法）、综合评价方法（比如综合评分法）和多角度平衡评价方法（比如平衡计分卡法）。

（六）评价报告

评价报告实际上属于绩效考评系统的输出信息，也是绩效考评系统的结论性文件。评价报告的编制应按照评价指标制定与计算、评价指标的实际值与评价标准的差异计量和分析、评价结论的得出、形成评价报告、奖惩建议等几个步骤进行，但其关键步骤在于评价指标计算和差异分析。绩效考评系统各要素之间存在相互依存、相互支持的关系，具体表现在：评价目标是绩效考评系统的指南和目的，它决定了评价指标的选择、评价标准的设置、评价方法的确立和评价报告的编报。评价目标从定性和定量两个维度又分解为评价指标和评价标准，即评价指标反映评价目标的具体内容，评价标准反映评价目标的具体水平。评价指标和评价标准相互影响。评价指标和评价标准是形成评价方法的基础，其类型的选择会影响评价方法的确立。评价方法不仅是对评价指标和评价标准的具体运用，而且是对实际业绩是否达到评价目标的判断过程和处理过程。评价报告是整个绩效考评系统的输出信息，是对绩效考评系统其他要素的最终反映和综合体现。绩效考评系统如图 4-6 所示。当然，评价报告的深度、广度与可信度要取决于评价指标、评价标准和评价方法的科学性。

三、绩效考评控制的过程

（一）绩效考评前——应制定合理而详细的考评标准

只有制定合理而详细的考评标准并进行公布，为成员制定目标，令其明确自己前进的方向，才能令被考评者对应达到的目标及应做到的标准有个清晰明了的认识。考评标准越细致，反映被考评者的情况越全面，组织可以更加清晰地了解被考评者的优劣面。

（二）绩效考评中——考评者必须秉持诚实正心的态度及保持内部沟通的畅通

考评者必须秉持诚实正心的态度，以组织的综合目标及宗旨为依据，对被考评者的各方面进行综合评估,“用人所长,容人所短”,考评者不应求全责备,瑕不掩瑜,每个人都有特定的工作方式和特长,组织应为成员提供充分的发挥空间。使用合适的人才显然比使用优秀的人才划算,使用优秀的人才需要付出相应的费用。

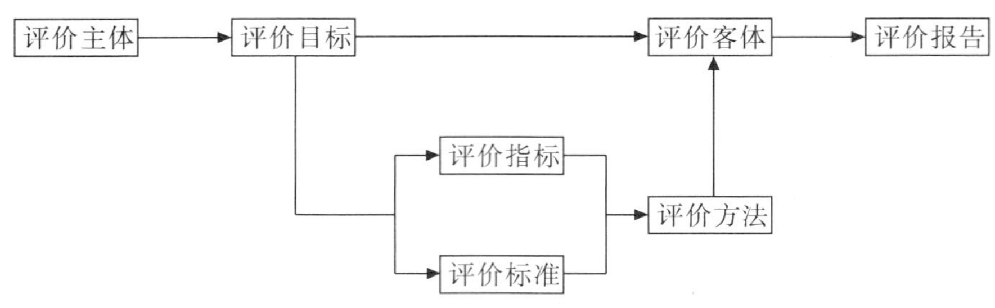

图 4-6 评价报告的编制流程

在考评过程中,为尽可能做到公平合理,组织内部必须发扬民主,建立畅通的沟通渠道,使最关键的问题能够得到及时的反馈,避免出现“一言堂”,单凭个人的印象评定结果,影响考评的公正性。

(三)绩效考评后——要有奖惩措施及前程规划方案

对考评结果,要以严肃认真的态度进行处理,按照考评前制订的方案进行奖罚,对受罚者应予以指正,给予指示,使其明确方向,不至于令被考评者对考评工作产生惶惶不安或淡漠、不以为然的心理。

四、绩效考评控制的方法

目前,国内许多企业认识到绩效考评的重要性,积极学习和借鉴国外先进的绩效考评理论和方法,如引入目标管理、360°绩效反馈等考核方法。应将这些考核方法与我国文化背景和企业具体情况结合起来,必须从企业的实际情况出发,努力探索出一套科学、合理和完善的绩效考评体系,包括考核的目的、原则、程序和方法,这样才能提高绩效管理的成效,造就出一批能征善战的人才队伍,以使企业在激烈的市场竞争中赢得长期发展优势。

(一)360°绩效反馈体系

一项调查显示,入选《财富》的1000家企业中,超过90%的企业已将360°绩效反馈评价体系的某些部分运用于职业发展和绩效中,如IBM、摩托罗拉、诺基亚、福特、迪士尼、西屋、麦当劳等。360°绩效反馈体系的目的在于通过获得和使用高质量的反馈信息,支持与鼓励员工不断改进与提高自己的工作能力、工作行为和效绩,以使组织最终达到管理或发展的目的。

360°绩效反馈也称全景式反馈或多元评价,是一个组织或企业中各个级别的、了解和熟悉被评价对象的人员(如直接上级、同事及下属等),以及与其经常打交道的内部顾客和外部顾客对其绩效、重要的工作能力和特定的工作行为和技巧等提供客观、真实的反馈信息,帮助其找出组织及个人在这些方面的优势与发展需求的过程。

(二)目标管理体系

著名管理学家彼得·德鲁克在他的《管理实践》一书中提出了目标管理这一思想。它的精要之处就在于提供了一种将组织的整体目标转化为组织单位和每个成员目标的有效方式。最初,目标管理这一思想只是应用于企业管理中的计划工作中。后来,这一方法不仅在计划工作中得到了广泛应用,同时也成了绩效考评的一种有效手段,是对管理人员和专门职业人员进行绩效考评的首选方法。

这种方法把员工是否达到由员工和管理人员共同制定的目标作为依据。具体是指员工与其上司协商制定个人目标(如生产成本、销售收入、质量标准、利润等),然后以这些目标作为对员工考评的基础。目标管理考评体系的整个过程实际上是一个循环系统即从企业共同目标,到部门特定目标,最后到个人目标。经验研究表明,这一方法有助于改进工作效率,而且还能够使公司的管理者根据迅速变化的竞争环境对员工进行及时的引导。

(三)关键绩效指标评价法

关键绩效指标(key performance indicator,KPI)是通过对组织内部某一流程的输入端、输出端的关键参数进行设置、取样、计算、分析,衡量流程绩效的一种目标式量化管理指标,是把企业的战略目标分解为可运作目标的工具,是企业建立完善的绩效体系的基础,是管理中“计划—执行—评价”中的“评价”不可分割的一部分,反映个体与组织关键绩效贡献的评价依据和指标。

关键绩效指标是用于衡量被评价者绩效的定量化或定性化的标准体系。定量的关键绩效指标可以通过数据来体现,定性的关键绩效指标则需通过对行为的描述来体现。关键绩效指标体现绩效中对组织目标的增值部分。这就是说,关键绩效指标是连接个体绩效与组织目标的一个桥梁。关键绩效指标是针对组织目标起到增值作用的工作产出来设定的,基于这样的关键绩效指标对绩效进行评价,就可以保证对组织有真正贡献的行为受到鼓励。

(四)图尺度评价法

图尺度评价法是最简单和运用最普遍的工作绩效评价技术之一。它列举出一些绩效构成要素(如“工作质量”和“工作数量”)和工作绩效等级(如“优、良、中、差、劣”),在进行工作绩效评价时,首先针对每一位员工从每一项评价要素中找出最能符合其绩效状况的分数。然后将每一位员工所得到的所有分值进行加总,即得到其最终的工作绩效评价结果。

当然,许多企业并不仅仅停留在对一般性工作绩效因素(如“工作质量”和“工作数量”)的评价上,它们还将作为评价标准的工作职责进行进一步分解,形成更详细和有针对性的工作绩效评估表。一般职责标准都是从工资说明书中选取出来的,职责的重要性以百分比的形式反映出来。在图尺度评价表中一般还会在每项评价因素后留一个空白,留给评价人做一般性说明,这一方法在对被评价者的一些一般性绩效进行评价时是非常有用的。

(五)平衡计分卡评价法

平衡计分卡的核心思想是通过财务、客户、内部经营过程、学习与成长四个指标之间相互驱动的因果关系展现组织的战略轨迹,实现"绩效测评→绩效改进"以及"战略实施→战略修正"的目标。平衡计分卡的绩效测评评价指标既包含财务指标,同时又通过客户满意度、内部经营程序及组织的学习与成长等非财务指标来补充,并与这些处在因果关系链上的非财务指标共同作为公司"未来财务绩效的驱动器"。这些财务与非财务的测评指标都来源于企业的战略,是对它们自上而下进行分解的结果,这样,在战略与目标之间就形成了一个双向的形成与改进循环。

平衡计分卡不仅为企业提供了一种创新的绩效测评系统框架,同时也为企业的战略管理与绩效测评之间建立系统地联系提供了思路与方法,使绩效测评体系成为企业战略管理的组成部分。但是,平衡计分卡也有缺陷,一是没有提出支持集团战略与集团下属各战略业务单位战略之间实现动态调整的理论框架;二是无法解决一个战略业务单位内部个人绩效测评的问题。

(六)行为锚定等级评价法

行为锚定等级评价法是近年来日益得到重视的一种绩效评价方法。这种方法结合了关键事件法和评分表法的主要要素;考评者按某一序数值尺度给各项指标打分,不过,评分项目是某人从事某项职务的具体行为,而不是一般的个人描述。

行为锚定等级评价法侧重于具体且可衡量的工作行为,它将职务的关键要素分解为若干绩效因素,然后为第一绩效因素确定有效果或无效果行为的一些具体事例。其结果可以形成诸如"预测""计划""实施""解决眼前问题""贯彻执行命令""处理紧急情况"等的行为描述。举个例子来说,对于"按资历对加班任务做公平分配"以及"告诉工人们如果有问题随时可以来和他谈"这类的叙述,一位经理对其属下的基层监督人员可以用5分制尺度中的"1分(几乎从不)"或者"5分(几乎总是)"做出评价。

第九节 合同控制

一、合同控制的定义

《企业内部控制应用指引第16号——合同管理》对合同的定义做出了明确的规定,合同是指企业与自然人、法人及其他组织等平等主体之间设立、变更、终止民事权利义务关系的协议,其中不包括企业与职工签订的劳动合同。所谓合同控制,就是企业通过梳理合同管理的整个流程,分析关键风险点,并采取有效措施,将合同风险控制在企业可接受范围内的整个过程。

二、合同控制的意义

在市场经济环境中,合同已成为企业最常见的契约形式,甚至可以说,市场经济就是合同经济。然而,合同管理往往又是企业内部控制中最容易疏忽和薄弱的环节。如果企业未订立合同、未经授权对外订立合同、合同对方主体资格未达要求、合同内容存在重大疏漏和欺诈,可能导致企业合法权益受到侵害;如果合同未被全面履行或监控不当,又可能导致企业诉讼失败、经济利益受损;合同纠纷处理不当,则可能损害企业利益、信誉和形象。

因此,加强合同管理对于企业防范和降低合同风险、促进长期可持续发展具有重要意义。具体而言,加强合同管理有助于防范企业法律风险,维护合法权益;有助于降低企业营运风险,提高经营管理水平;有助于控制企业财务风险,提升资金使用效率。

三、合同业务的一般流程

合同业务的一般流程大致可分为两个阶段:合同订立和合同履行。合同订立阶段主要包括合同调查、合同谈判、合同文本拟订、合同审批、合同签署等环节;合同履行阶段主要包括合同履行、合同补充和变更、合同解除、合同结算、合同登记等环节。具体的合同控制流程如图 4-7 所示。

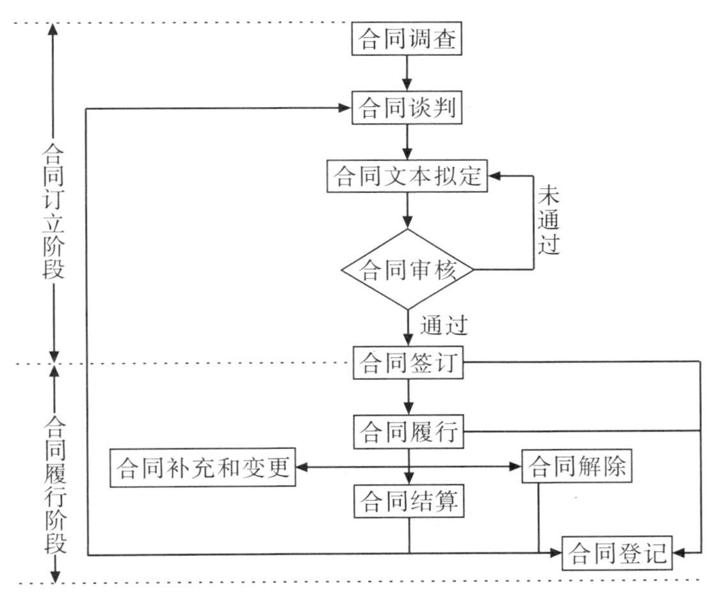

图 4-7　合同控制流程图

四、合同控制的措施

企业需要建立一系列制度体系和机制保障,促进合同管理的作用得到有效发挥。企业加强合同控制的措施主要包括以下四点。

(一)建立分级授权管理制度

企业应当根据经济业务性质、组织机构设置和管理层级安排,建立合同分级管理制度。属于上级管理权限的合同,下级单位不得签署。对于重大投资类、融资类、担保类、知识产权类、不动产类合同上级部门应加强管理。下级单位认为确有需要签署涉及上级管理权限的合同,应当提出申请,并经上级合同管理机构批准后办理。上级单位应当加强对下级单位合同订立、履行情况的监督检查。

(二)实行统一归口管理

企业可以根据实际情况指定法律部门作为合同归口管理部门,对合同实施统一规范管理,具体负责制定合同管理制度,审核合同条款的权利义务对等性,管理合同标准文本,管理合同专用章,定期检查和评价合同管理中的薄弱环节,采取相应控制措施,促进合同的有效履行等。

(三)明确职责分工

公司各业务部门作为合同的承办部门负责在职责范围内承办相关合同,并履行合同调查、谈判、订立、履行和终结责任。公司财会部门侧重于履行对合同的财务监督职责。

(四)健全考核与责任追究制度

企业应当健全合同管理考核与责任追究制度,开展合同后评估,对合同订立、履行过程中出现的违法违规行为,应当追究有关机构或人员的责任。

第十节　信息化控制

一、信息化控制的定义

信息化控制的内容包括两个方面:一方面是实现内部控制手段的电子信息化,从而尽可能减少和消除人为操纵的因素,变人工管理和人工控制为计算机、网络管理和控制。另一方面是对电子信息系统的控制,一是运用电子信息技术手段建立内部会计控制系统,减少和消除人为操纵因素,确保内部会计控制的有效实施;二是要加强对财务会计电子信息系统开发与维护、数据输入与输出、文件储存与保管、网络安全等方面的控制。采用计算机处理后,由于存储载体及处理方式的变化,使信息的安全性存在隐患。因此,不但信息的控制程序和方法不完全相同,而且控制变得更重要。

二、计算机信息系统面临的风险

信息系统的安全性取决于信息系统的可用性、可靠性以及保密性等质量特征。具体而言,计算机信息系统所面临的风险主要表现在以下几个方面。

(一)系统开发和软件质量风险

系统开发风险是由于系统开发人员与用户之间沟通不足,导致系统无法完全满足用户对信息的需求,或是企业购入的软件质量存在漏洞,为企业信息的可靠性埋下了隐患。因此,信息系统开发的成熟性,以及相应软件的质量直接关系到信息的安全、真实、完整和可靠。

(二)人员分工变化以及数据和责任高度集中的风险

由于采用计算机信息系统,将出现部分岗位分工的消失和责任的集中,在这种环境下更容易发生舞弊行为。系统内部工作人员为了达到窃取或者泄露商业机密、非法转移资金、掩盖各种舞弊行为等目的,或者为协助竞争对手获取或破坏业务或会计数据,从而对业务或会计软件、数据资料进行非法篡改、删除,影响信息的安全也容易由于系统内部工作人员的操作错误,导致发生重大的损失。因此数据处理部门内部人员要有明确的岗位和职责分工,职责分工必须将系统开发部门与系统应用部门的职责相分离,对每一项可能引起舞弊或欺诈的经济业务都不能由一个人或一个部门经手到底,必须分别由几个人或几个部门承担,通过进行内部职责分工来补救不相容职能集中化的不足。在计算机信息系统中,不相容的职务主要有系统开发的职务与系统操作的职务、数据维护管理职务与数据审核职务等。

(三)数据和文件丢失和泄露的风险

数据和文件方面的风险来自三个方面:一是数据和文件的秘密性遭到破坏,二是数据和文件的完备性遭到破坏,三是数据和文件的可用性遭到破坏。这三类风险的发生可能来源于企业内部,如信息系统本身开发和维护不够完善,或是企业组织结构划分不当、系统操作人员缺乏职业道德等,都可能导致上述风险的发生。这三类风险的发生也可能来源于企业外部,如外部组织的恶意攻击、商业间谍活动等。

(四)病毒侵袭和黑客攻击的风险

计算机病毒,不仅能破坏计算机的程序、数据和文件,而且能够破坏计算机的硬件,使整个系统瘫痪。计机病毒可以通过电子邮件、磁盘、光盘和网络等途径进行传播对网络信息系统的安全构成极大的威胁。黑客攻击主要是指非法侵入计算机信息系统或者程序,对计算机信息系统功能进行删除、修改、增加、干扰、造成系统不能正常运行;对计算机信息系统中存储、处理、传输的数据和应用程序进行删除、修改、增加或者故意制作、传播病毒等破坏和影响计算机信息系统正常运行的行为。在商业活动中的黑客攻击,是指竞争对手和专门进行盗窃商业秘密的机构或者组织,他们通过捕获、查卡、消息轰炸、电子邮件轰炸等方式非法侵入、偷窃或者破坏数据。防范计算机病毒和黑客攻击是维护系统安全的重要工作。

三、信息系统的内部控制的一般方法

由于上述风险的存在,使得计算机信息控制的方法与手工环境下的控制存在较大的差别。计算机信息系统控制的一般控制方法有系统组织控制、系统开发控制、系统硬件与系统软件控制、数据和文件资料控制、系统接触控制等。

(一)系统组织控制

计算机管理信息系统控制与传统手工系统控制一样,首先需要考虑内部牵制。在计算机信息系统的条件下,程序设计、日常操作与资料保管三个不相容职务必须分离。如果程序员兼任操作员,那么程序员就有可能通过篡改程序,从而达到舞弊的目的,而且其掩盖作弊也是非常容易的。为此程序员只能负责程序的编制和修改,不能从事数据的输入与处理等操作。同理,操作人员不能从事计算机的编程和修改。另外,计算机设计程序和文件的保管应由程序员和操作员以外的人担任。因为不论是程序员或者操作员,兼任数据库文件或程序文件的保管,都有可能发生篡改文件的舞弊行为。此外,还应当独立设置稽核岗位,稽核人员不得由操作员兼任。

另外,如果是财务会计信息系统程序员编制完程序后,需要呈报财政部门严格审查。只有经过审查合格的程序才允许投入应用。向软件公司购买的通用财务软件,必须是经过财政部正式批准的软件。

(二)系统开发控制

系统开发控制是为了避免系统开发阶段因沟通不足而导致信息系统的安全性和有效性存在问题,确保信息系统开发过程中各项活动的合法、有效而设计的控制措施。计算机信息系统开发是一个复杂的系统工程,为了保证系统开发各个环节的相互衔接,使系统能够按时、按质投入运行,应对系统开发过程加强控制,把握好两个关键控制要点。

1.邀请用户参与,加强系统开发人员与用户的沟通

系统程序设计人员是软件工程师,并不完全了解企业的具体情况和可行性要求,因此在系统分析、系统设计等方面也需要业务部门的帮助,听取他们的意见和建议,才能使系统更加符合用户的需要。因此用户和系统开发人员的通力协作是确保信息系统成功开发的前提条件。同时,信息系统替代手工系统对企业而言是一次革命,系统开发前用户参与的程度越高,系统开发的成功率也就越高。

2.做好项目的调试

系统初步开发后,要经过三个步骤的调试:程序调试、系统调试和用户验收调试。程序调试是检验设计的程序能否实现数据处理。系统调试是检测整个系统运行的连续性、可靠性和正确性。用户验收调试是看系统是否符合相关法规的规定,能否满足用户需求。只有经过这三个步骤的调试,信息系统才能正式投入运行。

(三)系统硬件和软件维护控制

系统硬件维护包括两个方面:一是对系统硬件所处的环境的维护,如机房的温度、湿度、电压和网络设施的保护等;二是对系统硬件的检查、更换等。软件维护包括对维护软件的完善性维护、适应性维护和纠错性维护。

(四)数据、文件资料控制

在系统开发过程中会形成一系列的文件资料,主要有以下四种。①系统说明书。主要反映系统具备的功能、系统之间的相互关系以及系统与其他系统的关系。②程序说明书。主要反映程序所要实现的任务及程序处理流程。③数据结构说明书。主要反映输入、输出信息的内容格式、项目代码、数据类型与长度等。④运行说明书。主要说明系统的启动、数据输入程序运行、数据输出、系统停止运行等的具体规定,以及运行突然停机的应急处理措施等。信息系统运行过程中还会源源不断的产生相应的数据和文件。这些数据、文件资料是重要档案,必须严格控制。数据、文件资料的调出使用,必须经过批准并登记记录;修改数据、文件,必须经过审批与复核验收并做修改记录;数据文件资料的保管,必须有专人负责。

(五)系统接触控制

系统接触控制的目的是防止未经授权批准,擅自接触计算机设备和数据等资源,保护系统硬件、软件资源的安全。通常的措施有两点。

1.系统资源使用限制

系统资源包括所有的程序库、数据库、全部硬件设备以及所有的文件与打印记录，只能由经过授权批准的人员才能接触和使用，建立系统资源使用记录报告制度，系统主管人员应经常检查计算机使用报告文件和数据文件的使用记录。

2.工作环境保护

计算机对工作环境有比较高的要求。要保证工作场所有一个适宜的温度和湿度，做好防磁、防火、防尘。操作人员必须定位、定岗，个人各自操作个人的机器，未经批准不得擅自调换；每台机器每天开机的起讫时间，操作人员应该用专设的登记簿登记。要有备用设备，如备用的可移动磁盘，在硬盘受损时做应急之用。要有备用电源，以防突然停电对计算机运行的影响。

第十一节　控制活动案例分析

——某合资公司内控体系案例分析

北京某合资公司系有限责任制公司是由北京某公司和中国香港某投资公司共同投资兴办的合资经营公司，注册资本 500 万美元。

该合资公司是目前国内最大的饲料厂之一。该公司总投资为 1000 万美元，可年产各种饲料 18 万吨。工厂设备全部是从美国引进的，配料、生产由电脑控制，从原料接收到产品的储存、发放，全部实现自动化。

合资公司主要产品为饲料，按使用方法不同可分为全价配合饲料、浓缩饲料(即料精)、预混饲料；按形状分为颗粒饲料、粉状饲料。品种按畜禽不同种类、不同生长期需要多达上百种。从 1987 年至 2003 年 5 月该合资公司共销售各类饲料 188.3 万吨。

该合资公司管理结构设置为：

一级：董事会。二级：总经理(下设副总经理)。三级：各职能部门，包括行销部、品管部、生产部、超混部仓储中心、采购部、财务部、畜禽部、总经办、行政部。

该合资公司财务监控管理制度的主要内容如下。

一、资产管理方面

公司的主要资产包括存货和固定资产，分别由专设职能部门管理负责，责任到人，各项资产由计算机系统进行核算处理。

固定资产中房屋建筑物布局合理、厂房宽敞通风，厂区绿化很好，如公园一般，生产设备实现全自动化，各种产品的配方经调试确定后由电脑自动控制进行供料、搅拌、生产、装运等工作。机器设备定期维修、保养较好。公司在购置固定资产时的内部控制手续非常健全，均有购置申请书、公司负责人批示、到货验收单(验收人员签字)和购置发票等相关证据。

公司对存货管理较为严格，库房中存货码放整齐，不同种类的存货用不同颜色包装袋分开摆放，很容易进行识别，各类存货均挂有标牌，在标牌上面明确列示存货规格、型号、出入库时间,并由领料人、送料人、库管人员签字确认。

公司每月对各项资产进行清盘,每月均统计出暂停用固定资产的名称数量清单,进行调整安排。存货每月进行盘点,盘盈盘亏率很小。

二、生产销售方面

公司从采购原料、原料验收入库到材料出库、生产成品再到销售结转成本、确认收入各环节控制体系均较为完善。

材料采购需填制"采购申请单",列明采购原料名称、供应商名称、价格、数量、质量标准、交货地点、付款形式、运输方式、在途天数、订货到达日期、包装袋处理等详细采购计划。此单据需采购员、采购经理签字,交由品管部、财会部会签,最后总经理签字确认。

采购原料入库需填制"原料收货报告",此报告由采购部对原料名称、合同号、运输单位、包装袋处理等进行签字确认。然后由地磅员对过磅时间、重量、运输车号、皮重、毛重等情况进行签字确认。由化验室对原料进行化验确认原料品质,提出化验意见并进行签字确认。由工厂仓库对收货净重、存放位置、入库件数进行签字确认,再由采购部综合上述情况对付款进行确认。

原料出库需填制"领料单",由领料人、部门主管签字确认。

结转产成品时需制作"原料耗用及生产量表",列明多少原料生成多少产品,列明规格、数量。

产品出库销售,需制作"产品销售统计表",列明当日销售多少、赠送多少、总金额、折扣金额、净销售额;"产品发货日报表"按购货单位统计对其销货多少、折扣额多少。这些表格每日均由财务主任、财务总监监控。

三、往来款管理方面

市场竞争日益激烈,为扩大销售量,赊销作为一种促销的手段,有着不可低估的作用,发生往来款使销售和收款这两种行为之间存在着一个结算周期,从而形成了应收账款的成本,企业不得不垫支一定的资金和花费一定费用。随着应收账款规模增大而呈正比例增长的坏账损失,将成为应收账款投资的最大风险。管好应收账款,目的在于加快资金的回收、周转,提高应收账款的变现能力,并对往来款的发生、间隔期、清算三个环节进行严格的监督与控制。

该公司在赊销方面,需填制"客户赊销申请单",列明客户名称、合同号、销售货物名称、金额,并由客户写明"客户申请承诺",保证在什么时间付款。此单据由行销部签署此客户尚欠款项,申请赊销理由并签字确认,由财务部对此客户信用进行审查,确定对其的信用政策,并由财务总监签字确认,最后由总经理签字同意,才能进行赊销。

企业在赊销后对往来结算准确登记,认真核对,定期清理,使单位有更多的资金开展业务活动,积极主动地向欠款单位和个人催收。对账龄较长的欠款单位和个人发欠款确认书,经双方确认签字后寄回。

对应付、暂付款的有效管理,可使单位能够充分利用这部分暂时为企业所拥有的资金。灵活管理和运用这两种资金,可使单位提升物流、资金流管理。公司采购原材料基本无现付现象，均合理利用对方单位给予的无息信用期，并由财务部门对每笔欠付金额、信用期、对方单位均进行准确记录，到期准确还款，保持良好的信誉。

四、费用支出方面

随着我国现代企业制度的建立和完善，加强资金管理、合理使用、节约各项费用成本已成为企业资金管理的重要组成部分。要在市场经济这个大潮中求得生存和发展，必须加强对资金的管理与使用，实施有效的内部控制制度，管好用好资金，以便提高每一笔资金支出的使用效益，因此加强资金支出的管理是十分重要的。

该合资公司各项资金支出控制制度非常严格，不论资金支出用途、金额大小均需填制付款申请单，列明付款提议人名称、付款理由等情况，并必须由批准、财务负责、经理、审核、出纳、领款、报销制单各方负责人同时签字才能支付此笔款项，有一方不签字，将无法支出此笔现金，虽然手续烦琐，短时间内企业内外各方资金使用人无法理解，但这种严格的控制制度最大限度地控制了付款支出过程中可能发生的错误与舞弊，并且经过长时间的坚持实施，公司内外各方资金使用人员也对此制度适应、并自觉遵守。

以上是该合资公司的主要内部控制体系，由于饲料行业的价格直接受国民日常所需要的禽、蛋、肉、奶价格的影响，而当时禽、蛋、肉、奶价格偏低，因此我国饲料行业利润空间很小，不少企业亏损、不景气。但该合资公司连年创造高额的净利润，在饲料行业内一枝独秀，这与其设计科学合理的内部控制管理体系及日常行之有效的对内控制度的监控办法是密不可分的。

本章小结

内部控制的核心是控制活动，控制活动是企业根据风险评估结果，结合风险应对策略确保内部控制目标得以实现的方法和手段。通过本章学习，在理论知识方面：理解和掌握不相容职务分离控制、授权审批控制、会计系统控制、财产保护控制、预算控制、运营分析控制和绩效考评控制等内部控制的基本方法。在思政方面：培养学生明理守法、正直善良的个人品德，爱岗敬业、办事公道的职业道德，统筹兼顾的工作习惯以及严谨的工作作风。

课后练习题

一、单项选择题

1.不相容职务分离控制的核心是（　　）。

A.各司其职　　B.各负其责

C.协调合作　　D.内部牵制

2.对授权进行监督的重点主要是为了防止出现（　　）。

A.滥用职权
B.因人授权
C.越权授权
D.下级越权操作和“先斩后奏”

3.下列各项中,不属于常见内部控制活动的是(　　)。

A.预算控制
B.会计系统控制
C.运营分析控制
D.财务决算控制

4.绩效考评系统的评价主体主要是(　　)。

A.公司董事会和各级管理者
B.各级管理者
C.全体员工
D.各个部门

5.授权的形式有多种,最好的形式是(　　)。

A.面谈
B.电子邮件
C.电话
D.书面

二、多项选择题

1.针对企业的采购与付款业务,以下属于不相容岗位的是(　　)。

A.请购与审批
B.采购合同的洽谈、订立不能由同一部门或同一人(生产、销售、财务)完成
C.合同的谈判与审批
D.询价与确定供应商

2.下列控制活动中仅反映了内部牵制思想是(　　)。

A.不相容职务分离控制
B.会计系统控制
C.授权审批控制
D.岗位轮换

3.会计系统控制的方法有(　　)。

A.会计凭证控制
B.会计账簿控制
C.财务报告控制
D.会计人员控制

4.财产保护控制的措施有(　　)。

A.财产档案的建立和保管
B.预算控制
C.限制接近
D.盘点清查

5.一般来说,进行盘点清查的资产范围包括(　　)。

A.库存现金
B.有价证券
C.固定资产
D.票据

三、简答题

1.内部控制的主要控制活动有哪几种?它们之间具有什么关系?

2.何为不相容职务分离控制?一般情况下需要分离的不相容职务有哪些?

3.何为授权审批控制?它的基本种类和形式包括哪些?

4.何为会计凭证控制?它的内容包括什么?

5.何为财务报告控制?它的具体内容有哪些?

四、案例分析题

为了提高政府机关的办事效率,创建人民满意的服务型政府,2018 年 C 市以其所辖

B 区、P 区两区作为试点，对政府各部门开展公共支出绩效评价，有关情况如下。

(1)对于 C 市市政管理委员会，其中一项重要职责是承担本市城市容貌管理责任，负责市容环境综合整治工作，负责本市环境卫生的组织管理和监督检查工作。2018 年 C 市市政管理委员会组织专家、市民对全市市容环境卫生工作进行综合考评。综合考评内容涵盖了背街小巷、公共厕所、重点旅游景区周边、门前“三包”环境卫生责任区等群众身边区域环境卫生。按照专业评价：社会评价：问题评价=5：4：1 的权重计算，得出 2018 年环境卫生干净指数。2018 年 B 区和 P 区得分分别为 80.61 分和 79.88 分。

(2)C 市文化局 2018 年的一项重要工作是通过建设图书馆丰富社区的文化生活，开展“书香社区”文化年活动，为响应该号召，B 区、P 区分别投入了 500 万元、400 万元在社区设立了自助图书馆。

(3)对于 C 市劳动与社会保障局，其主要职责是负责劳动制度改革、劳动合同管理、下岗失业人员再就业、企业职工工资宏观管理、依法行使对用人单位的监督检查等。其中，下岗失业人员再就业成为社会关注的焦点。为此，2018 年 B 区和 P 区开展了下岗失业人员再就业培训，取得了很大的成绩。

要求：

(1)分析、判断对 C 市市政管理委员会采取的是何种绩效评价方法，并简要说明理由。

(2)分析、判断对 C 市文化局适宜采取何种绩效评价方法，并简要说明理由。

(3)分析、判断对下岗再就业培训适宜采用何种绩效评价方法，并简要说明理由。

第五章　销售与收款循环内部控制

第一节　销售与收款循环概述

一、销售与收款循环的基本内容

销售业务是指企业出售商品或者提供劳务以及其之后产生的收取款项等相关活动。实质上是对企业销售人员及其活动进行计划、组织、领导、协调、控制，从而实现企业目标的活动过程。销售是企业经营的主要环节，是企业实现商品价值、增加收入、获取利润的重要途径。

销售业务的具体环节包括战略制定、销售计划、品牌推广、销售政策、客户开发、客户信用、客户关系、销售价格、销售合同、销售订单、销售发货、渠道管理、销售对账与收款、销售退货、售后服务等，具体如图 5-1 所示。

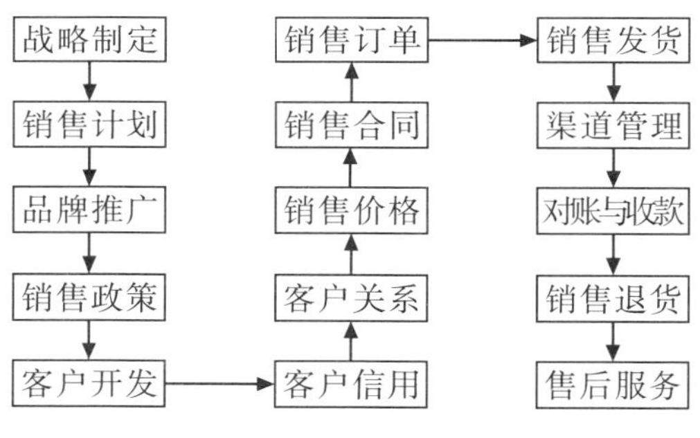

图 5-1　销售业务流程图

二、销售业务的具体流程

（一）战略制定

经营战略是在符合和保证实现企业使命的条件下，在充分利用环境中存在的各种机会和创造新机会的基础上，确定企业同环境的关系，规定企业从事的事业范围、成长方向和竞争对策，合理地调整企业结构和分配企业的全部资源。从其制定要求看，经营战略就是用机会和威胁评价未来的环境，用优势和劣势评价企业现状，进而选择和确定企业的总体、长远目标,制定和选择实现目标的行动方案,是公司的指导方针。企业经营战略的制定应考虑如何更有效地利用企业内部现有实力以及潜在的资源和能力优势,并能够满足目标市场的需要和完成企业既定目标的要求,其过程大致包括以下几个方面:①明确企业的具体任务。②提供相关业务资料和建议。③研究行业及市场环境。④信息整合与分析。⑤评估本公司的资源能力。⑥制定竞争战略。⑦确定战略目标。⑧确定战略行动。

(二)销售计划

销售计划为销售管理提供目标,科学的销售计划管理才能使目标管理具有意义,才能有效配置企业资源,提高管理效率。因此,企业进行销售计划管理,是企业能够顺利开展销售工作、占领市场、获取利润的重要环节。销售计划管理主要包括确定目标市场、制定销售预测、制定销售配额、制定销售预算及制定实施计划五个方面的内容。

(三)品牌推广

品牌推广是指企业塑造自身及产品品牌形象,使广大消费者广泛认同的系列活动过程。主要是提升品牌知名度、美誉度和特色度,最终要将相应品牌名称的产品销售出去,促成预算目标达成。品牌推广主要是根据公司战略制定品牌推广政策,具体分为品牌调研、制定品牌宣传计划、选择广告代理、品牌推广跟踪、品牌效果评估。

(四)销售政策管理

销售政策是一系列引导性和激励性销售措施,目的是促进销售,给销售带来保障和促进。它是通过给出一定的条件来激励、约束渠道方与内部销售人员的行为。制定销售政策管理的目的是实现目标,就是能够在市场竞争中抢占先机,赢得先天性优势。制定销售政策主要包括以下几步:①拟定销售政策。②组织相关部门讨论并出具意见。③审批下发。④备案、监督执行。⑤修改完善。

(五)客户开发管理

客户开发的前提是确定目标市场,研究目标顾客,从而制定客户开发策略。营销人员首要任务是开发准客户,通过多种方法寻找准客户并对准客户进行资格鉴定,使企业营销活动有明确的目标与方向,使潜在客户成为现实客户。客户开发管理主要包括市场调查管理、市场信息日常统计分析、市场网络建立与维护、市场活动前期调研等流程,确保规避市场开发过程中的潜在风险。

(六)客户信用管理

客户信用管理指对客户信用风险进行识别、分析和评估,并在此基础上有效地控制客户风险和用最经济合理的办法综合处理客户风险管理活动,主要是掌握客户信誉、资信状况。避免业务活动中因客户信用问题给企业带来损失,对客户在事前、事中、事后进行有效控制。客户信用管理主要是加强和规范客户信用体系的建立与维护,确保公司销售业务的正常展开,主要包括客户开发、评审、客户数据管理、客户关系维护、客户信用评估等。

(七)客户关系管理

客户关系是指企业为达到其经营目标,主动与客户建立起的某种联系,能够促进双方及时、有效沟通的管理机制,增进客户关系,增加客户价值。客户关系管理就是对企业和客户之间的关系进行全面管理，以实现客户资源价值的最大化。简单地说就是吸引新客户、保留老客户以及将已有客户转为忠实客户，增加市场份额，客户关系管理主要包括以下几方面：①收集客户资料。②了解客户需求、提升客户满意度。③分析客户价值、采取不同的维护策略。④加强与客户沟通，获得客户忠诚度。

（八）销售定价管理

销售定价管理是指根据市场需求、合理制定价格，价格策略制定是否合理，不仅关系到企业产品销售及利润目标实现，而且直接关系到消费者切身利益。销售定价管理主要包括以下几方面：①进行市场调研。②相关方测算。③确定顾客心理价。④提出定价方案，综合考虑制定产品定价相应价格折扣配套方案等。⑤执行价格。

（九）销售合同管理

销售合同主要是指卖方同买方根据协商一致的意见，由卖方将产品交付给买方，买方接受产品并按规定支付价款的协议，合同包含产品名称、商标、规格型号、生产厂家、计量单位、数量、单价、金额、供货时间及数量等具体内容和注意事项。签订销售合同是经营活动中常见的一项法律活动，一份销售合同签订的好坏关乎企业的经济效益的高低。销售合同管理是规范公司销售行为的一种形式，包括洽谈、拟定、审批、订立与流转等，确保公司的销售活动符合公司经济利益与合法权益，防范合同纠纷与法律风险。

（十）销售订单管理

销售订单是企业与客户之间签订一种销售协议，销售订单是企业与客户之间的沟通，是客户对企业待售货物的一种请求，也是企业对客户的一种销售承诺。加强销售订单管理，规范订单操作流程，提高订单执行的及时性和准确性，主要包括以下几方面：①订单下达。②订单审批。③订单转换。④订单跟踪。⑤订单交付。

（十一）销售发货管理

销售发货是指将货物发向客户，销售发货单是销售发货的信息载体，销售发货业务是销售流程的核心，通过销售发货向库存、存货、应收等系统传递信息来实现企业物流的运转。销售发货管理主要是确保公司申请、审批、执行、开票及信息系统管理等流程符合公司规章制度，并能够保证销售收入的有效实现，实现公司发展经营目标。销售发货管理主要包括以下几方面：①业务员接收客户订单。②提出要货单申请。③开具送货单。④仓库开具出库单。⑤客户核实数量并签收。

（十二）渠道管理

渠道管理是指为实现公司分销目标而对现有渠道进行管理，以确保渠道成员间、公司和渠道成员间相互协调和通力合作的活动，其意义在于共同谋求最大化的长远利益。渠道管理包括销售渠道管理、经销商渠道管理、电子商务渠道管理，主要目的是确保公司渠道市场调查、市场信息分析、销售关系的建立与维护、市场费用管理等流程的管理符合公司规章制度，并能促进公司销售，提升销售收入，实现公司发展经营目标。

（十三）销售对账与收款

销售对账与收款是同客户交换商品或劳务及收到现金收入等有关业务活动组成的，

要定期或不定期与客户对账。销售对账与收款管理旨在确保销售货款的收回,提高公司的经营效率,并保证相关财务报告信息的真实完整。销售对账与收款管理主要包括以下几方面:①履行销售合同。②提出开票申请。③开具发票。④销售业务员催收未回账款。⑤检查核实本部门应收账款情况,根据应收账款政策,及时核对。⑥检查客户回款情况。⑦汇总各项应收账款。⑧编制对账单,发给客户核对。⑨收到客户账款。⑩进行账务处理。

(十四)销售退货

销售退货是指企业销售出的商品,因质量、到货时间、品种等不符合要求的原因而发生的退货。退货主要包括退货清点、记录、交接、运输等方面的要求和流程,旨在确保退货正常运行,提高公司的经营效率,并确保公司资产安全。销售退货管理主要包括以下几方面:①收到客户投诉。②确认客户投诉。③销售人员与客户沟通。④处理后通知客户退货。⑤核对物资。⑥核对后办理入库手续。⑦质检部根据退货原因进行检查。⑧确认退货。⑨将退货记录在案、归档。

(十五)售后服务

售后服务是指生产企业、经销商把产品(或服务)销售给消费者之后,为消费者提供的一系列服务,包括产品介绍、送货、安装、调试、维修、技术培训、上门服务等。售后服务是产品生产单位对消费者负责的一项重要措施,也是增强产品竞争力的一个办法。公司售后投诉受理、退换货实施、售后网点管理和评定等均是售后服务管理的流程,旨在规范公司售后服务管理工作。售后服务管理主要包括以下几方面:①客户投诉。②客户接待。③客户投诉分析。④形成处理报告。⑤将《客户投诉处理表》报给公司质量负责人。

第二节 销售与收款的主要控制目标及风险点

一、销售与收款的主要控制目标

销售业务控制的总体目标就是规范销售与收款行为,防范销售活动与收款过程中的差错和舞弊情况发生。本节从合同订立、发货装运、销售收入确认、销售折扣与折让、收款等主要方面,全面分析了销售业务所涉及的主要内部控制目标。通过了解这些控制目标,有助于理解做好销售业务内部控制对企业价值创造的贡献,明确销售与收款业务循环的控制方向和重点。

(一)确保合同订立的合理性和有效性

销售合同是企业销售业务的实施基础,企业组织采购和生产活动,甚至包括为某项合同专门组织的研发活动,如果具有相应的合同支撑,就会最大限度地降低无效资源投入,一个内部控制相对健全的企业应当建立制度,要求销售业务必须签订合同,这是防范业务风险的最低保障措施。

1.合理性目标

合同内容要公允、合理、有效,特别是在合理性方面的考虑,既要体现合同条款本身符合市场规则,又要符合企业的战略发展要求。例如,为了打开某个区域市场或者建立客户关系,签订具有一定程度优惠条件的合同是必要的、合理的。确定销售合同的合理性目标,要求合同订立程序合理,是经过双方的平等协商与谈判确定的;合同内容合理遵循商业规范和惯例;合同条件合理地切合企业实际经营状况等。

2.有效性目标

有效性目标要求签订合同的形式要件完整、内容合法,而且履行了完备的内部审批程序,例如,合同中约定的赊销条件或者提供的销售折让与折扣是获得内部授权批准的。合同有效性是保护合同双方合法权益和商业利益的根本要求。

(二)确保发货装运的准确性和时效性

组织发货和装运是销售业务中一个承上启下的环节,确切地讲就是连接企业产品与外部市场的直接环节。若发货与装运的内部控制缺失,对内则可能导致企业资产失窃遭损,对外则可能因为发货品种、规格或数量不符,导致客户的损失,某些重要的或者特殊的销售业务甚至让企业蒙受信用损失和客户流失。

准确性和时效性目标的内容主要包括:①要确保经过审批的发货指令内容与客户订单和销售合同一致。②装运时严格执行发货指令要求,不重不漏,出库时要做独立验证。③坚决保证到货时间符合合同约定,货物发给指定地点的指定接收人。既要做到向客户如实、如期履约,又要防止在装运环节篡改发货指令内容以侵吞资产的行为。

(三)确保销售收入的真实性和完整性

收入的真实性和完整性目标,不仅仅是会计信息控制系统的一个核算要求,更是能够正确衡量企业销售业务所带来的真实经济利益流入的根本保证。这是企业确定产业战略、选择产品方向和制订经营计划的重要依据。

具体而言,实现销售收入真实性和完整性的控制目标体现为以下几个方面:①登记入账的销售交易,确系已经发货给真实且正确的客户。②所有销售交易都已及时、完整地登记入账。③登记入账的销售数量与实际发货数量一致,已经正确开具销售发票(账单)并登记入账。④所有销售交易已经正确地记入主营业务收入明细账,并被完整正确地予以汇总。

总之,确保销售收入的真实性和完整性,就是要将所有真实的销售业务都及时、准确地加以记录,完整地反映企业每一项销售业务的全过程,防止少记、漏记或有意不记所实现的销售收入或者虚增销售收入,防范因此导致的销售货款被挪用或贪污的风险。

(四)确保销售折扣与折让的适度性和适宜性

销售折扣与折让是销售业务中,无论主观或者客观上都可能随时发生的行为。这是企业在销售业务中扩大促销、加速回款,或者修复客户关系、树立良好市场形象的必要营销手段。

1.销售折扣的适度性和适宜性目标

销售折扣是企业根据买方的购货数量、付款时间以及商品的实际情况,放弃一部分销售收入让利于购买方的一种价格优惠,它是信用经济条件下的必然产物。对销售折扣的内部控制主要是确定销售折扣的度,使销售折扣政策达到既促进销售又及时收回货款的目的。同时,要有选择性地向适宜的销售对象提供适度的销售折扣,要防止利用销售折扣以权谋私行为的发生。

2.销售折让的适度性和适宜性目标

销售折让是企业由于售出货物的质量等原因给予购货方的一种价格减让(即少付货款)。销售过程中可能发生货物因运输损坏、变质,或者装运数量与规格错误等情况,相应给予客户一定的折让予以补偿是必要的。销售折让直接导致企业经济利益的减少,是销售业务内部控制的重点环节,要严格审查销售折让原因的真实性、合理性,通过内部控制确保给予销售折让的适度性和金额计算的正确性,既要维护良好的企业形象和客户关系,又要防止恶意欺诈和内外串谋行为。

(五)确保货款回收的安全性和及时性

销售业务的完成不是止于售出商品,收回全部货款才是销售业务的目标和完结,因此,销售货款回收的内部控制是销售业务控制的最后一道环节,是企业售出商品实现价值的最终保障。尽量缩短回款周期以减少货币时间价值损失和形成坏账的风险,确保及时、安全地收回全部货款,是销售业务控制的核心目标。

1.安全性目标

确保销售货款的安全收回是收款环节内部控制的首要目标,只有确保货款完整、安全地收回,才能确认一项产品销售业务的真实实现。有了销售货款的安全收回,企业才能开始下一个经营循环,不断实现价值创造。所以,销售货款回收的安全性是企业可持续发展并不断实现价值增长的必然要求。确保货款回收安全性的目标,涉及企业销售与收款循环整个业务流程的各环节,包括客户的审慎选择、客户信用恰当评估和合理的赊销政策、及时有效地组织发货等,均会直接影响此项目标的顺利实现。

2.及时性目标

销售货款收回的及时性目标,要求企业要重视货币时间管理,赊销是企业让渡一定利益给客户。这种利益让渡不同于销售折扣或者销售赠送,它是将企业的销售货款无偿提供给客户使用一段时间(即信用期)。显而易见,资金既是有成本的也是有时间价值的。销售货款实际上就是企业资金的转化形式,及时收回就意味着降低企业资金成本和提高资金周转效率。

企业只有加强对货款收回环节的控制,及时办理结算手续,而且要充分地做好事前客户信用调查与评定和事后对应收账款的催收工作,才能保证货款及时足额地收回。

二、销售与收款循环各环节的主要风险点

(一)战略制定的风险点

战略制定存在以下主要风险点:①未开展市场调研、未研究行业及市场环境,对行业信息利用不准确。②对本公司的生产能力掌握不准确,导致战略脱离实际。③未根据竞争对手信息制定策略,导致无法制定有效营销策略,影响公司市场竞争力。④战略行动未

有效落实,未经公司层面审批执行。

(二)销售计划的风险点

销售计划存在以下主要风险点:①销售计划缺失、不合理,或未经审批,导致无法以销定产,难以实现公司生产经营的良性循环。②销售计划制定后未及时进行调整,导致销售计划不符合市场情况,无法维持正常经营。③销售计划经常调整,导致销售计划随意变动,影响正常生产经营。④未对销售计划执行情况进行考核,导致员工动力弱和销售计划无法实现。

(三)品牌推广的风险点

品牌推广存在以下主要风险点:①品牌调研不深入或未能充分利用调研,导致品牌推广无效。②品牌推广计划与销售计划脱离,资源未能与销售匹配,导致浪费资源。③代理商未能制定合理方案,导致未能发挥预期作用。④品牌推广未能有效评估和跟进,导致投入效果差。

(四)销售政策的风险点

销售政策存在以下主要风险点:①销售政策制定趋紧或趋松,导致销售不畅、库存积压、经营难以为继。②销售政策稳定性差,经常变化,缺乏刚性。③销售政策未经审批下发,导致损害公司利益。④销售政策未适当调整或调整后未经审批,导致不符合公司实际。⑤销售政策执行结果未经评估,导致不符合市场实际,执行效果不到位。

(五)客户开发的风险点

客户开发存在以下主要风险点:①未进行市场调研,导致盲目开发,影响公司营销战略选择。②未分析竞争对手信息,导致无法制定有效营销策略,影响市场竞争力。③客户开发活动无计划或未按照计划执行,导致活动失控或市场活动偏离计划,影响市场开发活动目标的达成。④未定期开发新客户或新增客户没得到审批,导致公司遭受客户信用风险增大,影响公司经营效率。⑤未对客户开发活动进行后续评估,导致开发活动无法跟踪,缺乏市场信息反馈,影响营销策略的调整。⑥未对市场开发和客户开发的评估结果进行相应处理,可能影响评估结果的合理运用。

(六)客户信用管理的风险点

客户信用管理存在以下主要风险点:①客户档案管理不健全或档案信息未及时更新,导致授信判断失误,增加坏账风险。②未对客户资信评估或缺乏合理资信评估及管理机制,导致信用评估无效,销售款不能收回或遭受欺诈。③未根据客户信用等级评定客户授信额度,或授信额度未经审批,导致客户授信额度不合理,可能造成应收账款过多,影响资金周转。④对新增客户没有进行背景调查,导致信用风险增大,影响公司经营效率。⑤客户信用跟踪不及时,导致难以应对客户信用下降情况,影响信用管理。⑥未对逾期客户进行催款,导致无法及时收回货款,影响经营效率。

(七)客户关系维护的风险点

客户关系维护存在以下主要风险点:①客户管理不善,潜在市场开发力度不够,导致客户流失或市场拓展不力。②无专门人员进行客户关系维护,导致客户忠诚度不高,影响销售业绩。

（八）销售价格的风险点

销售价格存在以下主要风险点：①缺乏完善定价机制，可能导致定价不合理，影响公司的营销策略。②定价不符合价格政策，未能结合市场、成本和盈利目标等因素，造成价格过高或过低，影响销售。③未制定销售折扣（折让）管理制度、授权体系及操作流程，导致销售价格不合理。④产品销售价格未经审批，或擅自更改价格，导致公司利益受损。

（九）销售合同的风险点

销售合同存在以下主要风险点：①合同签订未考虑公司产能、生产计划等因素，导致不能按时交货，造成资产损失和影响公司声誉。②未经授权对外签订销售合同，导致公司合法权益受到侵害。③销售价格、收款期限等违背公司销售政策，导致公司经济利益受损。④合同内容存在重大疏漏和欺诈，导致公司合法权益受到侵害。⑤合同评审不严格，未按公司要求履行评审职责，导致公司利益受损。

（十）销售订单的风险点

销售订单存在以下主要风险点：①未按规定维护订单，不能实现系统控制。②订单录入数据有误，导致下单错误，造成存货呆滞或报废的风险。③未经领导审批，导致订单信息不全。

（十一）销售发货的风险点

发货是实物资产流出企业的直接环节，也是销售业务的中心环节。只有实现正确的发货，才具备收取货款的基础。发货是实物资产流出企业的直接环节，在以下主要风险点：①未经授权发货或发货不符合合同约定，导致货物损失或客户与公司销售争议、销售款项不能收回。②发货未得到完整准确记录，导致会计核算不准确，公司经济利益受损。③发货单与销售订单无人核对，或发货单回执未妥善保管，导致存在舞弊和法律风险，影响公司资产安全。④未对销售发货数量、金额、批次、规格、发运客户、车牌等信息进行核对，导致发货错误或重复发货。⑤未与客户进行收货确认，无法掌握货物是否及时送达客户，可能导致货物丢失和产生法律纠纷。

（十二）渠道管理的风险点

渠道管理存在以下主要风险点：①渠道布局不合理，部分区域设有多家经销商，部分区城仍为空白点。②渠道开发不力，没有利润空间，经销商信心不足，渠道竞争力下降。③过程管控存在跑路现象，管理服务不到位，客户抱怨率高。④存在替代品竞争情况，不断抢夺渠道资源。

（十三）销售对账与收款的风险点

销售对账与收款存在以下主要风险点：①缺乏有效会计系统控制，导致公司账实不符、账证不符、账账不符或者账表不符，影响销售收入、销售成本、应收款项等会计核算的真实性和可靠性。②未制定完善的应收账款催收政策，应收账款长期挂账，导致应收账款坏账，公司资金难以回笼或经济损失。③客户多次无故延期付款，导致应收账款回款慢，影响公司资金周转，可能形成坏账。④未制定坏账计提与核销政策，坏账准备计提以及坏账核销不及时或不准确，无法保证公司财务报告数据的真实准确。⑤货款不直接通过转账回到公司，通过销售员账户上交，或现金通过销售员交付，导致销售员截留或挪用资金，形成个人小金库，造成舞弊风险。

（十四）销售退货的风险点

销售退货存在以下主要风险点：①各渠道提出退货未进行审批直接退货，可能导致公司经济损失。②与渠道进行退货产品交接时未对退货产品进行清点，可能导致实物数量与退货单数量不一致。③接收到退货产品后未及时入库，可能导致产品丢失。④财务部对退库产品未及时进行账务处理，可能导致销售虚增。

（十五）售后服务的风险点

售后服务存在以下主要风险点：①客户服务水平低，消费者满意度不高，影响公司品牌形象，可能造成客户流失。②无专门部门或人员处理客户投诉和退换货申请，导致公司无法及时处理客户投诉，影响公司声誉。③对客户投诉的退换货申请，没有判断退换货的原因和责任，导致公司承担不必要的责任，影响公司经营效率。④客户投诉退换货未经过适当审批，可能导致未经授权的退换货发生，影响公司日常经营效率。⑤退换货产品数量、规格、品名、金额等与退换货申请单上不符，导致公司收到的退换货物品质量低下。⑥对于重大客户投诉事件中涉及的产品质量问题没有进行纠正改善，不利于公司质量管理的持续提高。⑦未对客户投诉情况进行产品质量控制，可能导致无法及时发现公司产品的质量问题。⑧未对客户投诉情况进行记录，或记录不完整，可能导致客户投诉处理不当无法追查其处理详情。

第三节　销售与收款循环各环节的关键控制要点

一、战略制定的关键控制要点

战略制定的关键控制要点如下：①分析企业所处环境。对企业经营环境和能力进行分析，为确定企业的战略目标搜集有关经济信息，提供必要资料和依据。②对公司产能、规模、运作管理能力，运用 SWOT 分析等进行评估，形成评估报告。③销售部门应当进行市场 SWOT 分析，收集并分析竞争对手产品策略、竞争手段、价格等相关信息，制定匹配的竞争战略。④战略行动方案要经过科学论证，再由公司领导确定。

二、销售计划的关键控制要点

企业的销售业务控制活动中，对销售计划的有效控制是明确销售业务方向，确保符合企业发展战略的保障。它对促进企业持续经营发展具有基础性重要意义，销售计划的关键控制要点如下：①企业应根据发展战略和年度生产经营计划，结合自身产能情况、资金供应能力、市场需求预测、竞争对手情况等内外部因素，制订年度销售计划。在此基础上，进一步结合客户订单情况，分解制订月度销售计划，并按规定的权限和程序审批后下达执行。②每月对销售计划与实际销售情况等进行分析，及时调整销售计划，调整销售计划后需提交分管领导审核审批后执行。③销售计划调整时需提交调整原因，经分管领导审核审批后执行。④销售管理部应定期针对销售情况对各部门进行考核，并将考核结果反馈给各营销部门。

三、品牌推广的关键控制要点

品牌推广的关键控制要点如下：①要有目的、有计划收集、整理和分析有关供求和资源的各种信息和资料，形成品牌调研报告。②严格按照战略及销售计划配置品牌推广计划，确保品牌推广达到效果。③选择优秀的广告代理商，制订合理方案，要全面审查方案的合理性，并按审批程序执行。④建立品牌推广评估和跟进机制，已投放的品牌进行监测和分析，及时调整品牌推广策略。

四、销售政策的关键控制要点

销售政策的关键控制要点如下：①加强市场调查，因地制宜制订销售政策，灵活运用销售折扣、销售折让、信用销售、代销和广告宣传等多种策略。②强化政策执行刚性，同时政策的制订要结合实际情况，若调整要严格按照审批程序执行。③销售政策制订不得损害公司利益，销售政策和价格要公正、适度公开，上报公司审批并下发执行。④建立销售政策执行的跟踪机制，及时发现问题，并进行改进和完善。⑤建立销售政策的评估机制，对执行效果进行评估，及时调整不当的销售政策。

五、客户开发的关键控制要点

客户开发的关键控制要点如下：①公司在进行市场开发前需对市场需求情况进行调研，形成调研报告。②应当进行市场 SWOT 分析，收集并分析竞争对手产品策略、竞争手段、价格等相关信息，通过定期或不定期报告等形式反馈给相关部门。③应制订市场开发计划，严格按照计划执行市场开发，报授权人员审批后，方可实施活动。④应根据公司需要开发新客户，提供新客户经营情况、信用情况、同地区占有率、预期销售收入、预期利润等信息，连同开店申请提交部门经理审核，分管副总审批。⑤建立市场开发和客户开发的后评估机制，对新市场或新客户及时进行评价，并形成报告。⑥对市场开发和客户开发评估结果进行相应处理，关闭门店需提请关店申请，报部门经理审核，分管副总审批。若造成较大的经济损失，则追究相关责任人的责任。

六、客户信用的关键控制要点

客户信用管理的关键控制要点如下：①建立客户档案，并定期对客户档案信息进行更新。②根据客户信用等级和公司信用政策，拟定客户赊销限额和时限，经财务部、分管领导、总裁审核审批后执行。③要依据划定的客户信用等级，保证客户授信额度与信用等级对应，同时授信要经相关领导审批，避免出现授信额度不合理情况。④公司应对新增客户进行背景调查，对客户资质和信用等进行评估。⑤对合作客户要经常保持沟通，并定期跟踪客户的经营状况。⑥对逾期不回款客户，及时进行催讨，必要时要采取断货等手段，确保公司货款及时回笼。

七、客户关系维护的关键控制要点

客户关系维护的关键控制要点如下:①在充分的市场调查基础上,合理细分市场,根据不同目标群体具体需求,确定客户维护方案。②设立专门人员对接待客户,保持客户的协调和沟通,维护客户关系。

八、销售定价的关键控制要点

销售定价的关键控制主要是指价格确定与调整均应设置内部控制权限,不能由销售人员直接擅自实施。销售价格的关键控制要点如下:①应制订合理、公正产品定价机制。根据有关价格政策,综合考虑公司财务目标、产品成本、市场状况及竞争对手情况等,确定产品指导定价,拟定产品价格表,经相关部门审批后执行。②产品销售价格应根据实际材料价格及市场状况,严格按照公司价格政策及时对价格进行更新。③严格执行日常销售定价,涉及折扣、折让等特殊订单及客户提出要求的订单,需提交销售部门负责人审批,审批通过后执行。④制定定价方案后,须经分管领导审批通过后,录入产品价格管理系统执行。

九、销售合同的关键控制要点

在订立销售合同环节涉及四个关键控制要点:①合同对方是企业信用部门批准赊销的客户,合同签署的赊销额是经过信用管理部门在授权范围内批准的。②合同确定的销售价格、付款条件、运费和销售折扣的确定已经经过销售部门之外的有关部门和人员进行了授权批准。③审批人应当根据销售与收款授权批准制度的规定,在授权范围内对正式签订前的合同进行审批,不得超越审批权限。对于审批人超越审批权限的审批行为,经办人有权拒绝办理并及时向审批人的上级授权部门报告。④因特殊情形需要超出企业既定销售政策和信用政策规定范围销售业务,企业应当进行集体决策。

为了确保订立合同可以合理保障企业合法权益和商业利益,必须做好以下三个关键控制要点:①所订立的合同首先必须严格遵守《中华人民共和国民法典》的规定,金额重大的合同应该征求外部法律顾问或者专家的意见。②企业应当建立健全销售合同订立及审批管理制度、明确必须签订合同的范围,规范合同订立程序,确定具体的审核、审批程序和所涉及的部门人员及相应权责。审核、审批应当重点关注销售合同草案中提出的销售价格、信用政策、发货及收款方式等。③销售合同草案经审批同意后,企业应授权有关人员与客户签订正式销售合同。

十、销售订单的关键控制要点

健康的企业应该建立客户订单的内部控制程序。接受客户订单是企业销售实现的开始,没有订单的企业将无以为继,但并非凡是订单都一概接受,因为处理客户订单不慎甚至会拖垮一个企业。因此,处理订单环节要把握三个关键控制要点:①将客户订单转换成公司内部标准订单时,要力求详尽完整,要对标准订单进行复核。②下达订单必须以客户原始订单或合同为依据，订单信息要完整，强化订单录入复核程序。③订单要经授权人员审批后方能执行。

十一、销售发货的关键控制要点

发货关键控制要点主要包括：①销售发货必须经过相关授权人员的审核审批执行。②依据与客户签订的销售订单进行发货。③销售发货前必须保证财务部门已收到合同约定的销售款项。④公司订单审批表、出库单、出门证均需要连续编号，并保证单据传递的完整性。⑤确保订单与送货单一致。发货单送达后，送货人员须将盖有对方单位公章或签收章的送货单回执交还给公司，交付相关人员按照日期装订成册，妥善保管。⑥落实出库，计量运输等环节的岗位职责，对销售发货进行审核，严格按照发货信息组织装车发货，编制出库单。⑦应当做好发货各环节记录，填制相应凭证，设置销售台账，实现全过程销售登记制度，并及时与客户确认收货。

十二、渠道管理的关键控制要点

渠道管理的关键控制要点如下：①制订合理的渠道布局规划，按照市场容量、渠道空间等合理布局、合理规划。②多种方法进行渠道管理，通过支持、帮助、促销等方式提高服务和市场拓展能力。③加强渠道过程管控，强化业务处理结果考核，及时处理营销过程中遇到的问题。④定期回访渠道客户，不断了解需求，维护良好客户关系，提高市场门槛。

十三、收款环节的关键控制要点

收款环节是体现销售业务成果之所在，如果收款环节的内部控制薄弱或者缺失，则可能令销售业务功亏一篑。主要的关键控制要点包括如下：①建立客户访问制度。②实施严格的销售回款政策。③及时开具销售发票。④每月对账。⑤建立应收票据管理制度。⑥加强代销业务回款管理，及时与代理商结算销售款项。⑦催收到期款项。⑧核销坏账与管理。

十四、销售退货的关键控制要点

销售退货的关键控制要点如下：①接到客户退货申请后，应核对是否符合公司退货要求，若符合，上报销售管理部进行审批，通过后方可进行退货。②退货时，应核查产品的品名、规格、价格、数量等是否与退货单上信息一致。③接收到退货产品后应及时入库，并办理入库手续，同时将退货单和入库单提交财务部，进行账务处理。④财务部在接到退货单和入库单后应及时进行账务处理，保证公司财务数据的真实性。

十五、售后服务的关键控制要点

售后服务的关键控制要点如下：①应建立客户投诉控制程序，加强客户服务和跟踪，提升客户满意度和忠诚度，不断改进产品质量和服务水平。②应开具客户投诉单，上报部门负责人审核，并给出相应的处理意见，进行处理。③公司设立客服中心，并配备客户投诉主管，对公司的客户投诉进行管理和处理。④公司设置客户投诉界定标准，并严格按照界定标准以及《中华人民共和国食品安全法》《中华人民共和国消费者权益保护法》进行判断。⑤客户投诉的退换货，须经部门负责人审批通过后方可进行处理。⑥在处理产品退换货时，应仔细核对退换货产品的数量、规格、品名、金额等，保证其与退换货申请单上一致。⑦若发生重大客户投诉，给公司造成一定损失的，应及时向分管领导汇报，及时追查原因，并纠正改善。⑧投诉管理员每月汇总顾客投诉处理内容，定期根据销售管理部提供的销售数据得出产品的出厂不合格率，形成顾客投诉统计报告。⑨定期参与公司质量分析会，及时反映质量和投诉处理情况。⑩处理客户投诉应参照《顾客投诉处理工作指导书》进行处理，并将投诉处理经过记录在顾客投诉记录处理表里，并负责保存所有顾客投诉事件的完整记录。

第四节　销售与收款循环的案例分析

——BBC 公司销售与收款内部控制案例

一、案例简介

BBC 公司是从事机电产品制造兼营家电销售的国有中型企业，资产总额 4000 万元，其中，应收账款 1020 万元，占总资产额的 25.5 %，占流动资产的 45%。近年来企业应收账款居高不下，营运指数连连下滑，已到了现金枯竭、举步维艰、直接影响生产经营的地步。造成上述状况，除了因商业竞争的日益加剧外，企业自身内部会计控制制度不健全是主要的原因。

会计师事务所 2004 年 3 月对 BBC 公司 2003 年度会计报表进行了审计，在审计过程中根据获取的不同审计证据将该公司的应收账款做了如下分类。

(1)被骗损失尚未做账务处理的应收账款 60 万元。

(2)账龄长且原销售经办人员已调离，其工作未交接，债权催收难以落实，可收回金额无法判定的应收账款 300 万元。

(3)账龄较长且回收有一定难度的应收账款 440 万元。

(4)未发现重大异常，但期后能否收回，还要待定的应收账款 220 万元。

针对上述各类应收账款内控存在的重大缺陷，会计师事务所向 BBC 公司管理当局出具了管理建议书，提出了改进意见，以促进管理当局加强内部会计控制制度的建设，改善经营管理，避免或减少坏账损失以及资金被客户长期无偿占用，同时也为企业提高会计信息质量打下良好的基础。

二、案例分析

(一) BBC 公司销售与收款环节存在的问题

(1)企业未制定详细的信用政策，并根据调查核实的客户情况，明确规定具体的信用额度、信用期间、信用标准并经授权审批后执行赊销。而是盲目放宽赊销范围，在源头上造成大量的坏账损失。

如 1999 年年末，四川李老板前来 BBC 公司购买一批价值 20 万元电视机，并一次支付现金结算货款；2000 年春节前夕李老板再次携现金 20 万元要求购买 80 万元的电视机并承诺 60 万元货款在春节后 1 个月内结清，同时留下其公司营业执照和其本人身份证复印件以及联系方式。BBC 公司销售部门及有关人员在未进一步调查核实李老板真实身份及其资信状况，也未经公司领导批准的情况下，仅凭李老板提供的复印件以及携带的大量现金就断定遇到了财神爷，怕失去此次乃至今后财源滚滚而来的机会，积极组织货源向李老板供货。谁知此后李老板人间蒸发毫无音讯。待之后公安机关侦破此案时，货款已被李老板挥霍一空，60 万元血本无归。

（2）企业没有树立正确的应收账款管理目标，片面追求利润最大化，而忽视了企业的现金流量，忽视了企业财富最大化的正确目标，这其中一个重要的原因就是对企业领导以及销售部门和销售人员考核时过于强调利润指标，而没有设置应收账款回收率这样的指标，一旦发生坏账则已实现的利润就会落空。

由于企业产品销售不畅，为了扩大销量，完成利润考核指标，企业一味地奖励销售人员"找路子"促销产品，而对货款能否及时收回无所顾忌，一时间应收账款一路攀升，甚至出现个别销售人员在未与客户订立合同的情况下，"主动"送货上门，加大了坏账风险，同时大量资金被客户白白占用。

（3）企业没有明确规定应收账款管理的责任部门，没有建立起相应的管理办法，缺少必要的合同、发运凭证等原始凭证的档案管理制度，导致对应收账款损失或长期难以收回的责任人无法追究其责任。

公司财务每年年度过账时抄陈账、抄死账，尤其是当销售人员调离公司后，其经手的应收账款更是无人问津或相互推诿，即使指派专人前去要账，也经常因为缺失重要的原始凭证，导致要账无据而无功而返。由于上述原因企业对造成发生坏账损失以及资金长期难以回笼的责任人无法追究其责任。

（4）对应收账款的会计监督相当薄弱。企业没有明确规定财务部门对应收账款的结算负有监督检查的责任，也没有制定应收账款结算监督的管理办法，财务部门与销售部门基本上是各自为政，造成对客户的信息资料失真或失灵。

此外，财务部门未定期与往来客户通过函证等方式核对账目，无法及时发现出现的异常情况，尤其是无法防止或发现货款被销售人员侵占或挪用的风险。

（二）完善企业应收账款内部控制制度的建议

企业应贯彻不相容职务相互分离的原则，建立健全岗位责任制，在此基础上，对应收账款管理应该抓好以下几个环节。

（1）加强对赊销业务的管理，企业应制定切实可行的销售政策和信用制度管理政策，对符合赊销条件的客户，方可按照内控管理制度规定的程序办理赊销业务。

（2）加强对销售队伍的管理，包括建立对销售与收款业务的授权批准制度、销售与收款的责任连接与考核奖惩制度、销售人员定期轮岗及经手客户债务交接制度等。

（3）加强对客户信息的管理，企业应充分了解客户的资信和财务状况，对长期、大宗业务的客户应建立包括信用额度使用情况在内的客户资料，并实行动态管理、及时更新。

(4)加强对应收账款的财务监督管理,建立应收账款账龄分析制度和逾期督促催收制度,定期以函证方式核对往来款项,发现异常现象及时反馈给销售部门并报告决策机构。

本章小结

销售业务是企业的基本业务,而且销售与收款的每一笔业务的发生都涉及企业内部多个部门和多个环节,企业应当结合实际情况,全面梳理销售业务流程,完善销售业务相关管理制度,确定适当的销售政策和策略,明确销售、发货、收款等环节的职责和审批权限,按照规定的权限和程序办理销售业务,定期检查分析销售过程中的薄弱环节,采取有效控制措施,确保实现销售目标。通过本章学习,在理论知识方面:要了解销售与收款循环的主要内容和主要业务活动,理解销售与收款循环的主要控制目标及风险点,掌握销售与收款循环各环节的关键控制要点。在思政方面:理解客户信用等级评价以及收款环节控制的重要性,培养学生团队合作、开拓创新精神,树立良好的职业道德,防范财务舞弊。

课后练习题

一、单项选择题

1.以下不属于销售业务风险点的是(　　)。

A.销售计划管理　　B.销售过程管理

C.客户信用管理　　D.订立销售合同

2.销售过程存在舞弊行为,可能导致的风险是(　　)。

A.销售款项不能收回　　B.销售资金不畅

C.库存积压　　D.企业利益受损

3.销售的控制要点不包括(　　)。

A.加强市场调查　　B.完善销售记录

C.加强坏账管理　　D.完善客户服务

4.企业应当建立逾期应收账款催收制度,(　　)应当负责应收账款的催收。

A.销售部门　　B.会计部门

C.仓库部门　　D.信用管理部门

5.下列关于销售与收款循环业务中的内部控制中,存在缺陷的是(　　)。

A.对于超过既定销售政策和信用政策规定范围的特殊销售业务,采用集体决策方式

B.在销售发生之前,赊销已经适当审批

C.销售价格、条件、折扣由销售人员根据客户情况进行谈判并签订合同

D.未经批准的销售业务不允许发货

二、多项选择题

1.销售业务的流程包括(　　)。

A.销售计划管理　　B.客户信用管理

C.确定定价机制和信用方式　　D.销售谈判以及订立销售合同

2.下列选项中,属于企业根据市场变化,灵活应用各种销售策略的有(　　)。

A.广告宣传　　B.销售折扣

C.销售退回　　D.销售折让

3.以下哪几项属于销售与收款业务的内容(　　)。

A.批准赊销信用　　B.开具销售发票

C.审批销售退回和折让　　D.发送货物

4.企业的信用政策包括(　　)方面内容。

A.授信方式　　B.授信标准

C.销售退回管理　　D.收账政策

5.应收账款日常管理控制包括(　　)方面内容。

A.应收账款账龄分析　　B.应收账款催收制度

C.应收账款追踪分析　　D.应收账款坏账准备制度

三、简答题

1.企业销售业务应当关注的风险有哪些?

2.简述销售和收款业务不相容职务分离。

3.简述销售和收款业务各环节的授权批准。

4.如何做好客户信用分析工作?

5.销售与发货控制的程序包括哪几个过程?

四、案例分析题

1.A 企业是一家电动车生产企业,其品牌知名度并不高,但其产品在全国的销售量却一度排在前几名。让人意想不到的是,这家企业却在销售量与日俱增的短短几年间,由于资金严重缺乏,而不得不关门停业。是什么使一家销售量居高不下的企业走向关门停业呢? 下面是 A 企业在销售方面的相关情况。

从 2012 年开始,企业采取新的销售政策,为鼓励公司员工,制定了以实现销售收入为评价指标的鼓励政策。公司规定任何销售人员都可以签订销售合同,完成指标的销售人员不但可以升职提薪,还可获得公司为其购买的豪宅。规定刚开始执行时销售质量很高,但随着完成指标人员的升职提薪,各销售网点为了完成销售指标,不惜大量地对外赊销商品,有的甚至乱折扣、乱折让。短短几年的时间里,企业账上的应收账款就达到了 1.5 亿元,随着应收账款的不断增加,企业内部资金周转困难,严重影响了企业的正常运营,最后不得不宣告关门停业。而在这期间任职的各销售网络的负责人,不但拿着高薪,还住着公司配备的豪宅。

要求:

(1)从内部控制的角度,分析企业在销售商品过程中存在的问题。

(2)针对发现的问题,提出改进措施。

2.浙江永联民爆器材有限公司永进分公司(简称“永进公司”)是一家以从事民爆产品为主的国有控股公司的下属分公司。永进公司凭借其完善的内部控制制度成为最大的分公司,在销售业绩方面遥遥领先。通过不断探索和实践,永进公司在销售业务内部控制建设和执行方面,逐步形成了一套适合其经营特点的执行体系。

1)销售风险分析

永进公司系高危民爆产品生产企业,国家对该行业的销售管理非常严格。公司结合民爆行业特点,总结出销售环节主要存在的风险如下。

(1)销售政策和策略不当,市场预测不准确,造成销售不畅。

(2)销售后续服务管理不当,造成客户流失。

(3)客户信用管理不到位,结算方式选择不当,应收账款回收不力,导致销售款项不能收回或遭受欺诈。

(4)销售运输安全管理不到位,导致企业利益受损。

2)永进公司销售业务控制执行

(1)市场调研与销售计划制订。公司十分重视市场的前期调研,按照形势需要调查客户合法资质、市场需求量等相关情况;并召开各地区用户座谈会,及时了解市场信息、需求情况,并在此基础上进行市场预测,结合客户订单情况科学地制订年度、月度销售计划;同时,公司也针对销售计划的制订过程规范了决策审批程序,彻底避免“拍脑门”“一言堂”等违规现象的出现。

(2)客户信用管理。公司专门建立了客户信用管理机构,并配备了业务能力强、经验丰富的专业人员。公司十分重视客户信用的调查和管理,制定了严格的《客户信用管理制度》。公司不定期地派遣业务员对一些比较大的客户进行深入跟踪调查,并初步建立了客户信用档案。同时,该机构与收款部门合作,对所有与公司有业务往来的客户的还款情况、赊账记录进行存档、分析,并对其进行评价,以便于将来的收款管理和客户信用调查。

(3)合同订立的谈判工作。通过前期调研,公司对调查档案进行分析,初步决定与有合作可能的客户进行接触、洽谈、磋商,对公司产品的价格、信用政策、发货和结算方式等相关内容进行交流,通过谈判达成一致意见,订立销售合同。公司制定了严格的《合同管理制度》,从法律角度保障交易的顺利进行,为以后债权的收回提供了法律依据,降低了坏账风险。对于炸药产品销售合同,由于其产品的特殊性,须由经办人及其部门、分管领导审核后,由总经理审批才可办理,由于涉及财务方面问题的合同风险,因此财务部门也必须参与合同的审核。

(4)发货过程管理。公司规定发货部门应当对发货单据进行审核,严格按照销售通知单所列的内容组织发货;建立货物出库、发运等环节的岗位责任制,并建立追责制;以运输合同的形式明确运输方式、相关责任、保险等内容,确保货物的安全发运,并由客户验收确认。

(5)收款环节的相关控制。第一,赊销管理。永进公司每年都会根据全年的销量及客户情况,核定月赊销量。销售人员根据对客户的日常走访和调查情况,针对每个客户制定赊销额度，将一般客户控制在额度内，由经办人员办理，分管领导审批；对于特殊客户赊销产品，必须由部门提出申请，经分管领导审核、总经理审批后才可以赊销。第二，收款管理。企业对所有新客户都要进行调查，建立客户信息档案，特别是对新开发的客户，建立严格的信用保证金制度，超过保证金后一律不予发货，将收账风险控制在可控范围之内。为了保证及时收款，财务部每月 4 次将收款情况通过公司的办公自动化系统，向相关的销售人员公布，对于欠款金额较大的随时提出，督促销售部门及时催收。每个季度财务部门都将应收账款明细交给销售部门相关经办人员，由经办人员及时与各个单位对账及催收。

要求：运用销售业务有关知识，分析永进公司都对销售业务的哪些关键风险点进行了识别和控制。

第六章　采购与付款循环内部控制

第一节　采购与付款循环概述

一、采购与付款循环的主要内容

采购与付款业务是企业经营活动的首要环节，它与生产、销售计划密切联系，业务发生频繁，工作量大，运行环节多，直接导致货币资金的支出或对外负债的增加，容易产生管理漏洞。设计采购业务的内部控制制度，就是依据企业的生产经营特点，针对采购业务的工作特性，设计出规范的业务流程和每个关键控制要点的规定、方法、措施等，并按照规范执行，严格监督。图 6-1 列示了采购与付款业务的基本流程。

二、采购与付款循环的主要业务活动

企业采购与付款循环的主要业务活动包括制订采购计划、购买、验收、确认应付账款、付款、会计记录等环节。

（一）制订采购计划

采购材料的申请通常是仓库存货的储备需要或各个部门的需要。仓库或各个部门应填制请购单，再送交采购部门。如果是根据企业发展计划，提出购买固定资产的要求，则可以不填制请购单。大多数企业都对正常经营所需的物资的购买进行一般授权。比如，仓库在现有存货达到再订购点时就可以直接申请购买有关物资。但是，企业政策通常要求对固定资产的购买和超过正常金额的购买进行特殊授权，就是说，只允许指定人提出该类购买的请购申请。

（二）购买

采购部门按照经过授权批准的请购单实施采购，即选择合适的供应商，发出购货单。如果企业与某些供应商有合约，那么购货单的发出就比较简单、直接；否则，采购部门应针对每次购货，确定最佳的供应来源。采购部门可以通过与供应商谈判和竞价等方式来保证采购货物的质量、成本和供货的及时性。

（三）验收

货物的验收是会计中确认资产、费用和负债是否存在和发生的重要依据，是采购交易中的重要环节。企业收到货物后，应严格验收并填制货物验收单，并以此作为会计记账的

依据。仓库部门存储已验收的商品,并保证存货的安全。

(四)确认应付账款

货物验收后,应核对购货单、验收单和供货发票的一致性,确认后编制付款凭单,并将经审核的付款凭单连同每日的凭单汇总表一起,送到会计部门,以编制有关记账凭证,登记有关明细账和总账账簿。

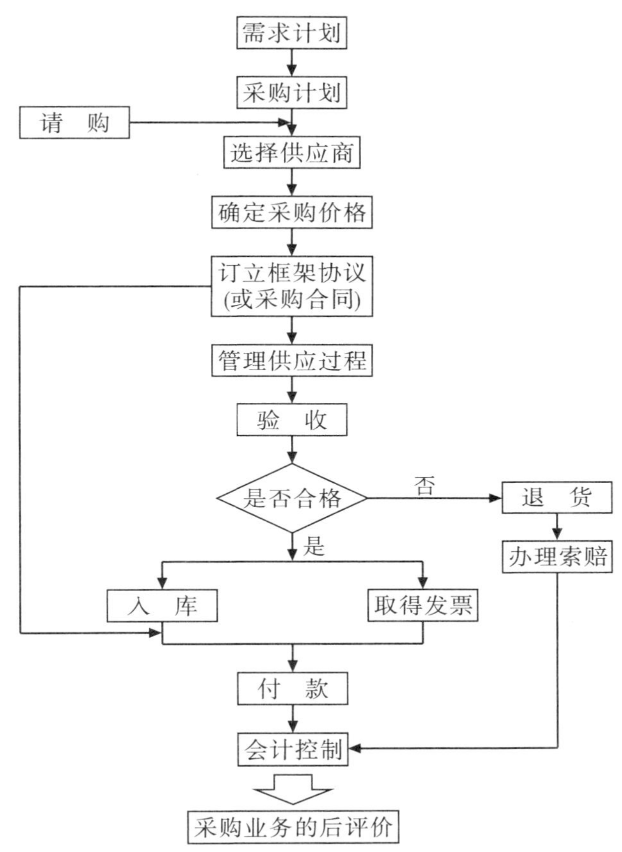

图 6-1　采购与付款业务的基本流程

(五)付款

企业在付款前,应核对付款条件,并检查资金是否充裕;在签发支票的同时应登记支票簿和付款日记账,以便登记每一笔付款;已签发的支票应连同有关发票、合同凭证送交有关负责人审核、签字,并将支票送交供应商。这一环节是付款活动的关键环节,应采用邮寄或其他方式,以保证支票安全地送到供应商手中。

(六)会计记录

会计部门根据付款凭单、支票登记簿、付款日记账和有关记账凭证,登记有关明细账和总账账簿。

第二节　采购与付款循环的主要控制目标及风险点

一、采购与付款的主要控制目标

一般而言,采购与付款的主要控制目标如下。

(1)需求计划和采购计划是按照规定的权限和程序获得审批的。

(2)请购是经过适当授权或审批的,符合企业实际需求。

(3)供应商的选择及其评价有利于公司获取"质优价廉"的货物或劳务。

(4)每次的采购价格应当是"性价比"最优的。

(5)同供应商订立框架协议或采购合同符合法律、法规的要求。

(6)采购的过程应当是可控的。

(7)所记录的购货都已收到货物或已接收劳务,并符合企业的需求。

(8)已发生的购货业务均已记录。

(9)所记录的购货业务估价正确。

(10)购货业务的分类正确。

(11)购货业务按正确的日期记录。

(12)采购的付款是经过授权审批和企业规定办理的。

(13)购货业务被正确记入应付账款和存货等明细账中,并被准确汇总。

二、采购与付款的主要风险点

(一)编制需求计划和采购计划环节的主要风险点

采购业务从计划(或预算)开始,包括需求计划和采购计划。企业实务中,需求部门一般根据生产经营需要向采购部门提出物资需求计划,采购部门根据该需求计划归类汇总平衡现有库存物资后,统筹安排采购计划,并按规定的权限和程序审批后执行。该环节的主要风险包括两点。

(1)需求或采购计划不合理、不按实际需求安排采购或随意超计划采购,甚至于生产经营计划不协调等,造成企业资源短缺或库存成本上升,从而影响企业正常生产经营。

(2)不按规定维护安全库存、未按照要求及时调整采购计划,影响企业正常运行。

(二)请购环节的主要风险点

请购是指企业生产经营部门根据采购计划和实际需要,提出的采购申请。该环节的主要风险包括两点。

(1)缺乏采购申请制度,造成企业管理混乱。

(2)请购未经适当审批或超越授权审批,可能导致采购物资过量或短缺,影响企业正常生产经营。

(三)选择供应商环节的主要风险点

选择供应商,也就是确定采购渠道。它是企业采购业务流程中非常重要的环节。该环节的主要风险包括两点。

(1)缺乏完善的供应商管理办法,无法及时考核供应商,导致供应商选择不当,影响企业利润。

(2)大额采购未实行招投标制度,可能导致采购物资质次价高,甚至出现舞弊行为。

(四)确定采购价格环节的主要风险点

如何以最优“性价比”采购到符合需求的物资,是采购部门永恒的主题。该环节的主要风险包括两点。

(1)采购定价机制不科学,采购定价方式选择不当,缺乏对重要物资品种价格的跟踪监控,引起采购价格不合理,可能造成企业资金损失。

(2)内部稽核制度不完善,导致因回扣现象等造成企业损失。

(五)订立框架协议或采购合同环节的主要风险点

框架协议是企业与供应商之间为建立长期物资购销关系而做出的一种约定。采购合同是指企业根据采购需要而确定的供应商、采购方式、采购价格等情况与供应商签订的具有法律约束力的协议。该环节的主要风险包括三点。

(1)框架协议签订不当,可能导致物资采购不顺畅。

(2)未经授权对外订立采购合同,合同对方主体资格、履约能力等未达要求,合同内容存在重大疏漏或欺诈,可能导致企业合法权益受到损害。

(3)未能根据市场情况及时调整合同内容,造成企业采购行为脱离市场供需状况。

(六)管理供应过程环节的主要风险点

管理供应过程,主要指企业建立严格的采购合同跟踪制度,科学评价供应商的供货情况,并根据合理选择的运输工具和运输方式,办理运输、投保事宜,实时掌握物资采购供应过程中的情况。该环节的主要风险包括两点。

(1)缺乏对采购合同履行情况的有效跟踪,运输方式选择不合理,忽略运输过程的风险, 导致物资损失或无法保证供应。

(2)未对供应商的供应过程做好记录,导致供应商过程评价缺少原始资料。

(七)验收环节的主要风险点

验收是指企业对采购物资或劳务的检验接收,以确保其符合合同规定或者产品质量要求。该环节的主要风险包括两点。

(1)验收标准不明确、验收程序不规范,导致不合格产品流入企业。

(2)对验收过程中的异常情况不做及时处理,导致账实不符、采购物资损失。

(八)付款环节的主要风险点

付款是指企业在对采购预算、合同、相关单据凭证、审批程序等内容审核无误后,按照采购合同规定及时向供应商办理支付款项的过程。该环节的主要风险包括两点。

(1)付款审核不严格、付款方式不恰当、付款金额控制不严,可能导致企业资金损失或信用受损。

(2)退货管理不规范,导致企业产生财务损失。

(九)会计控制环节的主要风险点

会计控制主要指采购业务会计系统控制。该环节的主要风险包括两点。

(1)缺乏有效的采购会计系统控制,未能全面真实地记录和反映企业采购各环节的资金流和实物流情况。相关会计记录与相关采购记录、仓储记录不一致,可能导致企业采购业务未能如实反映,以及采购物资和资金受损。

(2)对退货以及待检物料处理不当,导致账实不一致,影响企业财务状况的真实性。

第三节　采购与付款循环各环节的关键控制要点

一、编制需求计划和采购计划环节的关键控制要点

(1)生产、经营、项目建设等部门,应根据实际需求准确、及时编制需求计划。需求部门提出需求计划时,不能指定或变相指定供应商。对独家代理、专有、专利等特殊产品应提供相应的独家、专有资料,经专业技术部门研讨后,经具备相应审批权限的部门或人员审批。

(2)采购计划是企业年度生产经营计划的一部分,在制订年度生产经营计划过程中,企业应当根据发展目标实际需要,结合库存和在途情况,科学安排采购计划,防止采购价格过高或过低。

(3)采购计划应纳入采购预算管理,经相关负责人审批后,作为企业刚性指令严格执行。

二、请购环节的关键控制要点

(1)建立采购申请制度,依据购买物资或接受劳务的类型,确定归口管理部门,授予相应的请购权,明确相关部门或人员的职责权限及相应的请购程序。企业可以根据实际需要设置专门的请购部门,对需求部门提出的采购需求进行审核,并进行归类汇总,统筹安排企业的采购计划。

(2)具有请购权的部门对于预算内采购项目,应当严格按照预算执行进度办理请购手续,并根据市场变化提出合理采购申请。对于超预算和预算外采购项目,应先履行预算调整程序,由具备相应审批权限的部门或人员审批后,再办理请购手续。

(3)具备相应审批权限的部门或人员审批采购申请时,应重点关注采购申请内容是否准确、完整,是否符合生产经营需要,是否符合采购计划,是否在采购预算范围内等。对不符合规定的采购申请,应要求请购部门调整请购内容或拒绝批准。

三、选择供应商环节的关键控制要点

(1)建立科学的供应商评估和准入制度,对供应商信誉情况的真实性和合法性进行审查,确定合格的供应商清单,健全企业统一的供应商网络。企业新增供应商的市场准入、供应商新增服务关系以及调整供应商物资目录,都要由采购部门根据需要提出申请,

并按规定的权限和程序审核批准后，纳入供应商网络。必要时，企业可委托具有相应资质的中介机构对供应商进行资信检查。

（2）采购部门应当按照公平、公正和竞争的原则，择优确定供应商，在切实防范舞弊风险的基础上，与供应商签订质量保证协议。

（3）建立供应商管理信息系统和供应商淘汰制度，对供应商提供物资或劳务的质量、价格、交货及时性、供货条件及其资信、经营状况等进行实时管理和考核评价，根据考核评价结果，提出供应商淘汰和更换名单，经审批后对供应商进行合理选择和调整，并在供应商管理系统中做相应记录。

四、确定采购价格环节的关键控制要点

（1）健全采购定价机制，采取协议采购、招标采购、比价采购、动态竞价采购等多种方式，科学合理地确定采购价格。对标准化程度高、需求计划性强、价格相对稳定的物资，通过招标、联合谈判等公开、竞争方式签订框架协议。

（2）采购部门应当定期研究大宗通用重要物资的成本构成与市场价格变动趋势，确定重要物资品种的采购执行价格或参考价格。建立采购价格数据库，定期开展重要物资的市场供求形势及价格走势商情分析并合理利用。

五、订立框架协议或采购合同环节的关键控制要点

（1）对拟签订框架协议的供应商的主体资格、信用状况等进行风险评估；框架协议的签订应引入竞争制度，确保供应商具备履约能力。

（2）根据确定的供应商、采购方式、采购价格等情况，拟订采购合同，准确描述合同条款，明确双方权利、义务和违约责任，按照规定权限签署采购合同。对于影响重大、涉及较高专业技术或法律关系复杂的合同，应当组织法律、技术、财会等专业人员参与谈判，必要时可聘请外部专家参与相关工作。

（3）对重要物资验收量与合同量之间允许的差异，应当做出统一规定。

六、管理供应过程环节的关键控制要点

（1）依据采购合同中确定的主要条款跟踪合同履行情况，对有可能影响生产或工程进度的异常情况，应出具书面报告并及时提出解决方案，采取必要措施，保证需求物资的及时供应。

（2）对重要物资建立并执行合同履约过程中的巡视、点检和监造制度。对需要监造的物资，择优确定监造单位，签订监造合同，落实监造责任人，审核确认监造大纲，审定监造报告，并及时向技术等部门通报。

（3）根据生产建设进度和采购物资特性等因素，选择合理的运输工具和运输方式，办理运输、投保等事宜。

（4）实行全过程的采购登记制度或信息化管理，确保采购过程的可追溯性。

七、验收环节的关键控制要点

(1)制定明确的采购验收标准,结合物资特性确定必检物资目录,规定此类物资出具质量检验报告方可入库。

(2)验收机构或人员应当根据采购合同及质量检验部门出具的质量检验证明,重点关注采购合同、发票等原始单据与采购物资的数量、质量、规格型号等核对一致。对验收合格的物资,填制入库凭证,加盖物资“收讫章”,登记实物账,及时将入库凭证传递给财会部门。物资入库前,采购部门须检查质量保证书、商检证书或合格证等证明文件。验收时涉及技术性强的、大宗的和新特物资,还应进行专业测试,必要时可委托具有检验资质的机构或者聘请外部专家协助验收。

(3)对于验收过程中发现的异常情况,比如,无采购合同或大额超采购合同的物资、超采购预算采购的物资、毁损的物资等,验收机构或人员应当立即向企业有权管理的相关机构报告,相关机构应当查明原因并及时处理。对于不合格物资,采购部门依据检验结果办理让步接收、退货、索赔等事宜。对延迟交货造成损失的,采购部门要按照合同约定索赔。

八、付款环节的关键控制要点

(1)严格审查采购发票等票据的真实性、合法性和有效性,判断采购款项是否确实应予以支付,如审查发票填制的内容是否与发票种类相符合、发票加盖的印章是否与票据的种类相符合等。企业应当重视采购付款的过程控制和跟踪管理,如果发现异常情况,应当拒绝向供应商付款,避免出现资金损失和信用受损。

(2)根据国家有关支付结算的相关规定和企业生产经营的实际,合理选择付款方式,并严格遵循合同规定,防范付款方式不当带来的法律风险,保证资金安全。除了不足转账起点金额的采购可以支付现金外,采购价款应通过银行办理转账。

(3)加强预付账款和定金的管理,涉及大额或长期的预付款项,应当定期进行追踪核查,综合分析预付账款的期限、占用款项的合理性、不可收回风险等情况,发现有疑问的预付款项,应当及时果断采取措施,尽快收回款项。

九、会计控制环节的关键控制要点

(1)企业应当加强对购买、验收、付款业务的会计系统控制,详细记录供应商情况、采购申请、采购合同、采购通知、验收证明、入库凭证、退货情况、商业票据、款项支付等情况,做好采购业务各环节的记录,确保会计记录、采购记录与仓储记录核对一致。

(2)企业应指定专人通过函证等方式,定期向供应商寄发对账函,核对应付账款、应付票据、预付账款等往来款项,对供应商提出的异议应及时查明原因,报有权管理的部门或人员批准后,做出相应调整。

另外,由于采购业务对企业生存与发展具有重要影响,强调企业应当建立采购业务后的评估制度。即企业应当定期对物资需求计划、采购计划、采购渠道、采购价格、采购质量、采购成本、协调或合同签约与履行情况等物资采购供应活动进行专项评估和综合分析，及时发现采购业务薄弱环节，优化采购流程。同时，将物资需求计划管理、供应商管理、储备管理等方面的关键指标纳入业绩考核体系，促进物资采购与生产、销售等环节的有效衔接，不断防范采购风险，全面提升采购效能。

第四节　采购与付款循环案例分析

——福特汽车公司采购应付账款部门的业务流程再造

一、案例背景

著名的福特汽车公司是美国三大汽车巨头之一。20 世纪 80 年代初，日本工业的发展延伸到美国，福特等美国大企业面临着越来越强劲的日本竞争对手的挑战，开始企图通过削减管理费用和行政开支来应对。福特公司设在北美的采购应付账款部门当时有 500 多名员工，过多的员工反而使得工作效率低下。为此，公司决定应用信息技术进行改革，并裁员 20%，以提高效率。当他们在同行马自达公司参观时惊讶地发现他们的应付账款部门仅有 5 名员工。考虑公司规模因素，福特公司应付账款部门的员工仍是马自达的 6 倍。福特公司由此决定学习马自达公司，重新设计应付账款部门的业务流程，对原流程做彻底的重组(business process reengineering，BPR)。

福特公司应付账款部门原来的业务流程如图 6-2 所示。可以看出从采购部门向供应商发出订单到最后的付款有许多环节，尤其是“订单”“验收单”“发票”三者一致时才能付款的条件引出了大量的单证核对，这不仅耗费了财务和仓库的大量人力、时间和资金，而且还常发生差错和延误付款的事件。

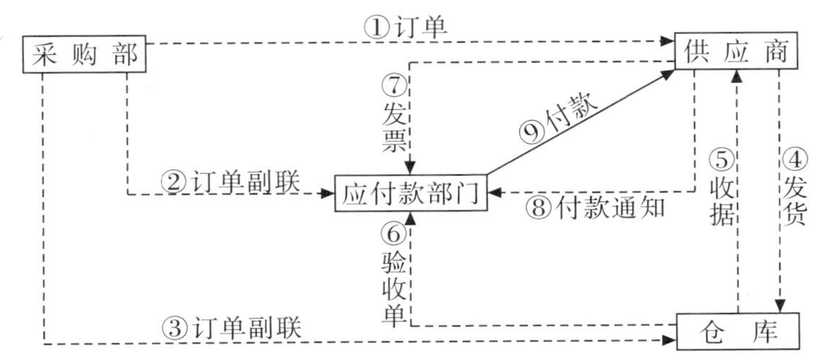

图 6-2　改造前的采购付款业务流程

依照企业业务流程再造的思想和方法，福特公司决定通过对原有业务流程的分析、新业务流程的设计、支持业务流程再造的应付款管理信息系统的设计以及新业务流程的实施等几个步骤来完成应付账款部门的业务流程再造，以实现减少员工数量和提高正确率的目的。

二、应付账款部门的业务流程分析

福特公司应付账款部门原有业务流程的处理共有九个环节,经过分析发现这些环节主要在两个方面耗去大量的人力。一是一式多份的单证的制作和传递;二是“订单”“验收单”“发票”的核对。同时得出以下流程再造意见。

(1)建立采购、采购付款和库存管理等部门的数据共享的采购业务管理系统。

(2)取消付款中必须要有“发票”的条件,取消“发票”“订单”“验收单”的核对业务。

(3)采购部门的采购单不再向付款部门和库存管理部门传送采购订单,而直接将订单送入共享的数据库。

(4)库存管理部门在收到采购物品并根据数据库中的订单核对后,只需发出确认信息。

(5)采购付款部门则在数据库中订单与到货信息一致后即向供应商付款。

由此福特公司确定了采购付款部门的业务流程再造方案,结合应付款管理信息系统的构建予以正式实施。

三、应付账款部门的新业务流程

福特公司采购付款部门的新业务流程建立在以计算机网络信息系统的基础上,新业务流程通过采购付款业务管理系统的支持得以高效运行,如图 6-3 所示。

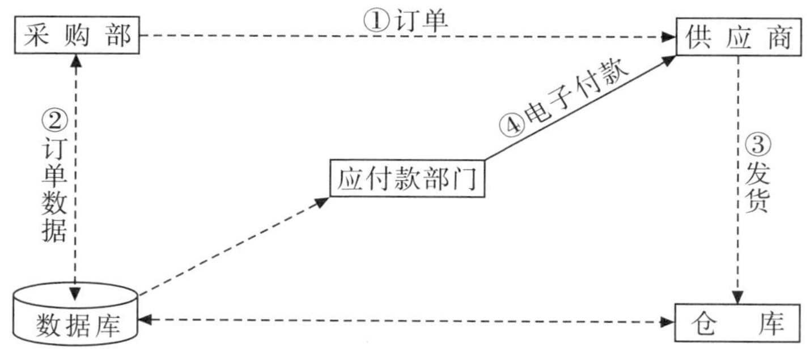

图 6-3 改造后的采购付款业务流程

新的业务流程是一个无发票处理的流程,采购部向供应商发出订单的同时向数据库写入订单数据,仓库与数据库中的订单核对,正确就收货,无须供应商的发票,计算机就在线自动以电子方式或打印支票向供应商付款。这样的 BPR 使福特公司应付账款部门减少了 75%的人员,并提高了正确率。

本章小结

在企业的经营活动中,采购与付款业务密切关联着企业资金,是企业正常经营中非常重要的环节，是企业运行的基础，对此企业应拟定采购与付款交易的内部控制制度，健全业务记载的控制系统，增强其业务流程关键点的控制，及时进行制约和监督。通过本章学习，在理论知识方面：要了解采购与付款循环的主要内容和主要业务活动，理解采购与付款循环的主要控制目标及风险点，掌握采购与付款循环各环节的关键控制要点。在思政方面：理解供应商评选以及付款环节控制的重要性，培养学生诚实守信的职业素养，增强学生的社会责任感。

课后练习题

一、单项选择题

1.缺乏对采购合同履行的跟踪管理，运输工具和方式选择不当，忽视投保等，造成采购物资损失或无法保证供应，这是(　　)的主要风险。

A.订立采购活动　　B.确定采购采购价格

C.管理供应过程　　D.验收

2.下列选项中，对需求部门提出的采购需求进行审核的是(　　)。

A.需求部门　　B.财务部门

C.具有请购权的部门　　D.总经理

3.内部稽核制度不完善，导致因回扣现象等造成企业损失是(　　)的主要风险。

A.请购环节　　B.选择供应商环节

C.付款环节　　D.确定采购价格环节

4.以下不属于请购环节的主要风险点的有(　　)。

A.缺乏采购申请制度　　B.不按实际需求安排采购

C.请购未经适当审批　　D.超越授权审批

二、多项选择题

1.采购业务流程包括(　　)。

A.请购　　B.购买

C.验收　　D.付款

2.付款环节的主要风险点有(　　)。

A.付款方式不恰当　　B.付款金额控制不严

C.付款审核不严格　　D.退货管理不规范

3.健全采购定价机制，采取(　　)等多种方式，科学合理地确定采购价格。

A.协议采购　　B.招标采购

C.比价采购　　D.动态竞价

4.采购对标准化程度高、需求计划性强、价格相对稳定的物资，通过(　　)等方式签订框架协议。

A.招标　　B.直接购买

C.联合谈判　　　　　　　　　　　　D.私下协商

三、简答题

1.采购与付款的主要控制目标是什么?

2.付款环节的关键控制要点有哪些?

四、案例分析题

某公司材料采购由采购部经理审批、专门采购员实施,各项费用由总经理签字报销。有一天,采购员发现当地主要媒体宣传另一家公司的产品正在开展促销活动,称其为高科技产品,可以替代本企业主要原料并能够节约成本30%,促销时间仅有两天。采购员认为时间过于紧张,来不及请示采购部经理,直接电告总经理,总经理决定采购1000吨,价税合计1000万元。采购员当即采购,并由仓库验收入库,经总经理签字后办理了货款支付手续。后来生产车间反映,该批材料不适应生产要求,只能折价处理,造成损失300万元。总经理指示调整成本预算,将300万元损失记入正常材料耗费。

要求:请分析该公司采购业务内部控制存在哪些缺陷或薄弱环节。

第七章　生产与存货循环内部控制

第一节　生产与存货循环概述

一、存货的定义

存货主要包括原材料、在产品、产成品、半成品、商品及周转材料等。企业代销、代管、代修、受托加工的存货，虽不归企业所有，也应纳入企业存货管理范畴。不同类型的企业有不同的存货业务特征和管理模式；即使同一企业，不同类型存货的业务流程和管控方式也可能不尽相同。企业建立和完善存货内部控制制度，必须结合本企业的生产经营特点，针对业务流程中主要风险点和关键环节，制定有效的控制措施；同时，充分利用计算机信息管理系统，强化会计、出入库等相关记录，确保存货管理全过程的风险得到有效控制。图7-1列示了生产企业物流流程图。

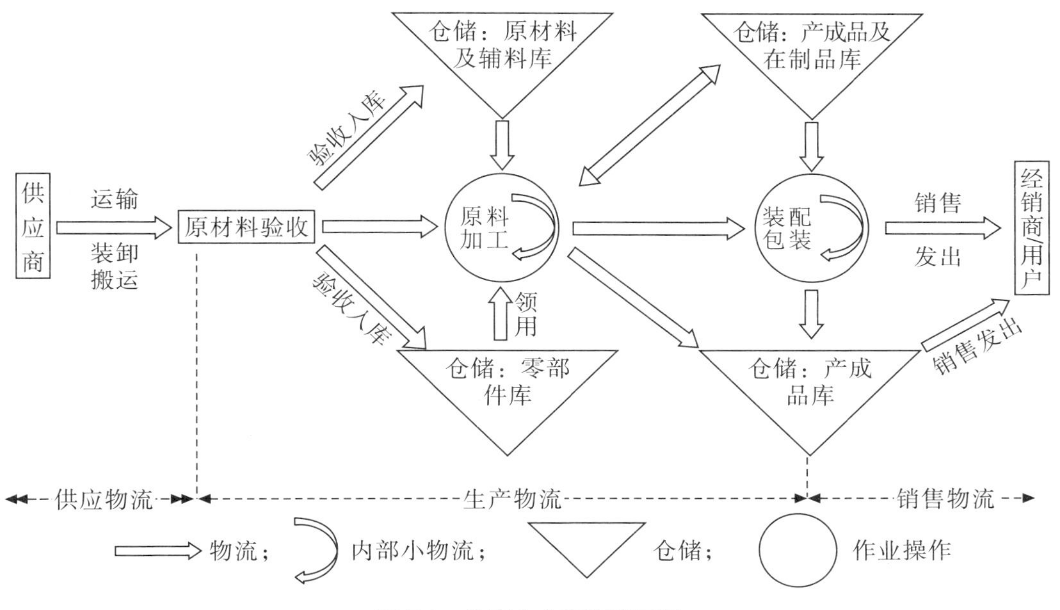

图7-1　生产企业物流流程图

二、生产与存货循环的主要业务活动

生产与存货循环涉及的主要业务活动包括:计划和安排生产;发出原材料;生产产品;核算产品成本;产成品入库及储存;发出产成品;存货盘点;计提存货跌价准备等。上述业务活动通常涉及以下部门:生产计划部门、仓储部门、生产部门、人事部门、销售部门、会计部门等。

(一)计划和安排生产

生产计划部门的职责是根据客户订购单或者销售部门对销售预测和产品需求的分析来决定生产授权。如决定授权生产,即签发预先顺序编号的生产通知单。该部门通常应将发出的所有生产通知单顺序编号并加以记录控制。此外,通常该部门还需编制一份材料需求报告,列示所需要的材料和零件及其库存。

(二)发出原材料

仓储部门的责任是根据从生产部门收到的领料单发出原材料。领料单上必须列示所需的材料数量和种类,以及领料部门的名称。领料单可以一料一单,也可以多料一单,通常需一式三联。仓库管理人员发料并签署后,将其中一联连同材料交给领料部门(生产部门存根联),一联留在仓库登记材料明细账(仓库联),一联交会计部门进行材料收发核算和成本核算(财务联)。

(三)生产产品

生产部门在收到生产通知单及领取原材料后,便将生产任务分解到每一个生产工人,并将所领取的原材料交给生产工人,据以执行生产任务。生产工人在完成生产任务后,将完成的产品交生产部门统计人员查点,然后转交检验员验收并办理入库手续;或是将所完成的半成品移交下一个环节,做进一步加工。

(四)核算产品成本

为了正确核算并有效控制产品成本,必须建立健全成本会计制度,将生产控制和成本核算有机结合在一起。一方面,生产过程中的各种记录、生产通知单、领料单、计工单、产量统计记录表、生产统计报告、入库单等文件资料都要汇集到会计部门,由会计部门对其进行检查和核对,了解和控制生产过程中存货的实物流转;另一方面,会计部门要设置相应的会计账户,会同有关部门对生产过程中的成本进行核算和控制。由于核算精细程度的不同,成本会计制度可以非常简单,只是在期末记录存货余额;也可以是完善的标准成本制度,持续地记录所有材料处理、在产品和产成品,并形成对成本差异的分析报告。完善的成本会计制度应该提供原材料转为在产品,在产品转为产成品,以及按成本中心、分批次生产任务通知单或生产周期所消耗的材料、人工和间接费用的分配与归集的详细资料。

(五)产成品入库及储存

产成品入库,须由仓储部门先行点验和检查,然后签收。签收后,将实际入库数量通知会计部门。据此,仓储部门确立了本身应承担的保管责任,并对验收部门的工作进行验证。除此之外,仓储部门还应根据产成品的品质特征分类存放,并填制标签。

(六)发出产成品

产成品的发出须由独立的发运部门进行。装运产成品时必须持有经有关部门核准的发运通知单,并据此编制出库单。出库单一般为一式四联,一联交仓储部门,一联由发运部门留存,一联送交客户,一联作为开具发票的依据。

(七)存货盘点

管理人员编制盘点指令,安排适当人员对存货实物(包括原材料、在产品和产成品等所有存货类别)进行定期盘点,将盘点结果与存货账面数量进行核对,调查差异并进行适当调整。

(八)计提存货跌价准备

财务部门根据存货货龄分析表信息或相关部门提供的有关存货状况的其他信息,结合在存货盘点过程中对存货状况的检查结果,对出现损毁、滞销、跌价等降低存货价值的情况进行分析计算,计提存货跌价准备。

第二节　生产与存货循环的主要控制目标及风险点

一、生产与存货循环的主要控制目标

提高经营的效果和效率是存货内部控制的首要目标,企业的经营目的是获得更好的发展,实现利益的最大化,经营的高效率和良好效果是实现最终目的必备条件,也是企业最重要的经营目标之一。因此,企业的存货内部控制目标即为改善企业的经营管理活动,提升企业的竞争力,促进企业经营管理目标的实现。防止错误和舞弊行为的发生也是内部控制的一个重要目标,良好的存货内部控制管理可以更好地防范错误和舞弊行为的发生。保证财务报告的真实性和可靠性是存货内部控制的另一重要的目标。正确地反映财务信息更能使企业经营者和投资者做出重要的决策,促进公司的良性发展。建立良好的存货的内部控制制度更有助于加强财务报告的可靠性和真实性。

具体而言,存货与生产循环的主要控制目标如下。

(1)各项存货和生产业务符合国家相关法律、法规。

(2)存货的采购是经过适当授权审批。

(3)存货采购的请购依据充分,采购渠道合适。

(4)存货验收手续完备、程序规范。

(5)生产业务是根据管理层一般或特别规定的授权进行的。

(6)记录的采购和生产成本为实际发生的而非虚构的。

(7)所有的耗费或物化劳动均已反映在合适期间的成本中。

(8)成本以正确的金额,在恰当的会计期间记录在适当的会计账户。

(9)各项存货的成本核算及时,准确、完整。

(10)对存货实施保护措施,保管人员与记录、批准人相互独立。

(11)账面存货与实际存货定期核对相符。

二、生产与存货循环的主要风险点

(一)取得存货环节的主要风险点

存货的取得有诸如外购、委托加工或自行生产等多种方式,企业应根据行业特点、生产经营计划和市场因素等综合考虑,本着成本效益原则,确定不同类型的存货取得方式。

该环节的主要风险是:存货预算编制不科学、采购计划不合理,可能导致存货积压或短缺。

(二)验收入库环节的主要风险点

不论是外购原材料或商品,还是本企业生产的产品,都必须经过验收(质检)环节,以保证存货的数量和质量符合合同等有关规定或产品质量要求。

该环节的主要风险是:验收程序不规范、标准不明确,可能导致数量克扣、以次充好、账实不符。

(三)仓储保管环节的主要风险点

一般而言, 生产企业为保证生产过程的连续性,需要对存货进行仓储保管。

该环节的主要风险是:存货仓储保管方法不适当、监管不严衡,可能导致损坏变质、价值贬损、资源浪费。

(四)领用发出环节的主要风险点

生产企业、生产部门领用原材料、辅料、燃料和零部件等用于生产加工;仓储部门根据销售部门开出的发货单向经销商或用户发出产成品。

该环节的主要风险是:存货领用发出审核不严格、手续不完备,可能导致货物流失。

(五)盘点清查环节的主要风险点

存货盘点清查一方面要核对实物的数量,看其是否账账相符、账实相符;另一方面也要关注实物的质量,看其是否有明显的损坏。

该环节的主要风险是:存货盘点清查制度不完善、计划不可行,可能导致工作流于形式、无法查清存货真实状况。

(六)存货处置环节的主要风险点

存货销售处置是存货退出企业生产经营活动的环节,包括产成品的正常对外销售以及存货因变质、毁损等进行的处置。

该环节的主要风险是:存货报废处置责任不明确、审批不到位,可能导致企业利益受损。

(七)生产环节的主要风险点

生产环节是将原材料转化为公司产成品的重要环节,包括生产计划的签发、产品成本的核算、在产品和产成品的入库等。

该环节的主要风险是:生产计划未得到授权批准或随意变更,成本归集不完整、反映不及时、不真实,从而造成成本错误,可能误导企业产品定价,盈利核算不准确,遭受监管部门的处罚等。

第三节　生产与存货循环各环节的关键控制要点

一、采购与验收环节的关键控制要点

(一)采购环节的关键控制要点

企业存货管理实务中,应当根据各种存货采购间隔期和当前库存,综合考虑企业生产经营计划、市场供求等因素,充分利用信息系统,合理确定存货采购日期和数量,确保存货处于最佳库存状态。关键控制要点如下。

(1)企业的生产计划作为采购的源头,其合理与否直接影响到后续的采购与存货。因此,生产计划需要经过适当的审批。

(2)采购是向合适的供应商询价并确认。

(3)请购单、订货单、验收单和供应商发票核对一致。

(二)验收环节的关键控制要点

企业应当重视存货验收工作,规范存货验收程序和方法,着力做好以下工作。

(1)外购存货的验收应当重点关注合同、发票等原始单据与存货的数量、质量、规格等核对一致。涉及技术含量较高的货物,必要时可委托具有检验资质的机构或聘请外部专家协助验收。

(2)自制存货的验收,应当重点关注产品质量,通过检验合格的半成品、产成品才能办理入库手续,不合格品应及时查明原因、落实责任、报告处理。

(3)其他方式取得存货的验收,应当重点关注存货来源、质量状况、实际价值是否符合有关合同或协议的约定。

经验收合格的存货进入入库环节。仓储部门对于入库的存货,应根据入库单的内容对存货的数量、质量、品种等进行检查,符合要求的予以入库;不符合要求的,应当及时办理退换货等相关事宜。入库记录要真实、完整,定期与财务等相关部门核对,不得擅自修改。

二、仓储与领用环节的关键控制要点

(一)仓储环节的关键控制要点

(1)存货在不同仓库之间流动时,应当办理出入库手续。

(2)存货仓储期间要按照仓储物资所要求的储存条件妥善储存,做好防火、防洪、防盗、防潮、防病虫害、防变质等保管工作,不同批次、型号和用途的产品要分类存放。生产现场的在加工原料、周转材料、半成品等要按照有助于提高生产效率的方式摆放,同时防止浪费、被盗和流失。

(3)对代管、代销、暂存、受托加工的存货,应单独存放和记录,避免与本单位存货混淆。

(4)加强存货的保险投保,保证存货安全,合理降低存货意外损失风险。

(5)仓储部门应对库存物料和产品进行每日巡查和定期抽检,详细记录库存情况;发现毁损、存在跌价迹象的,应及时与生产、采购、财务等相关部门沟通。对于进入仓库的人员应办理进出登记手续,未经授权人员不得接触存货。

(二)领用环节的关键控制要点

企业应当根据自身的业务特点,确定适用的存货发出管理模式,制定严格的存货准出制度,明确存货发出和领用的审批权限,健全存货出库手续,加强存货领用记录。

通常情况下,对于一般的生产企业,仓储部门应核对经过审核的领料单或发货通知单的内容,做到单据齐全,名称、规格、计量单位准确;符合条件的领用或发出,并与领用人当面核对、点清交付。对于大批存货、贵重商品或危险品的发出,均应当实行特别授权;仓储部门应当根据经审批的销售(出库)通知单发出货物。

三、盘点与存货处置环节的关键控制要点

(一)盘点环节的关键控制要点

企业应当建立存货盘点清查工作规程,确定盘点周期、盘点流程、盘点方法等相关内容,定期盘点和不定期抽查相结合。

盘点清查时,应报定详细的盘点计划,合理安排相关人员,使用科学的盘点方法,保持盘点记录的完整,以保证盘点的真实性、有效性。盘点清查结果要及时编制盘点表,形成书面报告,包括盘点人员、时间、地点、实际盘点存货名称、品种、数量、存放情况以及盘点过程中发现的账实不符情况等内容。

对在盘点清查中发现的问题,应及时查明原因、落实责任,按照规定权限报经批准后处理。多部门人员共同盘点,应当充分体现相互制衡,严格按照盘点计划,认真记录盘点情况。此外,企业至少应当于每年年终开展全面的存货盘点清查,及时发现存货减值迹象,将盘点清查结果形成书面报告。

(二)存货处置环节的关键控制要点

对于存货变质、毁损、报废或流失的处理要分清责任、分析原因、及时处理。

四、生产环节的关键控制要点

生产环节的关键控制要点如下。

(1)生产指令、领料单、工资的分配等得到适当的授权审批。

(2)成本核算的方法是以经过审批的生产通知单、领发料凭证、产量和工时记录、人工费用分配表、制造费用分配表等为依据。标准成本应定期根据市场价格进行调整。

(3)生产通知单、领发料凭证、产量和工时记录、人工费用分配表、制造费用分配表等均经过连续编号并已经登记入账。

(4)标准成本的核算方法经过内部审查,成本差异经过合理的分摊。

(5)采用适当的成本计算方法,无论是实际成本法或者是标准成本法,前后各期一致。如果变更,应取得适当的授权,应当建立成本核算流程和账务处理流程。

第四节　生产与存货循环案例分析

——合信木制品公司存货内控失效

一、案例简介

合信木制品公司是一家外资企业。从1999年至2004年每年的出口创汇位居全市第三，年销售额达4300万元左右。2005年以后该企业的业绩逐渐下滑，亏损严重，2007年破产倒闭。这样一家中型企业，从鼎盛到衰败，究其原因，不排除市场同类产品的价格下降、原材料价格上涨等客观因素的变化。但内部管理的混乱，是其根本的原因。在税务部门的检查中发现：该企业的产品成本、费用核算不准确，浪费现象严重，存货的采购、验收入库、领用、保管不规范，归根到底是缺乏一个良好的内部控制制度。这里我们主要分析存货的管理问题。

(1)董事长常年在国外，材料的采购是由董事长个人掌握，材料到达仓库后，仓库的保管员按实际收到的材料的数量和品种入库，实际的采购数量和品种保管员无法掌握，也没有合同等相关的资料。财务的入账不及时，会计自己估价入账，发票几个月以后，甚至有的长达1年以上才回来，发票的数量和实际入库的数量不一致，也不进行核对，造成材料的成本不准确，忽高忽低。

(2)期末由仓库的保管员自己盘点，盘点的结果与财务核对不一致，不去查找原因，也不进行处理，使盘点流于形式。

(3)没有建立规范的材料领用制度，车间在生产中随用随领，没有计划，多领不办理退库的手续。生产中的残次料随处可见，随用随拿，浪费现象严重。

二、案例分析

从企业失败的原因来看，有以下四点。

(1)该企业基本没有内控制度，更谈不上机构设置和人员配备合理性问题。在内部控制中，单位法定代表人和高管人员对实物资产处置的授权批准制度做出相互制约的规范，是非常必要的。对重大的资产处置事项，必须经集体决策审批，而不能搞“一言堂”、一支笔，为单位负责人企图一个人说了算设置制度上的障碍。

(2)企业没有对入库存货的质量、数量进行检查与验收，不了解采购存货要求。没有建立存货保管制度，仓储部门将对存货进行盘点的结果随意调整。采购人员应将采购材料的基本资料及时提供给仓储部门，仓储部门在收到材料后按实际收到的数量填写收料单。登记存货保管账，并随时关注材料发票的到达情况。

(3)没有规范的材料领用和盘点制度，也没有定额的管理制度，材料的消耗完全凭生产工人的自觉性。应细化控制流程，完善控制方法。我们知道，单位实物资产的取得、使用是由多个部门共同完成的，采购部门负责购置，验收部门负责验收，会计部门负责核算，使用部门负责运行和日常维护,可以说,实物资产的进、出、存等有多个部门参与,但为什么还会出现问题?由此看来,不是控制流程不完备就是控制方法没有发挥作用。一个人、少数几个人想要为所欲为,在制度面前就根本不可行,除非他买通所有的人。

(4)存货的确认、计量没有标准,完全凭会计人员的经验,直接导致企业的成本费用不实。正是这些原因导致一个很有发展前途的企业最终失败。

本章小结

生产与存货循环是企业管理和经营的关键环节,直接关系到企业的生存和可持续发展。生产与存货循环内部控制的有效运行,能够帮助企业识别风险,减少舞弊,降低成本,提高效益。通过本章学习,在理论知识方面:要了解生产与存货循环的主要内容和主要业务活动,理解生产与存货循环的主要控制目标及风险点,掌握生产与存货循环各环节的关键控制要点。在思政方面:明确生产与存货管理各环节的工作职责,要增强责任意识和主人翁意识。

课后练习题

一、单项选择题

1.(　　)职责是根据客户订购单或者销售部门对销售预测和产品需求的分析来决定生产授权。

A.生产部门　　B.生产计划部门

C.会计部门　　D.销售部门

2.出库单一般为一式(　　)。

A.一联　　B.二联

C.三联　　D.四联

3.计提存货跌价准备一般由(　　)进行。

A.仓储部门　　B.生产部门

C.会计部门　　D.销售部门

4.盘点清查环节的主要风险点不包括(　　)。

A.制度不完善　　B.计划不可行

C.责任不明确　　D.工作流于形式

二、多项选择题

1.以下应纳入存货管理范围的有(　　)。

A.受托加工的存货　　B.企业代销的存货

C.原材料　　D.在产品

2.以下关于仓储环节的关键控制要点,说法正确的有(　　)。

A.存货在不同仓库之间流动时,应当办理出入库手续

B.对代管、代销、暂存、受托加工的存货,为方便管理应与本单位存货存放在一起

C.加强存货的保险投保,保证存货安全,合理降低存货意外损失风险

D.仓储部门应对库存物料和产品进行每日巡查和定期抽检

3.生产与存货业务活动通常会涉及(　　)。

A.生产部门　　B.仓储部门

C.人事部门　　D.会计部门

4.生产环节的主要风险点有(　　)。

A.存货预算编制不科学　　B.生产计划未得到授权批准

C.生产计划随意变更　　D.成本归集不完整,反映不及时、不真实

三、简答题

1.仓储保管环节的主要风险点有哪些?

2.生产环节的关键控制要点有哪些?

四、案例分析题

1.ABC公司是生产经营电子产品的大型工业企业,为加强内部控制建设,聘请XY会计师事务所对其内部控制设计与运行的有效性进行审计,在对存货相关控制进行审计时,注册会计师在其工作底稿中记录了以下情况。

(1)发料过程中,仓库部门根据生产部门开出的领料单发出原材料。领料单有一料一单,也有多料一单,通常一式两联,仓库部门发出材料后,其中一联连同原材料交还领用部门,一联留仓库部门,据以登记材料台账。

(2)公司每三个月定期对存货盘点一次,编制盘点表。会计部门与仓库在核对结存数量后,向管理层报告差异情况及形成原因,并在经批准后进行相应处理。

(3)公司生产用D材料委托甲公司代管,ABC公司未对D材料的变动进行会计记录,期末进行存货盘点时,D材料也不纳入盘点计划。对于D材料,ABC公司主要通过检查货运文件,出库记录等替代程序予以确认。

(4)残次品与毁损品不纳入盘点计划,以财务部门和仓库部门的账面记录为准。同时,仓库管理员有处置残次品及毁损品的权限。

要求:请分析和判断以上情况是否存在控制缺陷或薄弱环节,并说明理由。

2.ABC公司属于国有控股的有限责任公司,主营精密设备的制造与销售,其产品在生产过程中需要耗用一种特殊材料,此材料属于稀有金属,价格比黄金还要贵重。为加强对这种贵重物资的管理,ABC公司制定了一些特殊规定。根据规定,这种特殊材料领料单必须经公司两位副总以上职位的高层领导签字,且必须由需要这种特殊材料的XY生产车间的车间主任亲自领取。2021年6月,XY生产车间的车间主任连续请病假1个月,6月16日XY生产车间的员工李某持已有两位公司副总签字的领料单,到仓库领取这种特殊材料,称车间主任病休,车间急需要这种材料。为避免生产停工,材料保管员向持单员工李某发出了相关材料。后经查实,两位公司副总签字系伪造,车间员工李某携带贵重材料当晚潜逃。

要求:请分析ABC公司在这种特殊材料的风险管控方面,有没有设计或执行的缺陷?应该如何改进?

第八章　其他业务活动内部控制

第一节　资产管理控制活动

一、资产管理概述

作为企业重要的经济资源，资产是企业从事生产经营活动并实现发展战略的物质基础。资产管理贯穿于企业生产经营全过程，也就是通常所说的"实物流"管控。鉴于资产管理的重要性，《企业内部控制基本规范》将合理保证资产安全作为内部控制目标之一，同时单独制定了《企业内部控制应用指引第 8 号——资产管理》，着重对存货、固定资产和无形资产等资产提出了全面风险管控要求，旨在促进企业在保障资产安全的前提下提高资产效能。

二、资产管理的总体要求

根据《企业内部控制应用指引第 8 号——资产管理》的规定，企业资产管理至少应当关注下列风险。

(1)存货积压或短缺，可能导致流动资金占用过量、存货价值贬损或生产中断。

(2)固定资产更新改造不够、使用效能低下、维护不当、产能过剩可能导致企业缺乏竞争力、资产价值贬损、安全事故频发或资源浪费。

(3)无形资产缺乏核心技术、权属不清、技术落后、存在重大技术安全隐患，可能导致企业法律纠纷、缺乏可持续发展能力。

三、固定资产管理的内部控制

企业的固定资产主要包括为生产商品、提供劳务、出租或经营管理目的持有的房屋、建筑物、机器设备以及运输工具等。

(一)固定资产管理的业务流程

固定资产管理的业务流程主要包括资产取得、资产验收、登记造册、资产投保、运行维护、定期评估、更新改造以及淘汰处置等，具体如图 8-1 所示。

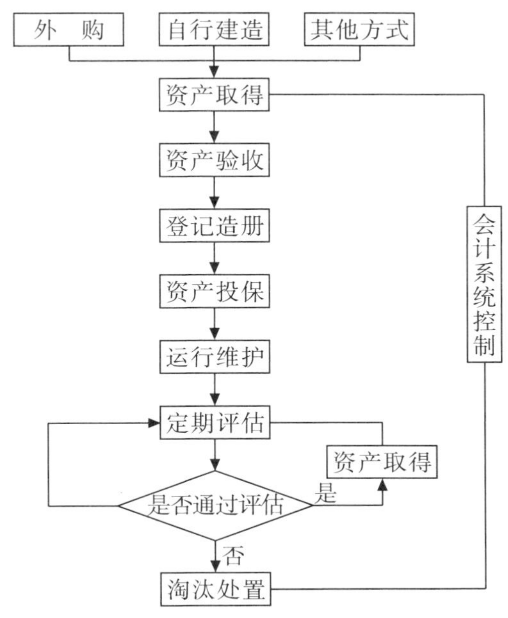

图 8-1　固定资产管理的业务流程图

(二)固定资产管理的关键风险点及控制措施

1.资产取得

固定资产的取得方式有投资者投入、外购、自行建造、非货币性资产交换以及捐赠等。该环节的主要风险有固定资产预算不科学、审批不严等,造成固定资产购建不符合企业发展战略、利用率不高等问题。

主要控制措施包括:第一,企业应建立固定资产预算制度,固定资产的购建应符合企业的发展战略和投资计划。第二,对于固定资产建造项目应开展可行性研究,提出项目方案,报经批准后确定工程立项。

2.资产验收

不同取得方式以及不同类型的固定资产,其验收程序和技术要求也不同。该环节的主要风险是固定资产验收程序不规范,可能造成资产质量不符合要求,影响固定资产正常运行。企业应当建立严格的固定资产交付验收制度,确保固定资产数量、质量、规格等符合使用要求。固定资产交付使用的验收工作应由固定资产管理部门、使用部门及建造部门共同实施。

主要控制措施包括:第一,外购固定资产验收时应重点关注固定资产的品种、数量、规格、质量等是否与合同、供应商的发货单一致,并出具验收单或验收报告。第二,自行建造固定资产应由建造部门、固定资产管理部门和使用部门联合验收,编制书面验收报告,并在验收合格后填制固定资产移交使用单,移交使用部门投入使用。第三,对于需要安装的固定资产,收到固定资产经初步验收后要进行安装调试,安装完成后须进行第二次验收。第四,对于未通过验收的固定资产,不得接收,应按照合同等有关规定办理退货等弥补措施。验收合格的固定资产应及时办理入库、编号、建卡、调配等手续。第五,对于具有权属证明的资产,取得时必须有合法的权属证书。

3.登记造册

企业取得资产后应编制固定资产目录,建立固定资产卡片。该环节的主要风险是固定资产登记内容不完整,造成固定资产流失、信息失真等问题。

主要控制措施包括:企业应当制定固定资产目录,对每项固定资产进行编号,按照单项资产建立固定资产卡片,详细记录各项固定资产的来源、验收、使用地点、责任单位和责任人、运转、维修、改造、折旧、盘点等相关内容。

4.资产投保

该环节的主要风险是固定资产投保制度不健全,造成应投保资产未投保、投保舞弊、索赔不力等问题。

主要控制措施包括:第一,企业应健全固定资产投保制度,根据固定资产的性质和特点,确定固定资产投保范围和政策。投保范围和政策应足以应对固定资产因各种原因发生损失的风险。第二,严格执行固定资产投保政策和投保范围,对应投保的固定资产项目按规定程序进行审批,及时办理投保手续。第三,对重大投保项目,应考虑采取招标方式确定保险人,防范投保舞弊。第四,已投保资产发生损失的,应及时调查原因,办理相关索赔手续。

5.运行维护

该环节的主要风险有固定资产操作不当、维修保养不到位,造成固定资产运作不良、使用效率低下、产品残次率高、生产停顿,甚至出现生产事故等。主要控制措施包括:第一,企业应对固定资产实行归口管理和分级管理,坚持“谁使用、谁管理、谁负责”的原则。第二,企业应当强化对关键设备运转的监控,严格操作流程,实行岗前培训和岗位许可制度,确保设备安全运转。第三,严格执行固定资产日常维修和大修理计划,定期对固定资产进行维护保养,切实消除安全隐患。

6.更新改造

该环节的主要风险有固定资产更新改造不及时、技术落后,造成设备落后、市场竞争力下降。

主要控制措施包括:第一,企业应当定期对固定资产的技术先进性进行评估,结合企业发展的需要,提出技改方案,并经审核批准后执行。第二,根据发展战略,充分利用国家有关自主创新政策,加大技改投入,不断促进固定资产技术升级,淘汰落后设备,切实做到保持本企业固定资产技术的先进性和企业发展的可持续性。第三,管理部门需对技改方案实施过程实时监督,加强管理,有条件的企业可以建立技改专项资金并进行定期或不定期审计。

7.盘点清查

该环节的主要风险是清查制度不完善,造成固定资产流失、毁损等账实不符与资产贬值等问题。

主要控制措施包括:第一,企业应当建立固定资产清查制度,至少每年进行一次全面清查。第二,清查结束后应编制清查报告,对清查中发现的问题,应当查明原因,追究责任,妥善处理。

8.抵押质押

该环节的主要风险是固定资产抵押制度不完善,可能导致抵押资产价值低估和资产流失。

主要控制措施包括:加强固定资产抵押、质押的管理,明晰固定资产抵押、质押流程,规定固定资产抵押、质押的程序和审批权限等,确保资产抵押、质押经过授权审批及适当程序。同时,应做好相应记录,保障企业资产安全。财务部门办理资产抵押时,如需要委托专业中介机构鉴定评估固定资产的实际价值,应当会同金融机构有关人员、固定资产管理部门、固定资产使用部门现场勘验抵押品,对抵押资产的价值进行评估。对于抵押资产,应编制专门的抵押资产目录。

9.淘汰处置

该环节的主要风险有处置制度不完善、处置方式不合理、处置定价不恰当等,可能给企业造成损失。

主要控制措施包括:第一,企业应建立健全固定资产处置制度,加强固定资产处置的控制,按规定程序对处置申请进行严格审批,关注固定资产处置中的关联交易和处置定价,防范资产流失。第二,对使用期满、正常报废的固定资产,应由固定资产使用部门或管理部门填制固定资产报废单,经本单位授权部门或人员批准后对该固定资产进行报废清理。第三,对使用期限未满、非正常报废的固定资产,应由固定资产使用部门提出报废申请,注明报废理由、估计清理费用以及可回收残值、预计出售价值等。单位应组织有关部门进行技术鉴定,按规定程序审批后进行报废清理。第四,对拟出售或投资转出的固定资产,应由有关部门或人员提出处置申请,对固定资产价值进行评估,并出具固定资产评估报告,报经企业授权部门或人员批准后予以出售或转让。企业应特别关注固定资产处置中的关联交易和处置定价。

10.会计系统控制

该环节的主要风险有会计记录和处理不及时、不准确,不能反映固定资产的实际情况。

主要控制措施包括:财务部门应及时对固定资产增加、处置等变动情况进行会计记录和处理,根据固定资产的实际使用情况合理地确定计提折旧、减值准备的方法,并定期对折旧和减值进行复核。

四、无形资产管理的内部控制

无形资产是指企业拥有或者控制的没有实物形态的可辨认的非货币性资产。无形资产通常包括专利权、非专利技术、商标权、著作权、特许权、土地使用权等。

(1)专利权。是指国家专利主管机关依法授予发明创造专利申请人对其发明创造在法定期限内所享有的专有权利,包括发明专利权、实用新型专利权和外观设计专利权。

(2)非专利技术。也称专有技术,是指不为外界所知、在生产经营活动中采用了的、不享有法律保护的、可以带来经济效益的各种技术和诀窍。

(3)商标权。是指专门在某类指定的商品或产品上使用特定的名称或图案的权利。

(4)著作权。是指著作者对其创作的文学、科学和艺术作品依法享有的某些特殊权利。

(5)特许权。又称经营特许权、专营权,指企业在某一地区经营或销售某种特定商品的权利,或是一家企业接受另一家企业使用其商标、商号、技术秘密等的权利。

(6)土地使用权。指国家准许某企业在一定时间内对国有土地享有开发、利用、经营的权利。

(一)无形资产管理的业务流程

无形资产管理的业务流程主要包括无形资产的取得与验收、资产的使用与保护、技术升级和更新换代、资产处置等,具体如图 8-2 所示。

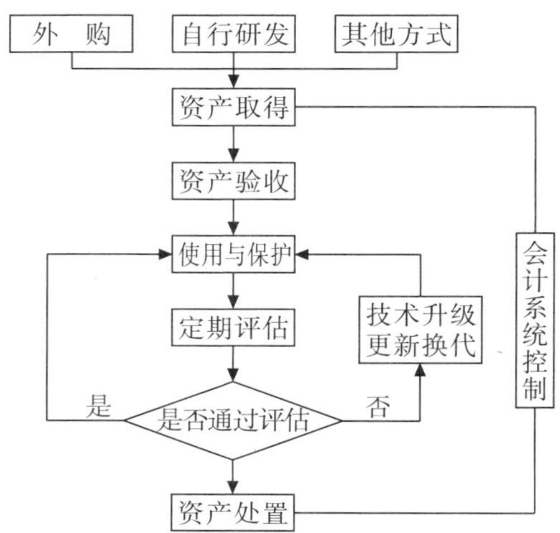

图 8-2 无形资产管理的业务流程图

(二)无形资产管理的关键风险点及控制措施

1.无形资产的取得与验收

该环节的主要风险包括:无形资产购建审批不严、没有自主权、取得的资产不具先进性、无形资产权属不清等,造成购建不符合发展战略、竞争力不强、浪费企业资源、引发法律诉讼等问题。

主要控制措施包括:第一,无形资产购建应符合企业的发展战略,并进行可行性研究。第二,建立严格的无形资产交付验收制度,全面梳理外购、自行研发以及其他方式取得的各类无形资产的权属关系,及时办理产权登记手续。权属关系发生变动时,应按规定及时办理权证转移手续。第三,企业购入或者以支付土地出让金等方式取得的土地使用权,应当取得土地使用权的有效证明文件。

2.无形资产的使用与保护

该环节的主要风险包括:无形资产使用效率低下;缺乏严格的保密措施,导致商业秘密泄露;其他企业的侵权行为损害企业利益等。

主要控制措施包括:第一,企业应当加强对品牌、商标、专利、专有技术、土地使用权等无形资产的管理,分类制定无形资产管理办法,落实无形资产管理责任制,促进无形资产的有效利用，充分发挥无形资产对提升企业核心竞争力的作用。第二，企业应加强对无形资产所有权的保护，防范侵权行为和法律风险。第三，无形资产具有保密性质的，应当采取严格的保密措施，严防泄露商业秘密。

3.技术升级和更新换代

该环节的主要风险包括：无形资产未及时更新换代，造成技术落后、自主创新能力低或存在重大技术安全隐患以及忽视品牌建设、社会认可度低等。

主要控制措施包括：第一，企业应当定期对专利、专有技术等无形资产的先进性进行评估，淘汰落后技术，加大研发投入，促进技术更新换代，不断提升自主创新能力，努力做到核心技术处于同行业领先水平。第二，企业应当重视品牌建设，加强商誉管理，通过提供高质量产品和优质服务等多种方式不断打造和培育主业品牌，切实维护和提升企业品牌的社会认可度。

4.无形资产处置

该环节的主要风险包括：缺乏处置制度、无形资产处置不当等，造成企业资产流失。主要控制措施包括：第一，企业应建立无形资产处置的相关制度，明确处置程序、审批权限等。第二，合理确定处置价格，按规定程序对无形资产处置进行严格审批。第三，重大无形资产处置应委托具有资质的中介机构进行资产评估。

5.会计系统控制

该环节的主要风险包括：会计记录和处理不及时、不准确，不能反映无形资产的实际情况。

主要控制措施包括：财务部门应对无形资产的增加、摊销、处置等及时进行账务处理，及时发现减值情况并进行处理。

第二节　资金管理控制活动

一、资金管理概述

资金是企业生产经营的血液，是企业生存和发展的重要基础，决定着企业的竞争能力和可持续发展能力。资金活动，是企业筹资、投资和资金营运等活动的总称。影响资金活动的因素众多且不确定性较大。资金活动中的潜在风险大多为重要风险。一旦风险转变为现实，对企业危害重大，不仅影响企业的可持续发展，甚至事关企业的生死存亡。加强资金活动风险控制，对于促进企业有效地组织资金活动、防范和控制资金风险、保证资金完整和安全、提高资金使用效益等具有重要意义。

二、资金管理的控制目标

（一）树立战略导向观念

战略是企业经营和发展的总体导向。在资金活动中，企业应当遵循相关的法律及监管要求，根据自身的发展战略，科学确定投融资及资金营运的目标和规划。

(二)建立科学决策机制

管理的中心活动是决策,决策的正确与否事关企业的生存和发展,特别是企业的筹资、投资决策,更是决定了企业经营活动的整体格局。加强企业资金活动的内部控制,应该围绕决策这个核心,建立起科学的决策机制,通过各种措施提高决策科学性与决策效率。企业在资金活动战略规划决策上,应当根据自身的发展规律,综合考虑宏观经济政策、市场环境、环保要求等因素,结合本企业发展实际,科学地确定投融资目标和规划。如果目标不明确,决策不正确,控制措施就难以准确、到位,资金活动也就难以顺利、有效地进行。

(三)完善管控制度

根据《企业内部控制应用指引第6号——资金活动》的要求,企业应建立和完善严格的资金授权、批准、审验、责任追究等相关管理制度,加强资金活动的集中归口管理,明确筹资、投资、营运等各环节的职责权限和不相容岗位相分离的要求,规范资金活动的执行。建立完善的监督检查和项目完成后的评价制度,跟踪资金活动内部控制的实际效果,据以修正制度、完善内部控制,并通过责任追究制度,确保资金活动安全有效地进行。

(四)严格执行制度

企业资金活动的管控,不仅需要完善的制度,还要严格执行。为了使资金活动内部控制制度得到切实有效地实施,企业财会部门应负责资金活动的日常管理,参与投融资方案等的可行性研究。总会计师或分管财务工作的负责人应当参与投融资决策过程。企业必须识别并关注资金活动的主要风险来源和主要风险控制点,然后针对关键风险控制点制定有效的控制措施,集中精力管控关键风险。

(五)实行资金集中管控

企业加强资金的集中管控,有利于实现资金在企业内部的相互调剂,降低整体资金成本,提高资金使用效率。企业有子公司的,应当采取合法有效措施,强化对子公司资金业务的统一监控。信息技术的发展为企业实现资金集中管控提供了便利条件。有条件的企业集团,应当探索财务公司、资金结算中心等资金集中管控模式。

(六)合理设计流程

企业在设计资金活动相关内控制度时,其本质是对资金业务的控制方法进行设计,所以应重点明确各种资金活动的业务流程,确定每一个环节、每一个步骤的工作内容和应该履行的程序,并将其具体到部门和人员。

(七)抓住关键控制点

企业对资金活动的内部控制不可能面面俱到,因此,企业必须识别并关注主要风险来源和主要风险控制点,以提高内部控制的效率。具体而言,企业应该针对流程中的每一个环节、每一个步骤,认真细致地进行分析,根据不确定性的大小、危害性的严重程度等,明确关键的业务、关键的程序、关键的人员和岗位等,从而确定关键的风险控制点,并制定有效的控制措施。

三、资金活动的关键风险点及控制措施

（一）筹资活动的关键风险点及控制措施

筹资活动作为企业资金活动的起点，指筹集企业投资和日常生产经营活动所需的资金。筹资活动的内部控制，不仅决定着企业是否能够筹集到投资、生产经营以及未来发展所需的资金，还决定着筹资成本和筹资风险，进而影响企业的发展状况。

筹资活动的关键风险点及控制措施包括以下几方面内容。

1.拟订筹资方案

该环节的主要风险有缺乏经营战略规划、对企业资金现状认识不清、筹资方案内容不完整、考虑不够周密、测算不准确等。

企业首先应该制定经营发展战略，这样才能有效地指导企业的各项活动。企业筹资应当根据经营战略，确立筹资目标和规划，结合年度全面预算与资金现状等因素，拟订筹资方案，明确筹资用途、规模、结构、方式和期限等相关内容，对筹资成本和潜在风险做出充分估计。境外筹资还应考虑所在地的政治、经济、法律、市场等因素。一个完整的筹资方案应包括筹资金额、筹资形式、利率、筹资期限、资金用途等内容。

2.筹资方案论证

该环节的主要风险有对筹资方案论证不科学、不全面等。企业应当对筹资方案进行科学论证，进行可行性研究，防范筹资风险。筹资方案论证应从以下几个方面进行。

（1）筹资方案的战略评估：主要评估筹资方案是否符合企业发展战略，筹资规模是否适当等。筹资的目的是满足企业经营发展需要，因此筹资方案要符合企业整体发展战略。确定筹资规模时也应考虑战略。既不可盲目筹集过多资金，因为资金都是有成本的，资金闲置会增加企业财务负担；同时也应避免筹资不足，以免影响投资和生产经营活动的开展。

（2）筹资方案的经济性评估：主要分析筹资方案是否经济，是否以最低的筹资成本获得所需资金。因此，应合理地选择股票、债券等筹资方式以及筹资期限。在风险相同的情况下，应尽可能地降低筹资成本。筹资期限也应考虑实施战略过程中资金的流入量和流出量，避免过长或过短，从而导致资金闲置或多次筹资。

（3）筹资方案的风险评估：对筹资方案面临的风险，如利率、汇率、宏观经济形势、货币政策等因素进行预测分析。如债权方式带来的到期还本付息压力以及股权方式带来的控制权转移或稀释的风险等，并对可能出现的风险采取有效的防范措施。

重大筹资方案应当形成可行性研究报告，全面反映风险评估情况。企业可以根据实际需要，聘请具有相应资质的专业机构进行可行性研究。

3.筹资方案审批

该环节的主要风险有缺乏完善的授权审批制度、审批不严等。

主要控制措施包括：第一，企业应当按照分级授权审批的原则对筹资方案进行严格审批，重点关注筹资用途的可行性和相应的偿债能力。重大筹资方案，应当按照规定的权限和程序实行集体决策或者联签制度。筹资方案需经有关部门批准的，应当履行相应的报批程序。第二，筹资方案发生重大变更的，应当重新进行可行性研究并履行相应的审批

程序。

4.筹资计划的编制与实施

该环节的主要风险有筹资计划不完整、筹资成本支付管理不力、缺乏对筹资活动的严密的跟踪管理等。主要包括:第一,财务部门应根据批准的筹资方案制订严密的筹资计划。严格按照规定权限和筹资计划筹集资金。企业通过银行借款方式筹资的,应当与有关金融机构进行洽谈,明确借款规模、利率、期限、担保、还款安排、相关的权利义务和违约责任等内容。双方达成一致意见后,签署借款合同,并据此办理相关借款业务。企业通过发行债券方式筹资的,应当合理选择债券种类,对还本付息方案做出系统安排,确保按期、足额偿还到期本金和利息。企业通过发行股票方式筹资的,应当依照《中华人民共和国证券法》等有关法律、法规和证券监管部门的规定,优化企业组织架构,进行业务整合,并选择具备相应资质的中介机构协助企业做好相关工作,以确保符合股票发行条件和要求。第二,企业应当加强债务偿还和股利支付环节的管理,对偿还本息和支付股利等做出适当安排。企业应当按照筹资方案或合同约定的本金、利率、期限、汇率及币种,准确计算应付利息,与债权人核对无误后按期支付。企业应当选择合理的股利分配政策,兼顾投资者近期和长远利益,避免分配过度或不足。股利分配方案应当经过股东(大)会批准,并按规定履行披露义务。

5.会计系统控制

该环节的主要风险有缺乏有效的筹资会计系统控制、会计记录和处理不准确等,导致未能如实反映筹资状况。

主要控制措施包括:第一,企业应当加强筹资业务的会计系统控制,建立筹资业务的记录、凭证和账簿,按照国家统一会计准则和制度,正确核算和监督资金筹集、本息偿还、股利支付等相关业务。第二,妥善保管筹资合同或协议、收款凭证、入库凭证等资料,定期与资金提供方进行账务核对,确保筹资活动符合筹资方案的要求。

(二)投资活动的关键风险点及控制措施

投资活动作为企业的一种重要的盈利活动,它的开展情况对于筹资成本的补偿、企业利润的创造和企业发展战略的实现等具有重要意义。

投资活动的关键风险点及控制措施包括以下几方面内容。

1.拟订投资方案

该环节的主要风险有投资方案与公司发展战略不符、风险与收益不匹配、投资项目未突出主业等。主要控制措施包括:第一,企业应当根据发展战略、投资目标和规划,合理安排资金投放结构,科学确定投资项目,拟订投资方案,合理确定投资规模,权衡投资项目的收益和风险。第二,企业选择投资项目应当突出主业,谨慎从事股票投资或衍生金融产品等高风险投资。境外投资还应考虑政治、经济、法律、市场等因素的影响。第三,企业采用并购方式进行投资的,应当严格控制并购风险,重点关注并购对象的隐性债务、承诺事项、可持续发展能力、员工状况及其与本企业治理层及管理层的关联关系,合理确定支付对价,确保实现并购目标。

2.投资方案可行性论证

该环节的主要风险有论证不全面、不科学,如未对投资目标、规模、方式、资金来源、风险与收益等做出客观评价。

主要控制措施包括：第一，企业应当加强对投资方案的可行性研究，重点评价投资方案是否符合企业发展战略、投资规模是否合适、投资方式是否恰当、资金来源是否可靠、风险是否处于可承担范围内以及收益是否稳定可观等，保证筹资成本的足额补偿和投资的营利性。第二，对于重大投资项目，应该委托具备相应资质的专业机构进行可行性研究并提供独立的可行性研究报告。

3.投资方案决策审批

该环节的主要风险有缺乏严密的授权审批制度、审批不严等。

主要控制措施包括：第一，企业应当按照职责分工、审批权限以及规定的程序对投资项目进行决策审批，重点审查投资方案是否可行，投资项目是否符合国家产业政策及相关法律、法规的规定，是否符合企业投资战略目标和规划，是否具有充足的资金支持，投入资金能否按时收回，预期收益能否实现，以及投资和并购风险是否可控等。第二，重大投资项目，应当按照规定的权限和程序实行集体决策或者联签制度。投资方案需经有关管理部门批准的，应当履行相应的报批程序。

4.投资计划的编制与实施

该环节的主要风险有投资计划不科学、缺乏对项目的跟踪管理。

主要控制措施包括：第一，企业应根据审批通过的投资方案编制详细的投资计划，确定不同阶段的资金投入数量、项目进度、完成时间、质量要求等，并报经有关部门批准。投资活动需与被投资方签订投资合同或协议的，应签订合同并在合同中明确出资时间、金额、方式、双方权利义务和违约责任等内容。第二，企业应当指定专门机构或人员对投资项目进行跟踪管理，做好投资项目的会计记录和处理，及时收集被投资方经审计的财务报告等相关资料，定期组织投资效益分析，关注被投资方的财务状况、经营成果、现金流量以及投资合同的履行情况；发现异常情况，应当及时报告并妥善处理。

5.投资项目的到期处置

该环节的主要风险有处理不符合企业利益、缺乏责任追究制度等。

主要控制措施包括：企业应当加强投资收回和处置环节的控制，对投资收回、转让、核销等决策和审批程序做出明确规定。重视投资到期本金的回收；转让投资应当由相关机构或人员合理确定转让价格，报授权批准部门批准，必要时可委托具有相应资质的专门机构进行评估；核销投资应当取得不能收回投资的法律文书和相关证明文件。对于到期无法收回的投资，企业应当建立责任追究制度。

6.会计系统控制

该环节的主要风险有缺乏有效的投资会计系统控制，会计记录和处理不及时、不准确等。

主要控制措施包括：第一，企业应当加强对投资项目的会计系统控制，根据对被投资方的影响程度，合理确定投资会计政策，建立投资管理台账，详细记录投资对象、金额、持股比例、期限、收益等事项，妥善保管投资合同或协议、出资证明等资料。第二，企业财会部门对于被投资方出现财务状况恶化、市价当期大幅下跌等情形的，应当根据国家统一的会计准则和制度规定，合理计提减值准备、确认减值损失。

(三)资金营运活动的关键风险点及控制措施

资金营运活动是指企业日常生产经营中各类资金的组织和调度,保证资金正常循环周转的活动。资金营运活动有广义与狭义之分。广义的资金营运活动是企业利用筹资取得的资金营利的活动;狭义的资金营运活动是与投资活动相对立的活动,是企业投资形成项目或资产后,有效利用项目或资产盈利的活动,包括采购、生产、销售、成本补偿和利润分配的全部过程。在本节中,资金营运活动指的是狭义的资金营运活动。

资金营运活动中的主要风险有资金调度不合理、营运不畅(可能导致企业陷入财务困境或资金冗余)、资金活动管控不严(可能导致资金被挪用、侵占、抽逃或遭受欺诈)。

资金营运活动内部控制应注意以下几点。

1.资金平衡

企业应当加强对资金营运全过程的管理,统筹协调内部各机构在生产经营过程中的资金需求,切实做好资金在采购、生产、销售等各环节的综合平衡,注意资金流在数量和时间上的合理配置,全面提升资金营运效率。

2.预算管理

企业应该充分发挥全面预算管理在资金营运中的作用,严格按照年度全面预算的要求组织协调资金,确保资金及时收付,实现资金的合理占用和营运良性循环。企业应当严禁资金的体外循环,切实防范资金营运中的风险。

3.有效调度

通过内部资金的有效调度,可以调剂余缺,提高资金使用效率。企业应当定期组织召开资金调度会或资金安全检查,对资金预算的执行情况进行综合分析。发现异常情况,应及时采取措施妥善处理,避免资金冗余或资金链断裂。企业在营运过程中出现临时性资金短缺,可以通过短期融资等方式获取资金;出现短期闲置资金,在保证安全性和流动性的前提下,可以通过购买国债等多种方式来提高资金效益。

4.会计系统控制

企业应当加强对营运资金的会计系统控制,严格规范资金的收支条件、程序和审批权限。营运资金应及时入账,不得账外设账。严禁收款不入账、设立“小金库”。办理资金收付业务,应当明确支出款项的用途、金额、预算、限额、支付方式等内容,并附原始单据或相关证明;履行严格的授权审批程序后,方可安排资金支出。办理资金收付业务,应当遵守现金和银行存款管理的有关规定,严禁将办理资金支出业务的相关印章集中于一人保管。

第三节　合同管理控制活动

一、合同管理概述

合同,是指企业与自然人、法人及其他组织等平等主体之间设立、变更、终止民事权利义务关系的协议。企业的许多经济活动是通过合同的形式进行的,如采购合同、销售合同、筹资合同、投资合同、担保合同等。未订立合同、未经授权对外订立合同、合同对方主体资格未达要求、合同内容存在重大疏漏和欺诈,可能导致企业合法权益受到侵害;合同未全面履行或监控不当,可能导致企业诉讼失败、经济利益受损;合同纠纷处理不当,可能损害企业利益、信誉和形象。合同的管理已成为现代企业内部控制制度的重要组成部分。企业应当加强合同管理,确定合同归口管理部门,明确合同拟订、审批、执行等环节的程序和要求,定期检查和评价合同管理中的薄弱环节,采取相应控制措施,促进合同有效履行,切实维护企业的合法权益。

二、合同管理各环节的主要风险点

企业合同管理当中的风险主要集中于合同的订立、执行两个方面,具体而言包括:企业在合同管理中存在着合同协议行为违反国家法律、法规,可能遭受外部处罚、经济损失和信誉损失;合同协议未经适当审核或超越授权审批,可能因重大差错、舞弊、欺诈而导致损失;合同协议内容不完整、权利和义务不明确或未签订书面合同协议,可能导致企业资产或股东权益遭受损失;合同协议条款未恰当履行或监控不当,可能导致违约损失;合同协议信息安全措施不当,可能导致商业秘密泄露;合同协议纠纷处理不当,可能导致企业权益受损。这些都是企业合同管理中应当关注的风险所在,是企业管理当局尽量规避和防范的。

三、合同管理各环节的关键控制要点

(一)岗位责任制

企业应当建立合同管理的岗位责任制,明确相关部门和岗位的职责权限,确保合同管理的不相容岗位相互分离、制约和监督。合同管理的不相容岗位包括:合同的拟订与审批、合同的审批与执行。

企业应当建立合同订立权限分级授予制度,明确企业内部相关单位、部门和岗位的授权范围、授权期间、授权条件等。企业对外签订合同应当由法定代表人或其授权的人签章,同时加盖单位印章或合同专用章。授权签章的,应当签署授权委托书,授权对象应当符合法律法规及企业政策对被授权人资质条件的要求。被授权人应当在授权委托的范围内签订合同。除非授权委托书明确允许的,被授权人不得转委托。

企业应当根据本单位的业务性质、机构设置和管理层级,建立合同分级管理制度。属于上级合同管理单位权限的合同,下级单位不得签订。如下级单位认为确有需要签订超越权限的合同,应当提出申请,经上级合同管理单位批准后,依授权或委托签订。下级合同归口管理部门应当定期对合同进行统计、归集,并编制合同报表,报上级合同归口管理部门,由上级对下级合同订立情况进行检查。

(二)合同调查

签订合同之前,为确保当事人具备履约能力,可以从资质、财务和信用能力进行调查。其一,资质调查是审查被调查对象的身份证件、法人登记证书、资质证明、授权委托书等证明原件,必要时,可通过发证机关查询证书的真实性和合法性,关注授权代理人的行为是否在其被授权范围内,在充分收集相关证据的基础上评价主体资格是否恰当,如果准合同对象不具有相应民事权利能力和民事行为能力或不具备特定资质,与不具备代理权或越权代理的主体签订合同,则合同无效。其二,财务能力和信用状况的调查,获取调查对象经审计的财务报告、以往交易记录等财务和非财务信息,分析其获利能力、偿债能力和营运能力,评估其财务风险和信用状况,并在合同履行过程中持续关注其资信变化,建立和及时更新合同对方的商业信用档案,如果在合同签订前错误判断被调查对象的信用状况,或在合同履行过程中没有持续关注对方的资信变化,可能使企业蒙受损失。

调查可以通过现场调查和第三方调查的方式,现场实地了解和全面评估其生产能力、技术水平、产品类别和质量等生产经营情况,分析其合同履约能力;与被调查对象的主要供应商、客户、开户银行、主管税务机关和工商管理部门等沟通,了解其生产经营、商业信誉、履约能力等情况。

(三)合同谈判

企业应当建立相应的制度,规范合同正式订立前的资格审查、内容谈判、文本拟订等流程,确保合同的签订符合国家及行业有关规定和企业自身利益,防范合同签订过程中的舞弊、欺诈等风险。合同订立前,企业应当对拟签约对象的民事主体资格、注册资本、资金运营、技术和质量指标保证能力、市场信誉、产品质量等方面进行资格审查,以确定其是否具有对合同的履约能力和独立承担民事责任的能力,并查证对方签约人的合法身份和法律资格。对于影响重大、涉及较高专业技术或法律关系复杂的合同,应当组织法律、技术、财务等专业人员参与谈判,必要时可以聘请外部专家参与相关工作。谈判过程中的重要事项和参与谈判人员的主要意见,应当予以记录并妥善保存。

(四)合同订立

企业应当根据协商、谈判等的结果,拟订合同文本,按照自愿、公平原则,明确双方的权利义务和违约责任,做到条款内容完整、表述严谨准确、相关手续齐备,避免出现重大疏漏。合同文本一般由业务承办部门起草、法律部门审核。重大合同或法律关系复杂的特殊合同应当由法律部门参与起草。国家或行业有合同示范文本的,可以优先选用,但对涉及权利义务关系的条款应当进行认真审查,并根据实际情况进行适当修改。合同文本须报经国家有关主管部门审查或备案的,应当履行相应程序。

1.合同会审制度

企业应当建立合同会审制度。合同承办部门应当将起草的合同文本交由合同关键条款涉及的其他专业部门和法律部门会同审核并出具书面意见。会同审核的重点主要包括以下几个方面。

(1)经济性。合同内容符合企业的经济利益。

(2)可行性。签约方资信可靠,有履约能力,具备签约资格;资金来源合法,担保方式可靠,担保资产权属明确。

(3)严密性。合同条款齐备、完整,文字表述准确,附加条件适当、合法;合同约定的权利、义务明确,数量、价款、金额等标示准确;合同有关附件齐备,手续完备。

(4)合法性。合同的主体、内容和形式合法;合同订立的程序符合规定,会审意见齐备；资金的来源、使用及结算方式合法，资产动用的审批手续齐备。

2.合同签订

企业应当按照规定的权限和程序与对方当事人签署合同。正式对外订立的合同，应当由企业法定代表人或由其授权的代理人签名或加盖有关印章。授权签署合同的，应当签署授权委托书。属于上级管理权限的合同，下级单位不能跨级签署。下级单位认为确有需要签署涉及上级管理权限的合同，应当提出申请，并经上级合同管理机构批准后办理。上级单位应当加强对下级单位合同订立、履行情况的监督检查。

企业对于重要合同，原则上应当与合同对方当事人当面签订。对于需先行签字并盖章，然后寄送对方签字并盖章的，应当采用在合同各页码之间加盖骑缝章、使用防伪印记等方法对合同文书加以控制。由签约对方起草的合同，企业应当认真审查，确保合同内容准确反映企业诉求和谈判达成的一致意见，特别留意“其他约定事项”等需要补充填写的栏目，如不存在其他约定事项时注明“此处空白”或“无其他约定”，防止合同后续被篡改。

3.合同专用章的保管

合同经编号、审批及企业法定代表人或由其授权的代理人签署后，方可加盖合同专用章。企业应当建立合同专用章专人保管和收回制度。印章管理部门（或岗位）不得对未经编号或缺少合同审核、报签文件以及代签而缺少授权委托书的合同用印。合同用印后，应当及时收回合同专用章并妥善保管。

4.合同的归口管理

企业可以根据合同管理需要和部门职责范围，指定合同归口管理部门，对合同实施统一规范管理。归口管理部门可以设立法律事务岗位，配备具有法律专业资格的人员。合同订立后，合同副本及相关审核资料应交由档案管理部门归档，合同正本由合同归口管理部门负责保管和履行。合同管理部门应当加强合同登记管理，充分利用信息化手段，定期对合同进行统计、分类和归档，详细登记合同的订立、履行和变更等情况，实行合同的全过程封闭管理。

（五）合同履行

企业应当遵循诚实信用原则严格履行合同，对合同履行实施有效监控，强化对合同履行情况及效果的检查、分析和验收，确保合同全面有效履行。合同生效后，企业就质量、价款、履行地点等内容与合同对方没有约定或者约定不明确的，可以协议补充；不能达成补充协议的，按照国家相关法律法规、合同有关条款或者交易习惯确定。在合同履行过程中如果发现有显失公平、条款有误或对方有欺诈行为等情形，或因政策调整、市场变化等客观因素，已经或可能导致企业利益受损的，应当按规定程序及时报告，并经双方协商一致，按照规定权限和程序办理合同变更或解除事宜。

1.合同纠纷处理制度

企业应当加强合同纠纷管理，在履行合同过程中发生纠纷的，应当依据国家相关法律法规，在规定时效内与对方当事人协商并按规定权限和程序及时报告。

合同纠纷经协商一致的，双方应当签订书面协议。合同纠纷经协商无法解决的，应当根据合同约定选择仲裁或诉讼方式解决。企业内部授权处理合同纠纷的，应当签署授权委托书。纠纷处理过程中，未经授权批准，相关经办人员不得向对方当事人做出实质性答复或承诺。

2.合同违约处理制度

企业应当建立合同违约处理制度。对方违约的情形,应当按合同条款约定收取违约金;违约金不足以弥补企业损失时,应当要求对方赔偿损失,必要时应采取相应的保全措施。企业自身违约的情形,应当由合同承办部门以书面形式报告企业有关负责人,经批准后履行相应赔偿责任。

3.合同履行情况评估制度

企业应当建立合同履行情况评估制度,至少于每年年末对合同履行的总体情况和重大合同履行的具体情况进行分析评估,对分析评估中发现合同履行中存在的不足,应当及时加以改进。

4.合同管理考核与责任追究制度

企业应当健全合同管理考核与责任追究制度。对合同订立、履行过程中出现的违法违规行为,应当追究有关机构或人员的责任。在合同履行中或履行后,如发现合同内容或签署程序不合法,应追究当事人的责任。合同内容或签署程序是否合法根据合同履行情况评估报告确定。其中审批人对合同负全面责任,签署人负相应责任。有关部门对其负责的相关条款的合法性、合理性承担相应责任,如已提出异议而未能获得签署人的认同,异议部门就其异议办法内容不承担责任。未按程序和权限签订合同的,追究越权人相应责任。管理部门的当事人未能按程序进行管理的,应承担相应责任。业务部门的当事人应对其上报的情况与事实不符、执行合同中越权行为承担相应责任。

第四节　预算管理的内部控制

一、全面预算管理概述

全面预算是指企业对一定期间的经营活动,投资活动,财务活动等做出的预算安排。全面预算作为一种全方位、全过程、全员参与编制和实施的预算管理模式,凭借其计划,协调、控制、激励、评价等综合管理功能,整合和优化配置企业资源,提升企业运行效率,成为促进企业实现发展战略的重要途径。

可以从以下几个方面来认识和理解全面预算的内涵、本质及作用。

(1)全面预算是一种全方位、全过程、全员参与的预算管理模式。

(2)全面预算是企业实施内部控制、防范风险的重要手段和措施。

(3)全面预算是企业实现发展战略和年度经营目标的有效方法和工具。

(4)全面预算有利于企业优化资源配置,提高经济效益。

(5)全面预算有利于实现对员工的制约和激励。

二、全面预算的组织

全面预算组织机构和管理体制运行的健全,可防止预算管理松散、随意、预算编制、执行、考核等流于形式,是预算管理的作用得到有效发挥的关键。企业应当加强对全面预算工作的组织领导,明确预算管理体制以及各预算执行单位的职责权限、授权批准程序和工作协调机制。

(一)健全预算管理体制

企业设置全面预算管理体制,应遵循合法科学、高效有力、经济适度、全面系统、权责明确等基本原则,一般应具备全面预算管理决策机构、全面预算管理工作机构和全面预算执行单位 3 个层次的基本架构。

1.全面预算管理决策机构

企业应当设立预算管理委员会,作为专门履行全面预算管理职责的决策机构。预算管理委员会成员由企业负责人及内部相关部门负责人组成,总会计师或分管财务工作的负责人应当协助企业负责人负责企业全面预算管理工作的组织领导。具体而言,预算管理委员会一般由企业负责人(董事长或总经理)任主任,总会计师(或财务总监、分管财会工作的副总经理)任副主任,其成员一般还包括各副总经理、主要职能部门(财务、战略发展、生产销售、投资、人力资源等部门)负责人、分(子)公司负责人等。

2.全面预算管理工作机构

由于预算管理委员会一般为非常设机构,企业应当在该委员会下设立预算管理工作机构,由其履行预算管理委员会的日常管理职责。预算管理工作机构一般设在财务部门,其主任一般由总会计师(或财务总监、分管财务工作的副总经理)兼任,工作人员除了财务部门人员外,还应有计划、人力资源、生产销售、研发等业务部门人员。

3.全面预算执行单位

全面预算执行单位是指根据其在企业预算总目标实现过程中的作用和职责划分的,承担一定经济责任,并享有相应权力和利益的企业内部单位,包括企业内部各职能部门、所属分(子)公司等。企业内部预算责任单位的划分应当遵循分级分层、权责利相结合,责任可控、目标一致的原则,并与企业的组织机构设置相适应。根据权责范围,企业内部预算责任单位可以分为投资中心,利润中心、成本中心、费用中心和收入中心。预算执行单位在预算管理部门(指预算管理委员会及其工作机构,下同)的指导下,组织开展本部门或本企业全面预算的编制工作,严格执行批准下达的预算。

(二)明确各环节授权批准程序和工作协调机制

在建立健全全面预算管理体制的基础上,企业应当进一步梳理、制定预算管理工作流程,按照不相容职务相互分离的原则细化各部门、各岗位在预算管理体系中的职责、分工与权限,明确预算编制、执行、分析,调整、考核各环节的授权批准制度与程序。预算管理工作各环节的不相容岗位一般包括:预算编制与预算审批、预算审批与预算执行、预算执行与预算考核。

在全面预算管理各个环节中,预算管理部门主要起决策、组织、领导、协调、平衡的作用。企业可以根据自身的组织结构,业务特点和管理需要,责成内部生产、市场、投资、技术、人力资源等各预算归口管理部门负责所归口管理预算的编制、执行监控、分析等工作,并配合预算管理部门做好企业总预算综合平衡、执行监控、分析、考核等工作。

三、预算管理的主要风险点

企业全面预算业务的基本流程一般包括预算编制、预算执行和预算考核 3 个阶段。其中，预算编制阶段包括预算编制、预算审批、预算下达等具体环节；预算执行阶段涉及预算指标分解和责任落实、预算执行控制、预算分析、预算调整等具体环节。这些业务环节相互衔接，相互关联、相互作用，并周而复始地循环，从而实现对企业全面经济活动的控制。

第一，企业实行全面预算管理，应当关注预算目标的设定。全面预算是企业战略目标的具体化过程，企业通过全面预算管理，将长期的战略方向选择在日常的生产经营与业务活动中逐步得到体现，并最终体现为战略的落实。如果预算目标不合理、编制不科学，可能导致企业资源的浪费或发展战略难以实现。

第二，企业实行全面预算管理，应当关注预算风险控制体系的建立。管理者可以通过全面预算管理具备的战略管理特征预先发现企业面临的机会风险以及内外环境的变化，同时也可以通过一个良好的内部控制系统对企业生产经营与业务活动中的关键控制点加以严密控制。预算管理与风险控制的结合，对企业内部控制中全面预算管理作用的发挥具有极大的促进作用。相反，如果企业不编制预算或预算不健全，可能导致企业经营缺乏约束或盲目经营。

第三，企业实行全面预算管理，应当关注预算的具体执行和考核。预算一旦编制完成，便进入执行阶段。预算执行是预算控制的核心环节，执行过程将直接影响到预算目标的实现。企业在预算执行过程中，一方面必须充分调动每个员工的积极性，强化其责任意识；另一方面也需要定期对预算执行情况进行分析，对企业的生产经营与业务活动进行及时的调整和控制。预算的考核将预算执行情况与责任单位和员工的经济利益挂钩，奖惩分明，从而使员工与企业形成责、权、利相统一的共同体，最大限度地调动每个员工的积极性和创造性。相反，如果预算缺乏刚性、执行不力、考核不严，可能导致预算管理流于形式。

四、预算管理的关键控制要点

（一）预算编制阶段

预算编制主要由预算编制、预算审批和预算下达 3 个环节构成。

1.预算编制

预算编制是企业实施全面预算管理的起点。

1）预算编制环节的主要风险点

（1）预算编制以财务部门为主，业务部门参与度较低，可能导致预算管理责、权，利不匹配；预算编制范围和项目不全面，可能导致全面预算难以形成。

（2）相关信息不足，可能导致预算目标与战略规划、经营计划、市场环境、企业实际等相脱离。

（3）编制程序不规范，横向、纵向信息沟通不畅，可能导致预算目标缺乏准确性、合理性和可行性。

（4）编制方法不当，可能导致预算目标缺乏科学性和可行性。

（5）目标及指标体系设计不完整、不合理、不科学，可能导致预算管理在实现发展战略和经营目标、促进绩效考评等方面的功能难以有效发挥。

(6)编制时间太早或太晚,可能导致预算准确性不高并影响预算的执行。

2)预算编制的主要管控措施

(1)全面性控制。一是明确企业各个部门的预算编制责任,使企业各个部门,单位的业务活动全部纳入预算管理;二是将企业经营、投资、财务等各项经济活动的各个方面、各个环节都纳入预算编制范围,形成由经营预算、投资预算、筹资预算、财务预算等一系列预算组成的相互衔接和关联的综合预算体系。

(2)编制依据和基础控制。一是制定明确的战略规划,并依据战略规划制定年度经营目标和计划;二是深入开展对企业外部环境的调研和预测,确保预算编制以市场预测为依据;三是深入分析企业上一期间的预算执行情况,充分预计预算期内企业资源状况、生产能力、技术水平等自身环境的变化;四是重视和加强预算编制基础管理工作,确保预算编制以可靠、翔实、完整的基础数据为依据。

(3)编制程序控制。企业应当按照上下结合,分级编制,逐级汇总的程序,编制年度全面预算。其基本步骤及其控制为:一是建立系统的指标分解体系,并在与各预算责任中心进行充分沟通的基础上分解下达初步预算目标;二是各预算责任中心按照下达的预算目标和预算政策,结合自身特点以及预测的执行条件,认真测算并提出本责任中心的预算草案,逐级汇总上报预算管理工作机构;三是预算管理工作机构进行充分协调、沟通,审查平衡预算草案;四是预算管理委员会应当对预算管理工作机构在综合平衡基础上提交的预算方案进行研究论证,从企业发展的全局角度提出进一步调整、修改的建议,形成企业年度全面预算草案,提交董事会;五是董事会审核全面预算草案,确保全面预算与企业发展战略、年度生产经营计划相协调。

(4)编制方法控制。企业应当本着遵循经济活动规律,充分考虑企业自身经济业务特点、基础数据管理水平、生产经营周期和管理需要的原则,选择或综合运用固定预算、弹性预算、滚动预算等方法编制预算。

(5)预算目标及指标体系设计控制。一是按照“财务指标为主体、非财务指标为补充”的原则设计预算指标体系;二是将企业的战略规划、经营目标体现在预算指标体系中;三是将企业产、供、销、投融资等各项活动的各个环节、各个方面的内容都纳入预算指标体系;四是将预算指标体系与绩效评价指标协调一致;五是按照各责任中心在工作性质权责范围、业务活动特点等方面的不同,设计不同或各有侧重的预算指标体系。

(6)预算编制时间控制。企业可以根据自身规模大小,组织结构和产品结构的复杂性、预算编制工具和熟练程度、全面预算开展的深度和广度等因素,确定合适的全面预算编制时间,并应当在预算年度开始前完成全面预算草案的编制工作。

2.预算审批

该环节的主要风险是:全面预算未经适当审批或超越授权审批,可能导致预算权威性不够、执行不力,或可能因出现重大差错、舞弊而导致损失。

主要控制措施:企业全面预算应当按照《中华人民共和国公司法》等相关法律法规及企业章程的规定报经审议批准。

3.预算下达

该环节的主要风险是:全面预算下达不力,可能导致预算执行或考核无据可查。主要控制措施：企业全面预算经审议批准后应及时以文件形式下达执行。

（二）预算执行阶段

预算执行阶段包括预算指标分解和责任落实、预算执行控制、预算分析、预算调整等具体环节。

1.预算指标分解和责任落实

该环节的主要风险是：预算指标分解不够详细、具体，可能导致企业的某些岗位和环节缺乏预算执行和控制依据；预算指标分解与业绩考核体系不匹配，可能导致预算执行不力；预算责任体系缺失或不健全，可能导致预算责任无法落实，预算缺乏强制性与严肃性；预算责任与执行单位或个人的控制能力不匹配，可能导致预算目标难以实现。

主要管控措施有以下几个。

（1）企业全面预算一经批准下达，各预算执行单位应当认真组织实施，将预算指标层层分解，横向将预算指标分解为若干相互关联的因素，寻找影响预算目标的关键因素并加以控制；纵向将各项预算指标层层分解落实到最终的岗位和个人，明确责任部门和最终责任人；时间上将年度预算指标分解细化为季度、月度预算，通过实施分期预算控制，实现年度预算目标。

（2）建立预算执行责任制度，对照已确定的责任指标，定期或不定期地对相关部门及人员责任指标完成情况进行检查，实施考评。可以通过签订预算目标责任书等形式明确各预算执行部门的预算责任。

（3）分解预算指标和建立预算执行责任制应当遵循定量化、全局性、可控性原则。预算指标的分解要明确、具体，便于执行和考核；预算指标的分解要有利于企业经营总目标的实现；赋予责任部门和责任人的预算指标应当是通过该责任部门或责任人的努力可以达到的，责任部门或责任人以其责权范围为限，对预算指标负责。

2.预算执行控制

该环节的主要风险是：缺乏严格的预算执行授权审批制度，可能导致预算执行随意；预算审批权限及程序混乱，可能导致越权审批、重复审批，降低预算执行效率和严肃性；预算执行过程中缺乏有效监控，可能导致预算执行不力，预算目标难以实现；缺乏健全有效的预算反馈和报告体系，可能导致预算执行情况不能及时反馈和沟通，预算差异得不到及时分析，预算监控难以发挥作用。

主要管控措施有以下几个。

（1）加强资金收付业务的预算控制，及时组织资金收入，严格控制资金支付，调节资金收付平衡，防范支付风险。

（2）严格控制资金支付业务的审批，及时制止不符合预算目标的经济行为。企业应当就涉及资金支付的预算内事项、超预算事项、预算外事项建立规范的授权批准制度和程序，避免越权审批，违规审批、重复审批现象的出现。

（3）建立预算执行实时监控制度，及时发现和纠正预算执行中的偏差。确保企业办理采购与付款、销售与收款、成本费用、工程项目，对外投融资、研究与开发，信息系统、人力资源、安全环保、资产购置与维护等各项业务和事项，均符合预算要求。

（4）建立重大预算项目特别关注制度。对于工程项目，对外投融资等重大预算项目，企业应当密切跟踪其实施进度和完成情况,实行严格监控。对于重大的关键性预算指标,也要密切跟踪,检查。

(5)建立预算执行情况预警机制,科学选择预警指标,合理确定预警范围,及时发出预警信号,积极采取应对措施。有条件的企业,应当推进和实施预算管理的信息化,通过现代电子信息技术手段控制和监控预算执行,提高预警与应对水平。

(6)建立健全预算执行情况内部反馈和报告制度,确保预算执行信息传输及时、畅通、有效。

3.预算分析

该环节的主要风险是:预算分析不正确、不科学、不及时,可能削弱预算执行控制的效果,或可能导致预算考评不客观、不公平;对预算差异的克服措施不得力,可能导致预算分析形同虚设。

主要管控措施有以下几个。

(1)企业预算管理工作机构和各预算执行单位应当建立预算执行情况分析制度,定期召开预算执行分析会议,通报预算执行情况,研究、解决预算执行中存在的问题,认真分析原因,提出改进措施。

(2)企业应当加强对预算分析流程和方法的控制,确保预算分析结果准确、合理。预算分析流程一般包括确定分析对象、收集资料、确定差异及分析原因、提出措施及反馈报告等环节。企业分析预算执行情况,应当充分收集有关财务、业务、市场、技术、政策、法律等方面的信息资料,根据不同情况分别采用比率分析、比较分析,因素分析等方法,从定量与定性两个层面充分反映预算执行单位的现状发展趋势及其存在的潜力。

(3)企业应当采取恰当措施处理预算执行偏差。因内部执行导致的预算差异,应分清责任归属,与预算考评和奖惩挂钩,并将责任单位或责任人的改进措施的实际执行效果纳入业绩考核;因外部环境变化导致的预算差异,应分析该变化是否长期影响企业发展战略的实施,并作为下期预算编制的影响因素。

4.预算调整

该环节的主要风险是:预算调整依据不充分、方案不合理、审批程序不严格,可能导致预算调整随意、频繁,预算失去严肃性和“硬约束”。

主要管控措施有以下几个。

(1)明确预算调整条件。由于市场环境、国家政策或不可抗力等客观因素,预算执行发生重大差异确需调整预算的,应当履行严格的审批程序。企业应当在有关预算管理制度中明确。

(2)强化预算调整原则。一是预算调整应当符合企业发展战略、年度经营目标和现实状况,重点放在预算执行中出现的重要的、非正常的,不符合常规的关键性差异方面;二是预算调整方案应当客观、合理、可行,在经济上能够实现最优化;三是预算调整应当谨慎,调整频率应予以严格控制,年度调整次数应尽量少。

(3)规范预算调整程序,严格审批。预算管理工作机构应当对预算执行单位提交的预算调整报告进行审核分析,集中编制企业年度预算调整方案,提交预算管理委员会。预算管理委员会应当对年度预算调整方案进行审议,根据预算调整事项性质或预算调整金额的不同，根据授权进行审批，或提交原预算审批机构审议批准，然后下达执行。

（三）预算考核阶段

该环节的主要风险是：预算考核不严格、不合理、不到位，可能导致预算目标难以实现、预算管理流于形式。其中，预算考核是否合理受到考核主体和对象的界定是否合理、考核指标是否科学、考核过程是否公开透明、考核结果是否客观公正、奖惩措施是否公平合理且能够落实等因素的影响。

主要管控措施有以下几个。

（1）建立健全预算执行考核制度。一是建立严格的预算执行考核制度，对各预算执行单位和个人进行考核，将预算目标执行情况纳入考核和奖惩范围，切实做到有奖有惩、奖惩分明。二是制定有关预算执行考核的制度或办法，并认真、严格地组织实施。三是定期组织，实施预算考核，预算考核的周期一般应当与年度预算细分周期相一致。

（2）合理界定预算考核主体和考核对象。预算考核主体分为两个层次：预算管理委员会和内部各级预算责任单位。预算考核对象为企业内部各级预算责任单位和相关个人。界定预算考核主体和考核对象应当主要遵循以下原则：一是上级考核下级原则，即由上级预算责任单位对下级预算责任单位实施考核；二是逐级考核原则，即由预算执行单位的直接上级对其进行考核，间接上级不能隔级考核间接下级；三是预算执行与预算考核相互分离原则，即预算执行单位的预算考核应由其直接上级部门来进行，而绝不能自己考核自己。

（3）科学设计预算考核指标体系，应主要把握以下原则：一是预算考核指标要以各责任中心承担的预算指标为主，同时本着相关性原则，增加一些全局性的预算指标和与其关系密切的相关责任中心的预算指标；二是考核指标应以定量指标为主，同时根据实际情况辅之以适当的定性指标；三是考核指标应当具有可控性，可达到性和明晰性

（4）按照公开、公平、公正原则实施预算考核。一是考核程序、标准、结果要公开。企业应当将全面预算考核程序、考核标准、奖惩办法、考核结果等及时公开。二是考核结果要客观公正，预算考核应当以客观事实作为依据，预算执行单位上报的预算执行报告是预算考核的基本依据，应当经本单位负责人签章确认，企业预算管理委员会及其工作机构定期组织预算执行情况考核时，应当将各预算执行单位负责人签字上报的预算执行报告和已掌握的动态监控信息进行核对，确认各执行单位预算完成情况。必要时，实行预算执行情况内部审计制度。三是奖惩措施要公平合理并得以及时落实。

第五节　其他业务活动内部控制案例分析

——某企业合同管理制度案例分析

一、总则

（一）为了实现依法治理企业，规范经济活动行为，促进公司对外经济活动的开展，提高经济效益，防止不必要的经济损失，根据《中华人民共和国民法典》及其他有关法律、法

规的规定,结合公司的实际情况,制定本制度。

(二)凡以公司名义对外发生经济活动的,应当签订经济合同。合同包括买卖合同、借款合同、租赁合同、建设工程合同、加工承揽合同、运输合同、资产转让合同、仓储合同、服务合同、保险合同、咨询审计等方面的合同,不包括劳动合同。

(三)对外签订合同由总经理或总经理授权,执行部门负责合同订立、履行管理、指导、监督等工作。

二、合同的签订

(四)签订经济合同,必须遵守《中华人民共和国民法典》及国家的法律、政策及有关规定。

(五)对外签订经济合同,除法定代表人外,必须是持有法人委托书的法人委托人。法人委托人必须对本企业负责,对本职工作负责,在授权范围内行使签约权。超越代理权限和非法委托人均无权对外签约,但经总经理特别授权并发给委托证明书的例外。

(六)签约人在签订经济合同之前,必须认真了解对方当事人的情况。包括:对方单位是否具有法人资格、是否有经营权、是否有履约能力及其资信情况,对方签约人是否是法定代表人或法人委托人及其代理权限。做到既要考虑本方的经济效益,又要考虑对方的条件和实际能力,防止上当受骗,防止签订无效的经济合同,确保所签合同有效、有利。

(七)签订经济合同,必须贯彻"平等互利、协商一致、等价有偿"的原则和"价廉物美、择优签约"的原则。

(八)签订经济合同,如涉及公司内部其他单位的,应事先在内部进行协商,统一平衡,然后签约。

(九)经济合同除即时清结者,一律采用书面格式,国家规定采用标准合同文本的则必须采用标准文本。

(十)合同的内容要齐全。

(1)部首部分:注明供需双方的全称、签约时间和签约地点。

(2)合同标的:合同标的应具有唯一性、准确性,买卖合同应详细约定规格、型号、商标、产地、等级等内容;服务合同应约定详细的服务内容及要求;对合同标的无法以文字描述的应将图纸作为合同的附件。

(3)数量:合同应采用国家标准的计量单位,一般应约定标的物数量、计量单位、计量方法、合理误差及自然损耗率等。

(4)质量:有国家标准(或部门行业标准、或企业标准的),应约定所采用标准的代号;化工产品等可以用指标描述的产品应约定主要指标要求(标准已涵盖的除外);凭样品支付的应约定样品的产生方式及样品存放地点。

(5)价款或报酬:价款或者报酬应在合同中明确,价款、运费及支付方式;包装、运输方式应具体明确,提供发票种类要详细、明确;价款或报酬的支付期限。

(6)履行期限、地点和方式:履行期限应具体明确,无法约定具体时间的,应在合同中约定履行期间的方式;交(提)货期限、地点及验收方法应明确。

(7)违约责任:有法定违约金的按规定写明,法律没规定或规定不具体的,应具体写明约定的违约金数额、比例及计算方法。

(8)解决争议的方法要明确。

(9)结尾部分:注明双方单位名称、地址、电话、银行及账号,有双方代表人签字。双方都必须使用合同专用章,原则上不使用公章,严禁使用财务章或业务章,注明合同有效期限。

(10)当事人的名称、住所,合同抬头、落款、公章以及对方当事人提供的资信情况载明的当事人的名称、住所应保持一致。

(11)对工程建设合同、大宗材料、大型设备的采购合同,必须进行公开招标。通过考察综合评选,采用相对价格较低、保证质量的材料和设备。

(12)如签订工程建设合同,内容包括工程范围、建设工期,开工和囤工时间,工程质量、工程造价、技术资料、交付期间、材料和设备供应责任,付款和结算、竣工验收、质量保修范围和质量保证期、质保金、代扣代缴税金、双方相互协作等条款。

(十一)对外订立的经济合同,严禁在空白文本上盖章,并且原则上先由对方签字盖章后我方才予以签字盖章,严禁我方签字后以传真、信函的形式交对方签字盖章;如有例外需要,须总经理特批。

(十二)单份合同文本达两页以上的须加盖骑缝章。

(十三)合同盖章生效后,应交由办公室合同管理员按公司确定的规范对合同进行编号并登记。编码由两个英文字母和12位阿拉伯数字组成,其中前一个英文字母为公司代码(J),第二位英文字母为部门代码,第一至第八位阿拉伯数字为年、月、日,最后四位阿拉伯数字为顺序号。

(十四)合同文本原则上我方至少应持三份,合同文本及复印件由办公室、财务部、具体业务部门等各存一份。

(十五)签订经济合同,除合同履行地在我驻地外,签约时应力争协议合同由我方所在区、县人民法院管辖。

(十六)任何人对外签订合同,都必须以维护本公司合法权益和提高经济效益为宗旨,绝不允许在签订经济合同时假公济私、损公肥私、谋取私利,违者依法严惩。

三、合同的审查批准

(十七)经济合同的正式签订前,必须按规定上报领导审查批准后,方能正式签订。

(十八)经济合同审批权限如下。

(1)公司各部门对外签订的经济合同,要按规定上报公司总经理、合同评审小组、董事长进行审批。

(2)新增固定资产及固定资产的安装等合同须首先完成公司新增固定资产申请手续,由公司总经理审批。生产经营类合同标的额在500万元以内的由总经理审批。超出500万元的合同由董事长审批。其他类合同(如广告、技术咨询、管理咨询等)标的超过50万元的由董事长审批,否则由总经理审批。

(3)下列合同由公司合同评审小组审批:标的超过50万元的;有预付定金或预付货款的;联营、合资、合作合同;重大涉外或有不能确定、非标性合同;董事会、总经理委托评审的合同;内容复杂、较难掌握,各部门要求提供法律帮助的合同。公司合同评审小组主要负责评审合同条款、内容的合法性、严密性、可行性,并提出明确意见。

(十九)经济合同审查的要点如下。

(1)合同的合法性,包括:当事人有无签订、履行该合同的权利能力和行为能力;合同内容是否符合国家法律、政策和本制度规定;当事人的意思表达是否真实、一致,权利、义务是否平等;订约程序是否符合法律规定。

(2)合同的严密性,包括:合同应具备的条款是否齐全;当事人双方的权利、义务是否具体、明确;文字表述是否确切无误。

(3)合同的可行性,包括:当事人双方特别是对方是否具备履行合同的能力、条件;预计取得的经济效益和可能承担的风险;合同非正常履行时可能受到的经济损失。

(二十)根据法律规定或实际需要,经济合同还应当或报工商行政管理部门鉴证,或请公证处公证。

四、合同的履行

(二十一)经济合同依法成立,即具有法律约束力。一切与合同有关的部门、人员都必须本着"重合同、守信誉"的原则,严格执行合同所规定的义务,确保合同的履行。

(二十二)有关部门在合同履行中遇履约困难或违约等情况应及时向公司总经理汇报。

(二十三)财务部门依据合同履行情况做好收付款工作,对具有下列情形的业务,财务部门拒绝付款。

(1)应当订立书面合同而未订立书面合同。

(2)收款单位与合同对方当事人名称不一致的。

(3)未按合同约定付款或未能达到付款要求的。

(二十四)在合同履行过程中,合同对方所开具的发票必须先由具体经办人员审核签字认可,经审批程序,再转到财务审核付款。

(二十五)在合同履行过程中有关人员应妥善管理合同资料,对工程合同的有关技术资料、图表等重要原始资料应建立出借、领用制度,以保证合同的完整性。

(二十六)合同履行完毕的标准,应经合同条款或法律规定为准。没有合同条款或法律规定的,一般应以物资交清,工程完工并验收合格、价款结清、无遗留交涉手续为准。

(二十七)各部门领导及签约人应随时了解、掌握经济合同的履行情况,发现问题及时处理汇报。否则,造成经济合同不能履行、不能完全履行的,要追究有关人员的责任。

五、合同的变更、解除

(二十八)在经济合同履行过程中碰到困难的,各部门首先应尽一切努力克服困难,尽力保障合同的履行。如实际履行或适当履行确有不可克服的困难而需要变更、解除合同时,应在法律规定或合理期限内与对方当事人进行协商。

(二十九)对主当事人提出变更、解除合同的,应从维护本企业合法权益出发,从严控制。

(三十)变更、解除经济合同,必须符合《中华人民共和国经济合同法》的规定,并应在公司内办理有关手续。

(三十一)变更、解除经济合同,一律采用书面形式(包括当事人双方的信件、函电、电传等),口头形式一律作废。

（三十二）变更、解除经济合同的协议在未达成或未批准之前，原合同仍有效，仍应履行。但特殊情况经双方一致同意的例外。

（三十三）因变更、解除合同而使当事人的利益遭受损失的，除法律允许免负责任的以外，均应承担相应的责任，并在变更、解除合同的协议书中明确规定。

（三十四）以变更、解除合同为名，行以权谋私、假公济私之实，损公肥私的，一经发现，从严惩处。

六、合同纠纷的处理

（三十五）合同在履行过程中如与对方当事人发生纠纷的，应按《中华人民共和国经济合同法》等有关法规和本制度的规定妥善处理。

（三十六）合同纠纷由签约部门负责处理。

（三十七）处理合同纠纷的原则是：

（1）坚持以事实为依据、以法律为准绳，法律没有规定的，以国家政策或合同条款为准。

（2）以双方协商解决为基本办法。纠纷发生后，应及时与对方当事人友好协商，在既维护本企业合法权益，又不侵犯对方合法权益的基础上，互谅互让，达成协议，解决纠纷。

（3）因对方责任引起的纠纷，应坚持原则，保障我方合法权益不受侵犯；因我方责任引起的纠纷，应尊重对方的合法权益，主动承担责任，并尽量采取补救措施，减少我方损失；因双方责任引起的纠纷，应实事求是，分清主次，合情合理解决。

（三十八）各部门在处理纠纷时，应加强联系，及时通气，积极主动地做好应该做的工作，不互相推诿、指责、埋怨，统一意见，统一行动，一致对外。

（三十九）对于经济合同纠纷经双方协商达成一致意见的，应签订书面协议，由双方代表签字并加盖双方法人公章或合同专用章。

（四十）对方当事人逾期不履行已经发生法律效力的调解书、仲裁决定书或判决书的，由办公室配合各部门向人民法院申请执行。执行中若达成和解协议的，应制作协议书并按协议书规定办理。

（四十一）合同纠纷处理或执行完毕的，应及时通知有关部门，并将有关资料汇总、归档，以备查考。

七、合同的管理

（四十二）本公司对合同实行二级管理、专业归口制度。本公司合同管理具体是：

（1）公司由办公室总负责，归口管理为公司各部门；各部门具体负责各自授权范围内的合同谈判、拟稿及履行工作。

（2）公司所有合同均由办公室统一登记编号、经办人签名后，按审批权限分别由总经理或其他书面授权人签署。

（四十三）办公室会同有关部门认真做好合同管理的基础工作。具体如下：

（1）建立合同档案。每一份合同都必须有一个编号，不得重复或遗漏。每一份合同包括合同正本、副本及附件，合同文本的签收记录，合同分批履行的情况记录，变更、解除合同的协议（包括文书、电传等），均应妥善保管。

(2)建立合同管理台账。各企业应根据合同的不同种类,建立经济合同的分类台账和总台账。每个企业必须设一个总台账。其主要内容包括:序号、合同号、经手人、签约日期、合同标的、价金、对方单位、履行情况及备注等。台账应逐日填写,做到准确、及时、完整。

(3)填写"经济合同情况月报表"。各部应在月初将下一个月的月报表填好后报送总经理办公室,同时抄报财务部。

××有限公司财务部
××××年×月×日

本章小结

业务循环控制是内部控制基本方法,在企业资金活动、采购业务、资产管理、销售业务、研究与开发、工程项目、担保业务、业务外包及财务报告等业务领域的具体应用,本章主要介绍了资产管理、资金管理、合同管理、预算管理等业务活动内部控制的控制目标、主要风险点和关键控制措施。通过本章学习,在理论知识方面:要求了解资产管理、资金管理、合同管理及预算管理的主要风险点,掌握其控制目标及关键控制措施。在思政方面:强调企业管理中诚信建设的重要性,突出"个人声誉""企业声誉"维护的附加价值,培养学生的责任意识和主人翁意识。

课后练习题

一、单项选择题

1.企业筹资、投资和资金营运等活动的总称是(　　)。

A.资金活动　　B.资产管理

C.担保业务　　D.工程项目

2.针对固定资产运行与维护环节可能存在的固定资产操作不当、维修保养不到位,造成固定资产运作不良、使用效率低下、产品残次率高、生产停顿,甚至出现生产事故等风险,企业可以采取的控制措施是(　　)。

A.企业应当强化对关键设备运转的监控,严格操作流程,实行岗前培训和岗位许可制度,确保设备安全运转

B.企业应当定期对固定资产的技术先进性进行评估

C.按照单项资产建立固定资产卡片

D.定期对固定资产进行清查

3.除全面梳理资产管理流程、查找薄弱环节外,资产管理的总体要求还包括(　　)。

A.重视投保　　B.严格执行与监控

C.完善相关管理制度　　D.以战略为导向

4.以下不属于无形资产的使用与保护环节主要风险的是(　　)。

A.无形资产使用效率低下

B.存在重大技术安全隐患以及忽视品牌建设、社会认可度低

C.缺乏严格的保密措施,导致商业秘密泄露

D.其他企业的侵权行为损害企业利益

5.缺乏对担保合同的跟踪管理或监控不力,无法对被担保人出现的异常情况进行及时报告和处理,给企业造成损失,这属于担保业务中(　　)环节的主要风险。

A.会计系统控制　　B.调查评估

C.审批　　D.日常管理

二、多项选择题

1.实施资金活动内部控制的总体要求包括(　　)。

A.建立科学决策机制　　B.实行资金集中管控

C.合理设计流程　　D.抓住关键控制点

2.在资产管理中,应重点关注的风险包括(　　)。

A.存货积压或短缺

B.存货价值贬损或生产中断

C.固定资产更新改造不够、使用效能低下、维护不当、产能过剩

D.无形资产缺乏核心技术、权属不清、技术落后、存在重大技术安全隐患

3.全面预算管理内涵,正确的是(　　)。

A.是以企业的战略定位为导向,以企业按规范的流程编制的全面预算为基础,涉及全方位、监督全过程、面向全员,集执行、监控、考评、激励于一体的企业综合管理控制系统。

B.指企业按规范的流程编制的全面预算管理系统。

C.以业绩管理为核心的评价系统

D.以成本费用控制为核心的控制系统

4.全面预算管理特点具体表现为以下六个方面,不正确的是(　　)。

A.战略导向性　　B.全面性、全员性、全程性

C.目标性、指令性　　D.指导性

5.关于合同管理内部控制,下列说法正确的是(　　)。

A.企业对外发生经济行为,除即时结清方式外,应当订立书面合同

B.重大合同或法律关系复杂的特殊合同应当由法律部门参与起草

C.合同应由合同起草部门负责人与对方当事人签订生效

D.合同生效后,企业就质量、价款、履行地点等内容与合同对方没有约定或者约定不明确的,可以协议补充

三、简答题

1.资金活动的关键风险点都有哪些?

2.简要描述资产管理的基本流程。

3.如何建立健全现金管理制度。

4.简述固定资产管理的业务流程。

5.简述无形资产管理的业务流程。

四、案例分析题

南湖集团成立于2008年，该集团在13年间的总资产猛增到567亿元，资产翻了404倍，旗下拥有8家上市公司，其业务领域涵盖纺织产业、农业机械、医药等领域。但是，2021年9月中旬，上海银行对华源一笔1.8亿元贷款到期，此笔贷款是当年华源为收购上药集团而贷，因年初财政部检查事件，加之银行信贷整体收紧，上海银行担心华源无力还贷，遂加紧催收贷款，从而引发了华源集团的信用危机。从国资委指定的德勤会计师事务所的清产核资工作报告中显示，截至2021年9月20日，华源集团合并财务报表的净资产25亿元，银行负债高达251.14亿元，旗下8家上市公司的应收账款、其他应收款、预付账款合计高达73.36亿元，也就是说，这些上市公司的净资产几乎被掏空。不仅如此，财政部在2021年会计信息质量检查公报中披露，华源集团财务管理混乱，内部控制薄弱，部分下属子公司为达到融资和完成考核指标等目的，大量采用虚计收入、少计费用、不良资产巨额挂账等手段蓄意进行会计造假，导致报表虚盈实亏，会计信息严重失真。

要求：运用资金营运活动的关键风险点及控制措施的有关知识，分析该案例违背了哪些关键风险点。

第九章　内部控制自我评价

第一节　内部控制评价概述

内部控制评价作为优化内部控制自我监督机制的一项重要制度安排，是内部控制体系的重要组成部分，它对于企业自我完善内部控制体系、提升企业公众形象、实现与政府监管的协调互动具有重要作用。

一、内部控制评价的含义

《企业内部控制评价指引》第二条规定，内部控制评价是指由企业董事会或类似权力机构实施的，对企业内部控制有效性进行评价，形成评价结论，出具评价报告的过程。

内部控制评价的定义可从以下三点理解。

（一）内部控制评价的主体

该定义明确了企业内部控制评价的责任主体，即董事会或类似的权力机构，是建立健全和实施内部控制评价的责任方。

（二）内部控制评价的对象

该定义明确了企业内部控制评价的对象为内部控制的有效性。所谓内部控制的有效性，是指企业建立与实施内部控制对实现控制目标提供合理保证的程度。企业应当根据国家有关法律法规和《企业内部控制基本规范》的要求，结合企业实际情况，对战略目标、经营目标、报告目标、资产安全目标、合法合规目标等单个或整体控制目标的实现进行评价。

（三）内部控制评价是一个过程

该定义表明了企业内部控制评价是一个过程，要按照一定的流程来进行。企业对内部控制有效性进行评价后，必须按照规定出具评价报告。

二、内部控制评价的原则

企业实施内部控制评价至少应当遵循下列原则。

（一）全面性原则

内部控制评价工作应当包括内部控制的设计与运行，涵盖企业及其所属单位的各种业务和事项。

(二)重要性原则

内部控制评价工作应当在全面评价的基础上,坚持风险导向和突出重点的思路,关注重要业务单位、重大业务事项和高风险领域。

(三)客观性原则

内部控制评价工作应当准确地揭示经营管理的风险状况,如实反映内部控制设计和运行的有效性。

三、内部控制评价的内容

企业应当根据《企业内部控制基本规范》《企业内部控制应用指引》及本企业的内部控制制度,围绕内部环境、风险评估、控制活动、信息与沟通、内部监督等要素,确定内部控制评价的具体内容,对内部控制设计与运行情况进行全面评价。内部控制评价的内容具有以下几方面。

(一)内部环境评价

《企业内部控制评价指引》第六条规定:“企业组织开展内部环境评价,应当以组织架构、发展战略、人力资源、企业文化、社会责任等应用指引为依据,结合本企业的内部控制制度,对内部环境的设计及实际运行情况进行认定和评价。”内部环境评价应重点关注以下几方面。

(1)治理结构是否形同虚设。

(2)发展战略是否可行。

(3)机构设置是否重叠。

(4)权责分配是否明晰。

(5)不相容岗位是否分离。

(6)人力资源政策和激励约束机制是否科学合理。

(7)企业文化是否促进员工勤勉尽责。

(8)社会责任是否有效履行等。

(二)风险评估评价

《企业内部控制评价指引》第七条规定,企业组织开展风险评估机制评价,应当以《企业内部控制基本规范》有关风险评估的要求,以及各项应用指引中所列主要风险为依据,结合本企业的内部控制制度,对日常经营管理过程中的风险识别、风险分析、应对策略等进行认定和评价。风险评估应重点关注以下几方面。

(1)企业是否有明确的目标,并且已经与员工沟通,给员工在风险评估和控制问题中提供了有效的方向。

(2)显著的经营风险、财务风险和其他风险是否已经被(持续)认定和评估。

(3)管理层和企业中其他员工是否清楚地了解董事会可接受的风险。

(三)控制活动评价

《企业内部控制评价指引》第八条规定,企业组织开展控制活动评价,应当以《企业内部控制基本规范》和各项应用指引中的控制措施为依据,结合本企业的内部控制制度,对相关控制措施的设计和运行情况进行认定和评价。控制活动评价应当以生产经营活动为重点,至少关注以下几方面。

(1)资金的筹集、投放和营运过程是否存在资金链断裂。

(2)资产运行中是否存在效能低下或资产流失。

(3)采购与销售环节是否存在舞弊行为。

(4)研发项目是否经过科学论证。

(5)工程项目是否存在商业贿赂等。

同时还要兼顾分析控制手段是否有效,关注以下几方面。

(1)全面预算是否具有约束力。

(2)合同履行是否存在纠纷。

(3)信息系统是否与内部控制有机结合。

(4)内部报告是否及时传递和有效沟通等。

(四)信息与沟通评价

《企业内部控制评价指引》第九条规定,企业组织开展信息与沟通评价,应当以内部信息传递、财务报告、信息系统等相关应用指引为依据,结合本企业的内部控制制度,对信息收集,处理和传递的及时性、反舞弊机制的健全性、财务报告的真实性、信息系统的安全性,以及利用信息系统实施内部控制的有效性等进行认定和评价。信息与沟通评价应重点关注以下几方面。

(1)董事会和管理层能否及时地接收来自企业内外的关于违反企业目标的信息及其可能带来的风险。

(2)信息缺乏和相关的信息系统是否被重新评估为目标及其风险的改变或者被重新评估为缺陷。

(3)周期报告包括半年报和年报的程序是否有效地传达企业的现状和前景。

(4)是否建立了个人报告内控制度漏洞或其他不合适之处的沟通渠道。

(五)内部监督评价

《企业内部控制评价指引》第十条规定,企业组织开展内部监督评价,应当以《企业内部控制基本规范》有关内部监督的要求,以及各项应用指引中有关日常管控的规定为依据,结合本企业的内部控制制度、对内部监督机制的有效性进行认定和评价,重点关注监事会、审计委员会、内部审计机构等是否在内部控制设计和运行中有效发挥监督作用。内部监督评价应关注以下几方面。

(1)企业是否制定了全面风险管理和内部控制的监督程序。

(2)这些监督程序是否具有监控企业重新评估风险及有效地调整控制以适应企业目标、业务和内部环境改变的能力。

(3)是否存在有效的后续程序保证内控体系的改变以适应风险的变化。

(4)与董事会(或董事会专门委员会)沟通风险和控制事件监控程序的有效性的方式是否合适。

（5）是否存在内部监督和向董事会报告重大风险的具体安排。

四、内部控制评价的程序

《企业内部控制评价指引》第十二条规定，企业应当按照内部控制评价办法规定的程序，有序开展内部控制评价工作。内部控制评价程序一般包括制订评价工作方案、组成评价工作组、实施现场测试、认定控制缺陷、汇总评价结果、编报评价报告等环节。

（一）制订评价工作方案

内部控制评价机构应当根据企业整体控制目标，制订内部控制评价工作方案，明确评价目的、范围、组织、标准、方法、进度安排和费用预算等内容，报管理层和董事会审批。

评价工作方案一般由评价项目、编制依据、评价目标、评价方式、评价范围和内容、重要性和风险评估、具体的评价程序和方法、评价实施步骤及时间安排、评价组成员和具体评价事项的分工、其他有关要求等要素组成，其中最关键的是评价内容。

（二）组成评价工作组

评价工作组是在内部控制评价机构领导下，具体承担内部控制检查评价任务。内部控制评价机构根据经批准的评价方案，挑选具备独立性、业务胜任能力和职业道德素养的评价人员实施评价。评价工作组成员应当吸收企业内部相关机构熟悉情况、参与日常监控的负责人或业务骨干参加。企业应根据自身条件，尽量建立长效的内部控制评价培训机制。

（三）调查并初步评价

内部控制评价工作组通过审阅相关的规章制度、现场询问有关人员、实地观察等调查了解内部控制制度的建立和执行的详细情况，并做出初步评价。

一般来说，调查内容包括以下几点。

（1）企业所在行业情况，包括经营特征、经营风险、外部环境等。

（2）企业内部情况，包括组织结构、生产规模、管理模式、资本构成、员工素质等。

（3）企业近期在经营和内部控制方面的变化情况。

（4）企业自我评价内部控制有效性的方法和证据。

（5）企业内部控制系统的整体情况以及拟评价的业务流程在内部控制系统中的位置。

（6）与企业内部控制有关的其他情况。

（四）实施现场测试

《企业内部控制评价指引》第十五条规定，内部控制评价工作组应当对被评价单位进行现场测试，综合运用个别访谈、调查问卷、专题讨论、穿行测试、实地查验、抽样和比较分析等方法，充分收集被评价单位内部控制设计和运行是否有效的证据，按照评价的具体内容，如实填写评价工作底稿，研究分析内部控制缺陷。

评价工作组在到企业实施现场检查与评价时，应根据评价方案的分工和要求，通过询问有关人员、检查内部控制相关的文件和记录、观察经营管理活动，发现评价线索，确定评价重点，实施内部控制测试。

(五)认定控制缺陷

企业在内部控制评价中,应对内部控制缺陷进行分类分析。内部控制缺陷一般可分为设计缺陷和运行缺陷。企业对内部控制缺陷的认定,应当以日常监督和专项监督为基础,结合年度内部控制评价,由内部控制评价部门进行综合分析后提出认定意见,按照规定的权限和程序进行审核后予以最终认定。

(六)最终评价

企业进行内部控制综合性评价,首先,在合法性、健全性、符合性测试的基础上,选择适当的评价标准,明确评价要求,把握评价重点,并汇集和整理测试阶段的有关资料,编制审计工作底稿,填写检查评价工作表,分项量化打分;其次,根据各业务流程所占的权重,计算出内部控制总体评价得分,并结合对企业内部控制制度建立、健全及执行情况的综合分析,做出全面、客观、公正的评价。

五、内部控制评价的方法

内部控制评价重点测定内部控制各个组成部分是否按规定的控制步骤、方法运行,测试各控制环节运行与其内容是否相符,检查各控制环节和控制点的内容、程序、方法等是否正常运行以及相互之间的协调配合情况等。

(1)个别访问法,是指企业根据检查评价需要,对被查单位员工进行单独访谈,以获取有关信息。个别访问法主要用于了解公司内部控制的现状,在企业层面评价以及业务层面评价的了解阶段经常使用。

(2)调查问卷法,是指企业设置问卷调查表,分别对不同层次的员工进行问卷调查,根据调查结果对相关项目做出评价。调查问卷法主要用于企业层面评价。

(3)穿行测试法,是指在内部控制流程中任意选取一笔交易作为样本,追踪该交易从最初起源直到最终在财务报表或其他经营管理报告中反映出来的过程,即该流程从起点到终点的全过程,以此了解控制措施设计的有效性,并识别出关键控制点。

(4)抽样法,是指企业针对具体的内部控制业务流程,按照业务发生频率及固有风险的高低,从确定的抽样总体中抽取一定比例的业务样本,对业务样本的符合性进行判断,进而对业务流程控制运行的有效性做出评价。

(5)实地查验法,是指企业对财产进行盘点、清查,以及对存货出、入库等控制环节进行现场查验。

(6)比较分析法,是指通过分析、比较数据间的关系,趋势或比率来取得评价证据的方法。

(7)专题讨论法,是指通过召集与业务流程相关的管理人员就业务流程的特定项目或具体问题进行讨论及评估的一种方法。

(8)标杆法,是指通过与组织内外部相同或相似经营活动的最佳实务进行比较而对控制设计有效性评价的方法。

(9)重新执行法,是指通过对某一控制活动全过程的重新执行来评估控制执行情况的方法。

第二节 内部控制缺陷认定

一、内部控制缺陷的概念

内部控制缺陷,是指内部控制设计存在漏洞,不能有效防范错误与舞弊,或者内部控制的运行存在弱点和偏差,不能及时发现并纠正错误与舞弊的情形。内部控制缺陷按照不同的标准可以有以下不同的分类。

(一)按照内部控制缺陷的成因分类

按照内部控制缺陷的成因分类,内部控制缺陷可分为设计缺陷和运行缺陷。设计缺陷是指缺少为实现控制目标所必需的控制,或现存控制设计不适当,即使运行正常也难以实现控制目标。运行缺陷是指现存设计完好的控制没有按设计意图运行,或执行者没有获得必要授权或缺乏胜任能力而难以有效地实施控制。

(二)按照内部控制缺陷的性质分类

按照内部控制缺陷的性质及影响内部控制目标实现的严重程度分类,内部控制缺陷可分为重大缺陷、重要缺陷和一般缺陷。重大缺陷,是指一个或多个控制缺陷的组合,可能导致企业严重偏离控制目标。当存在任何一个或多个内部控制重大缺陷时,应当在内部控制评价报告中做出内部控制无效的结论。重要缺陷,是指一个或多个控制缺陷的组合,其严重程度低于重大缺陷,但仍有可能导致企业偏离控制目标。一般缺陷,是指除重大缺陷、重要缺陷以外的其他控制缺陷。

二、内部控制缺陷认定的标准

《企业内部控制评价指引》按照缺陷程度把内部控制划分为重大缺陷、重要缺陷和一般缺陷三种等级。对内部控制缺陷的认定是对内部控制缺陷的重要程度进行识别和确定的过程,即判定一项缺陷属于重大缺陷、重要缺陷还是一般缺陷的过程。

内部控制缺陷的重要性和影响程度是相对于内部控制目标而言的。按照对财务报告目标和其他内部控制目标实现影响的具体表现形式,区分财务报告内部控制缺陷和非财务报告内部控制缺陷,分别阐述内部控制缺陷的认定标准。

(一)财务报告内部控制缺陷的认定标准

与财务报告内部控制有关的内部控制缺陷所采用的认定标准直接取决于该内部控制缺陷的存在可能导致的财务报告错报的重要程度。重要程度主要取决于以两点。①该缺陷是否具备合理可能性导致企业的内部控制不能及时防止或发现并纠正财务报告错误。②该缺陷单独或连同其他缺陷可能导致的潜在错报金额的大小。

出现以下迹象之一的,通常表明财务报告内部控制可能存在重大缺陷。①董事、监事和高级管理人员舞弊。②企业更正已公布的财务报告。③注册会计师发现当期财务报告存在重大错报,而内部控制在运行过程中未能发现该错误。④企业审计委员会和内部审计机构对内部控制的监督无效。

内部控制缺陷的严重程度并不取决于是否实际发生了错报,而是取决于该控制及时防止或发现并纠正潜在缺陷的可能性。

(二)非财务报告内部控制缺陷的认定标准

非财务报告内部控制缺陷,是指除财务报告目标之外的与其他目标相关的内部控制缺陷,包括战略内部控制缺陷、经营内部控制缺陷、合规内部控制缺陷、资产内部控制缺陷。

非财务报告内部控制缺陷的认定采用定性和定量的认定标准,企业可以根据风险评估的结果,结合自身的实际情况、管理现状和发展要求合理确定。定性分析是指对事物从总体上进行分析和综合评价,以确定是优还是劣,是消极还是积极。定量分析是指对事物进行数量测定和量化处理。

三、内部控制缺陷认定的流程

内部控制缺陷的认定流程分为三个阶段。企业对内部控制缺陷的认定,应当以日常监督和专项监督为基础,结合年度内部控制评价,由内部控制评价部门进行综合分析后提出认定意见,按照规定的权限和程序进行审核后予以最终认定。

(一)评价工作组初步认定

企业在日常监督、专项监督和年度评价工作中,应当充分发挥内部控制评价工作组的作用。内部控制评价工作组应当根据现场测试获取的证据,对内部控制缺陷进行初步认定,并按其影响程度分为重大缺陷、重要缺陷和一般缺陷。

(二)工作组负责人审核

企业内部控制评价工作组应当建立评价质量交叉复核制度,评价工作组负责人应当对评价工作底稿进行严格审核,并对所认定的评价结果签字确认后,提交企业内部控制评价部门。

(三)内部控制评价部门综合分析全面复核

企业内部控制评价部门应当编制内部控制缺陷认定汇总表,结合日常监督和专项监督发现的内部控制缺陷及其持续改进情况,对内部控制缺陷及其成因、表现形式和影响程度进行综合分析和全面复核,提出认定意见,并以适当的形式向董事会、监事会或经理层报告。重大缺陷应当由董事会予以最终认定。

第三节　内部控制评价工作底稿

一、内部控制评价工作底稿

根据《企业内部控制评价指引》第十一条规定:“内部控制评价工作应当形成工作底稿,详细记录企业执行评价工作的内容,包括评价要素、主要风险点、采取的控制措施、有关证据资料以及认定结果等。评价工作底稿应当设计合理、证据充分、简便易行、便于操作。”工作底稿可以通过一系列评价表格加以实现。一般来说,评价底稿包括业务流程评价表、控制要素评价表、内部控制评价汇总表三个层次。

企业应尽量按照统一的格式编制内部控制评价工作底稿，格式详见表9-1和表9-2。

表9-1 上市公司董事对公司内控评价的工作底稿（非独立董事版本）

公司名称： 内部控制评价报告年度：20××年

序号	内部控制评价勤勉尽责关注要点			说明
一	内控制度建设情况	—	—	
1	公司是否已经建立财务报告内部控制制度并形成书面文件	是	否	
二	内部控制评价职能部门报告情况	—	—	
1	内部控制评价职能部门是否定期直接向董事会或其下设审计委员会等专业委员会报告内部控制检查、监督和评价工作情况	是	否	
2	本年度内部控制评价职能部门发现的问题有哪些	—	—	
3	内部控制评价职能部门对发现的问题是否提出过解决建议	是	否	
三	内控改进	—	—	
1	截至评价报告编报之日，公司对内部控制评价职能部门发现的问题已采取的更正或改进措施有哪些	—	—	
四	公司是否聘请过中介机构协助本公司建立健全内部控制制度	是	否	
五	董事会在自我评价过程中发现的问题	是	否	
1	本年度是否发现公司财务报告或相关信息存在不真实、不准确或不完整的情况	是	否	
2	本年度是否发生被相关部门或监管机构（如工商、税务、生态环境部门等）处罚的情况	是	否	
3	本年度公司是否发生因内控缺失而造成的重大资产损失	是	否	
4	公司是否存在由于高管舞弊而导致内部控制失效的情况	是	否	
5	董事会是否了解监事会在审议年度监事会工作报告中对公司内部控制的意见或建议	是	否	
6	董事会在自我评价过程中发现的其他问题	—	—	
六	对公司财务报告相关内部控制的总体评价意见	—	—	
七	在评价过程中，发现公司的非财务报告内部控制缺陷有哪些	—	—	

董事签名： 日期： 年 月 日

表9-2 上市公司董事对公司内控评价的工作底稿（独立董事版本）

公司名称： 内部控制评价报告年度：20××年

序号	独立董事对公司财务报告内部控制评价勤勉尽责关注要点			说明
一	董事会审议本年度年报前，独立董事是否与财务总监、财务部门负责人及报表编制人员进行过沟通	是	否	

续表

序号	独立董事对公司财务报告内部控制评价勤勉尽责关注要点			说明
二	在与上述人员进行沟通的过程中，独立董事是否发现在编制年报时公司存在对本年度内季报、半年报已披露内容进行调整的情况	是	否	
三	本年度独立董事是否就年报审计及财务报告内部控制审计与会计师事务所进行过沟通	是	否	
四	在与会计师事务所沟通的过程中，独立董事是否发现在编制年报时，公司存在对本年度内季报、半年报已披露内容进行调整或更正的情况	是	否	
五	在与会计师事务所沟通的过程中，独立董事知悉公司与财务报告相关的内部控制存在的问题有哪些	—	—	
六	本年度公司是否发生过对已披露财务信息进行更正或补充的情况。如有，请说明发生的次数和基本情况及其可能涉及的财务报告内部控制的缺陷（包括设计有效性和执行有效性）	是	否	
七	本年度是否存在对季报、半年报已披露内容进行调整的情况或发生过对已披露财务信息进行更正或补充的情况。如有，独立董事在内部控制方面提出解决措施有哪些	是	否	
八	如聘请过中介机构协助公司建立健全内部控制制度，在与该中介机构沟通的过程中，独立董事是否知悉公司内部控制存在的问题	是	否	
序号	独立董事对公司内部控制评价勤勉尽责关注要点			
一	内控制度建设情况			
1	公司是否已经建立财务报告内部控制制度并形成书面文件	是	否	
二	内部控制评价职能部门报告情况	—	—	
1	内部控制评价职能部门是否定期直接向董事会或其下设审计委员会等专业委员会报告内部控制检查、监督和评价工作情况	是	否	
2	本年度内部控制评价职能部门发现的问题有哪些	—	—	
3	内部控制评价职能部门对发现的问题是否提出过解决建议	是	否	
三	内控改进			
1	截至评价报告编报之日，公司对内部控制评价职能部门发现的问题已采取的更正或改进措施有哪些	—	—	
四	公司是否聘请过中介机构协助本公司建立健全内部控制制度	是	否	
五	董事会在自我评价过程中发现的问题有哪些	—	—	
1	本年度，是否发现公司财务报告或相关信息存在不真实、不准确或不完整的情况	是	否	
2	本年度是否发生被相关部门或监管机构（如工商、税务、生态环境部门等）处罚的情况	是	否	
3	本年度公司是否发生因内控缺失而造成的重大资产损失	是	否	

续表

序号	独立董事对公司财务报告内部控制评价勤勉尽责关注要点			说明
4	公司是否存在由于高管舞弊而导致内部控制失效的情况	是	否	
5	董事会是否了解监事会在审议年度监事会工作报告中对公司内部控制的意见或建议	是	否	
6	董事会在自我评价过程中发现的其他问题	—	—	
六	对公司财务报告相关内部控制的总体评价意见	—	—	
七	在评价过程中,发现公司的非财务报告内部控制缺陷有哪些	—	—	

董事签名：　　　　　日期：　年　月　日

二、内部控制评价报告

内部控制评价报告是内部控制评价工作的主要组成部分,内部控制评价报告是董事会或类似权力机构以报告的形式对内部控制评价状况出具评价意见,并提供给相关信息使用者的一种书面文件。企业应当根据《企业内部控制基本规范》及其配套指引,设计内部控制评价报告的种类,格式和内容,按照规定的权限报经批准后对外报出。评价指引专门对内部控制评价报告进行规范,要求企业在评价报告中至少披露以下内容。

(1)董事会对内部控制报告真实性的声明,实质就是董事会全体成员对内部控制有效性负责。

(2)内部控制评价工作的总体情况,即概要说明。

(3)内部控制评价的依据,一般指基本规范、评价指引及企业在此基础上制定的评价办法。

(4)内部控制评价的范围,描述内部控制评价所涵盖的被评价单位,以及纳入评价范围的业务事项。

(5)内部控制评价的程序和方法。

(6)内部控制缺陷及其认定情况,主要描述适用本企业的内部控制缺陷具体认定标准,并声明与以前年度保持一致,同时,根据内部控制缺陷认定标准,确定评价期末存在的重大缺陷、重要缺陷和一般缺陷。

(7)内部控制缺陷的整改情况及对重大缺陷拟采取的整改措施。

(8)内部控制有效性的结论,对不存在重大缺陷的情形,出具评价期末内部控制有效结论,对存在重大缺陷的情形,不得做出内部控制有效的结论,并需描述该重大缺陷的成因、表现形式及其对实现相关控制目标的重要程度。

企业应尽量按照统一的格式编制内部控制评价报告,以满足外部信息使用者对内控信息可比性的要求。内部控制评价报告的格式如下。

××股份有限公司20××年度内部控制评价报告

××股份有限公司全体股东：

××公司董事会(以下简称董事会)对建立和维护充分的财务报告相关内部控制制度负责。

财务报告相关内部控制的目标是保证财务报告信息真实完整和可靠、防范重大错报风险。由于内部控制存在固有局限性,因此仅能对上述目标提供合理保证。

董事会已按照《企业内部控制基本规范》要求对财务报告相关内部控制进行了评价,并认为其在20××年12月31日(基准日)有效,或在以下方面存在重大缺陷:对重大缺陷的说明。公司已对该缺陷采取(或拟对该缺陷采取)如下整改措施:

…………

我公司在内部控制自我评价过程中发现的(或未发现与非财务报告相关的内部控制缺陷)与非财务报告相关的内部控制缺陷情况包括……(具体缺陷情况)。

我公司聘请的××××××会计师事务所名称已对公司财务报告相关内部控制的有效性进行了审计,出具了……(审计意见)。

董事长:(签名)

××股份有限公司

20××年××月××日

第四节　内部控制自我评价报告案例分析

——比亚迪股份有限公司2019年度内部控制自我评价报告

比亚迪股份有限公司全体股东:

根据《企业内部控制基本规范》及其配套指引的规定和其他内部控制监管要求(以下简称企业内部控制规范体系),结合本公司(以下简称公司)内部控制制度和评价办法,在内部控制日常监督和专项监督的基础上,我们对公司2019年度内部控制的有效性进行了评价。

一、重要声明

按照企业内部控制规范体系的规定,建立健全和有效实施内部控制,评价其有效性,并如实披露内部控制评价报告是公司董事会的责任。监事会对董事会建立和实施内部控制进行监督。经理层负责组织领导企业内部控制的日常运行。公司董事会、监事会及董事、监事、高级管理人员保证本报告内容不存在任何虚假记载、误导性陈述或重大遗漏,并对报告内容的真实性、准确性和完整性承担个别及连带法律责任。

公司内部控制的目标是合理保证经营管理合法合规、资产安全、财务报告及相关信息真实完整,提高经营效率和效果,促进实现发展战略。由于内部控制存在的固有局限性,故仅能为实现上述目标提供合理保证。此外,由于情况的变化可能导致内部控制变得不恰当,或对控制政策和程序遵循的程度降低,根据内部控制评价结果推测未来内部控制的有效性具有一定的风险。

二、内部控制评价结论

根据公司财务报告内部控制重大缺陷的认定情况，于内部控制评价报告基准日，不存在财务报告内部控制重大缺陷。董事会认为，公司已按照企业内部控制规范体系和相关规定的要求在所有重大方面保持了有效的财务报告内部控制。

根据公司非财务报告内部控制重大缺陷认定情况，于内部控制评价报告基准日，公司未发现非财务报告内部控制重大缺陷。

自内部控制评价报告基准日至内部控制评价报告发出日之间未发生影响内部控制有效性评价结论的因素。

三、内部控制评价工作情况

（一）内部控制评价范围

在董事会、管理层及全体员工的共同努力下，公司已经建立一套比较完整且运行有效的内部控制管理体系，从公司层面到业务流程层面均建立了系统的内部控制体系及必要的内部监督机制，为公司经营管理的合法合规、资产安全、财务报告及相关信息真实完整、提高经营效率和效果、促进实现发展战略提供了合理保障。公司通过风险检查、内部审计等方式对公司内部控制的设计及运行的效率、效果进行自我评价。

公司按照风险导向原则确定纳入评价范围的主要单位、业务和事项以及高风险领域。纳入评价范围的主要单位包括：比亚迪股份有限公司、比亚迪精密制造有限公司、深圳市比亚迪锂电池有限公司、深圳市比亚迪微电子有限公司、深圳市比亚迪供应链管理有限公司、惠州比亚迪电子有限公司、惠州比亚迪实业有限公司、惠州比亚迪电池有限公司、商洛比亚迪实业有限公司、上海比亚迪有限公司、西安比亚迪电子有限公司、比亚迪汽车有限公司、比亚迪汽车工业有限公司、汕尾比亚迪汽车有限公司、长沙市比亚迪汽车有限公司、韶关比亚迪实业有限公司、汕头比亚迪电子有限公司、比亚迪汽车销售有限公司、武汉比亚迪汽车有限公司、武汉比亚迪电子有限公司、领裕国际有限公司、青海比亚迪锂电池有限公司等。纳入评价范围单位资产总额和营业收入占公司合并财务报表对应项目超过80%。

纳入评价范围的主要业务和事项包括：公司层面和业务层面。公司层面包括组织架构、发展战略、人力资源、社会责任、企业文化；业务层面涵盖了资金活动、采购业务、资产管理、销售业务、研究与开发、工程项目、财务报告、合同管理、信息系统、关联交易、对外担保、重大投资、募集资金存放与使用、信息披露，评价范围覆盖了公司及下属子公司的核心业务流程和主要的专业模块。重点关注的高风险领域主要包括：资金活动、资产管理、销售业务、采购业务。

上述纳入评价范围的单位、业务和事项以及高风险领域涵盖了公司经营管理的主要方面，不存在重大遗漏。具体内容下。

1.组织架构

公司根据《中华人民共和国公司法》《中华人民共和国证券法》《中华人民共和国上市公司治理准则》《深圳证券交易所上市公司规范运作指引》等相关法律法规要求，建立了规范的公司治理结构和议事规则，对股东大会、董事会、监事会、高级管理层和企业内部各层级机构的设置、职责权限、工作程序和相关要求进行了明确的制度安排，确立了股东大会、董事会、监事会、高级管理层之间权力制衡关系。股东大会是公司最高权力机构，通过董事会对公司进行管理和监督。董事会是公司的常设决策机构，向股东大会负责，对公司经营活动中的重大决策问题进行审议并做出决定，或提交股东大会审议。公司董事会下设审核委员会、薪酬委员会、提名委员会、战略委员会，负责各专业领域的事务，以提高运作效率。监事会是公司的监督机构，向股东大会负责，对公司董事、总裁及其他高级管理人员的行为进行监督。

2019 年，公司制定、修订了《比亚迪公司授权管理规定》《比亚迪公司管理问责规定》《比亚迪公司规章制度制定程序》《比亚迪公司人力资源风险管理程序》《比亚迪公司离任审计管理规定》，进一步完善内部控制和风险管理相关制度。

2.发展战略

公司始终坚持“技术为王，创新为本”的发展理念。公司凭借强大的研发团队和创新发展模式，业务涵盖汽车、轨道交通、新能源和电子等领域，从能源的获取、存储到应用，全方位构建零排放的新能源整体解决方案。

作为一家以技术和创新为驱动的绿色科技公司，比亚迪秉承“用技术创新，满足人们对美好生活的向往”的品牌使命，在以解决社会问题为导向的过程中实现高质量发展，提出“新能源车治污，轨道交通治堵”的战略。在“治污”方面，依托掌握 IGBT、电池、电机、电控等新能源车全产业链核心技术，推出了城市公交、城市建筑物流、环卫车、出租车等构成的“7+4”全市场战略，力争把道路交通领域所有用油的地方用电替换，并已经向全球同行共享新能源汽车技术。在“治堵”方面，比亚迪投入上百亿元资金，研发的中运量跨坐式单轨“云轨”和小运量胶轮有轨电车“云巴”已正式进入市场推广阶段，并已斩获国内外订单 。

2019 年，比亚迪汽车面对车市持续下行、新能源政策补贴退场、市场竞争更加激烈等不利环境，新能源车销量仍连续 6 年稳居全国第一。截至目前，公司纯电动大巴和出租车足迹已遍布全球 50 多个国家和地区、300 多个城市。

3.人力资源

公司根据人力资源现状和未来需求预测，持续优化人力资源整体布局，制定和实施有利于企业可持续发展的人力资源政策，将职业道德素养和专业胜任能力作为选拔和聘用员工的重要标准，切实加强员工培训和继续教育，不断提升员工素质，实现人力资源的合理配置，全面提升公司核心竞争力。

公司拥有成熟、健全的人力资源管理制度，覆盖人才引进、人才培养、薪酬福利、绩效考核等各个方面。2019 年，公司制定、修订了《比亚迪公司人才管理规定》等 11 份人力资源管理制度，使其与公司发展战略保持一致。

4.社会责任

公司积极履行社会责任，在追求经济效益、保护股东利益的同时，永远致力于企业和社会的和谐和可持续发展，努力通过技术创新、产品创新和管理创新以及完善的商业运作来提升利益相关者（股东、客户、员工、供应商、商业伙伴、当地社会以及其他相关组织）的权益，从而促进公司本身与全社会的和谐发展。

在不断提升国际竞争力的同时，公司始终倡导做爱心企业，将社会责任当成企业精神的重要内容加以传扬;始终关注民生民情,积极承担社会责任,争做有爱心的优秀企业,积极参与扶贫济困、教育支持、社区发展等公益事业,为社会发展贡献应有的力量。

公司通过《比亚迪公司行为准则》《比亚迪公司商业道德规范》《比亚迪公司员工职业道德规范》《比亚迪公司个人数据保护管理办法》《比亚迪公司童工及青少年工管理程序》《比亚迪供应商企业社会责任管理作业细则》等制度落实各项社会责任。

5.企业文化

公司在持续发展的同时,始终致力于企业文化建设,矢志与员工一起分享公司成长带来的快乐。公司秉持“竞争、务实、激情、创新”的核心价值观,坚持以人为本的用人理念,尊重人、培养人、善待人,努力做到“事业留人,待遇留人,感情留人”,积极为员工营造公平、公正、和谐的发展环境。

公司建立了完善的企业文化建设及宣传管理体系,通过制定《比亚迪公司内部宣传管理规定》《比亚迪公司活动管理规定》《比亚迪公司 OA 新闻管理规定》《比亚迪公司微博、微信等自媒体管理办法》等制度对文化建设及宣传进行规范化管理。

公司高度重视以竞争为核心的文化建设与宣传工作,通过 OA、报纸、杂志、公众号、户外媒介等渠道,以及专题会议、培训会议等形式,推进企业文化宣传。同时制定相应制度与策略进行保障。如廉洁文化方面,制定了《比亚迪公司员工对外公务交往管理规定》《比亚迪公司管理人员经济行为准则》《比亚迪公司举报人保护和奖励规定》《比亚迪公司审计监察人员职业道德规范》等制度;建立健全举报监督机制,运用多样化的审查方式,加强监督力度;通过建立廉洁网站、开展廉洁培训、多渠道宣传廉洁文化、相关制度及案例,营造反腐倡廉、廉洁自律的氛围。

6.资金活动

公司资金管理中心负责公司的资金业务,对资金实行集中管理。公司制定了《比亚迪公司现金管理办法》《比亚迪公司对内投资项目管理规定》《比亚迪公司差旅费报销管理规定》《比亚迪公司员工借款管理规定》《比亚迪公司商务卡管理规定》等制度,明确公司资金管理和结算要求;公司还制定了《比亚迪电子与新能源产业对内投资项目管理规定》《比亚迪汽车及轨道交通投资项目管理规定》,加强对投资项目立项评审、过程管控、验收关闭的全生命周期的管控,确保投资项目符合公司当前发展战略。

公司统一投资、融资的审批,统筹资金调度,强化对子公司资金业务的统一监控,提高了资金使用效率;严格执行筹资、投资、营运等各环节职责权限和岗位分离要求,建立了严格的授权审核程序,形成了重大资金活动集体决策和联签制度,确保了资金活动安全有效运行。

2019 年,公司制定、修订了《比亚迪公司募集资金存放及使用管理规定》《比亚迪公司合作方资信风险业务管理办法》等 12 份资金管理制度,进一步加强对资金管理风险防控。

7.采购业务

公司统筹安排采购计划,明确采购申请、审批、购买、付款等环节的职责和审批权限,按照公司规定的审批权限和程序办理业务,定期对供应商进行综合评价,建立价格监督机制和应急机制,不定期对采购流程进行检查,整改采购过程中的薄弱环节,保证物资采购满足公司生产经营需要。公司制定了《比亚迪公司采购管理》《比亚迪公司采购方式管理规定》等制度，并合理设置采购与付款业务的部门和岗位，明确职责权限。

在采购方式上，公司通过招标、竞价等多种采购方式，兼顾采购的效益、效率和规范性；公司建有采购平台，实施电子采购以提升采购的效率和透明度；通过集中采购，整合内部需求和外部资源，最大限度地发挥采购量的优势以实现规模效益。

在采购付款上公司建立了严格的资金支付和授权管理制度，根据付款金额的大小，划分审批层级，明确审批权限，所有采购款项的支付必须经过授权领导的审批，保证资金的安全，并且定期向供应商发送函证对账，保证资金健康流动。

2019 年，公司制定、修订了《比亚迪公司采购管理》《比亚迪公司生产性物料配额分配管理细则》等 20 份采购管理制度，进一步优化采购操作流程，使公司的规范化采购持续向前推进。

8.资产管理

（1）固定资产。公司制定了《比亚迪公司固定资产管理制度》《比亚迪公司固定资产实物管理规定》《比亚迪公司固定资产验收管理规定》等相关制度，确保公司资产客观、真实、完整。

公司明确了固定资产业务各环节的职责权限和岗位分离要求，规范了固定资产的请购、验收、登记、入账、调拨、维护、盘点等操作流程。加强固定资产的投保，对请购、验收、盘点等流程进行例行抽查，确保固定资产的安全完整和有效使用。制定符合国家统一要求的固定资产成本核算、折旧计提方法，关注固定资产减值迹象，合理确认固定资产减值损失，保证固定资产财务信息的真实可靠。

（2）无形资产。公司十分重视对无形资产的管理，明确了无形资产业务各环节的职责权限和岗位分离要求，完善无形资产取得、验收、使用、处置的制度。公司制定了《比亚迪公司无形资产管理规定》《比亚迪公司信息资产管理规定》《比亚迪公司商标管理规定》《比亚迪公司专利工作管理规定》《比亚迪公司知识产权及法务管理》《比亚迪公司专利分级办法》《比亚迪公司版权管理规定》等制度，加强公司品牌等无形资产的保护，确保公司合法权益不受侵犯。

2019 年，公司制定、修订了《比亚迪公司专利申请程序》《比亚迪公司专利布局管理规定》，通过加强专利工作的管理，对公司技术创新成果形成更有效的专利保护。

（3）存货管理。公司对存货有明确的分类标准，设立了严格的控制流程审批环节，制定、修订了《比亚迪公司计划、仓储及交付管理》《比亚迪公司存货盘点管理规定》《比亚迪公司普通工业废料管理规定》等制度，规定了物料、产成品验收入库、仓储保管、领料发出、盘点清查、存货处置等相关活动的程序。公司通过定期和不定期盘存查库等检查活动及时发现管理中的薄弱环节，合理确认存货减值损失，不断提高公司存货管理工作水平，保障存货信息的完整性、准确性。

9.销售业务

公司制定了《比亚迪电子及电池客户信用风险控制管理规定》《比亚迪公司应收账款账务核对管理规定》《比亚迪公司出口货物单证备案管理办法》《比亚迪公司货物贸易外汇收支管理规定》等相关制度，建立了销售计划制定、客户信用管理、销售定价管理、销售订单管理、销售收入核算、发货与收款等相关流程，合理设置销售业务相关岗位，明确职责权限,并形成了严格的管理制度和授权审核程序。针对不同产品,对销售的各个环节进行了规范和控制,公司销售管理业务流程与公司实际销售情况相匹配。

公司持续完善销售管理运行机制,制定了《比亚迪乘用车整车零部件索赔管理流程》《比亚迪出口车辆内部质保索赔管理规定》,明确售后索赔风险,完善索赔流程;制定了《比亚迪乘用车售后零部件拆分/合并供应流程》《比亚迪客车售后总成备件及拆分备件供应流程》《比亚迪专用车售后总成备件及拆分备件供应流程》,保障售后市场备件供应的规范性和及时性;制定了《比亚迪 MOT 宣传物料预警及管理规范》,明确了 MOT 宣传物料设计开发、计划、采购、到货等各项工作流程。

10.研究与开发

公司成立了中央研究院、汽车工程研究院、电力科学研究院、卡车研究院、客车研究院、汽车智慧生态研究院、产品规划及汽车新技术研究院等。公司在硬件、软件及测试等方面配备了高精尖的技术队伍,以市场为导向,根据发展战略和技术进步要求,严格规范研发业务的立项、过程管理、验收、研究成果的开发和保护等关键控制环节。

公司制定了《比亚迪公司科研管理》《比亚迪公司产品设计和开发管理》《比亚迪汽车研发过程审核评定程序》《比亚迪汽车及轨道交通重大项目研发基金管理规定》等制度,有效降低研发风险、保证研发质量,提高了研发工作的效率和效益,不断提高公司的自主创新能力。

2019 年,公司持续完善研发管理运行机制,制定、修订了《比亚迪公司实验室控制程序》《比亚迪乘用车项目立项管理规定》等 9 份研发管理制度,保证研发项目及时、有效开展,提高新产品的研发质量。

11.工程项目

公司制定了《比亚迪基建工程项目管理规定》《比亚迪公司在建工程管理规定》《比亚迪公司轨道交通工程文件管理规定》等制度,梳理了各个环节可能存在的风险点,规范了工程预算、招标、施工、监理、验收等工作流程。合理设置了相关部门和岗位的职责权限,做到可行性研究与决策、预算编制与审核、竣工决算等不相容职务相互分离。强化工程建设全过程的监控,确保工程项目的质量、进度和资金安全。

随着公司轨道交通产业的发展,2019 年,轨道交通事业群制定了《轨道交通项目前期研究技术交流指导文件》《比亚迪轨道交通系统产品开发控制程序》《亚迪轨道交通系统项目晋阶管理规定》《轨道交通工程建设类物料采购作业流程》《轨道交通工程验收管理办法》《比亚迪轨道交通工程合同结算管理办法》《轨道交通设备设施维保管理办法》《轨道交通第三方监测管理办法》《轨道交通运营质量控制程序》《轨道交通运营事故(事件)等级及应急信息通报管理规定》等 61 份制度,完善轨道交通项目从立项、建设、交付、运营的全生命周期的内控体系。

12.财务报告

公司根据《中华人民共和国公司法》《中华人民共和国会计法》《中华人民共和国证券法》《企业会计准则》等相关法律法规要求制定了统一的会计政策,并结合公司的实际情况制定了《比亚迪公司财经管理》《比亚迪公司财务负责人管理制度》及各项具体业务核算规范。明确了财务报告编制、报送、分析等业务流程,规范了财务报告各环节的职责分工和岗位分离,确保了财务报告的及时、真实、完整。

13.合同管理

公司制定了《比亚迪公司合同管理办法》《比亚迪公司合同法务评审及风险管理规定》《比亚迪公司合同管理实施细则》《比亚迪公司标准合同管理办法》《比亚迪公司采购合同管理办法》《比亚迪公司印章管理规定》,对合同业务实施统一规范化管理。所有合同需通过法务评审流程,重大风险合同须进行会签;合同印章由各地区文控中心统一保管,所有合同必须根据合同审批权限进行审批。公司通过完善分级授权管理机制,强化对合同签署和执行的内部控制,防范和降低了公司法律风险,切实维护公司的合法权益。

14.信息系统

公司信息中心负责信息系统建设,信息系统建设与业务目标保持一致,实施 IT 风险管控,不断优化 IT 资源管理。公司以法律法规为基准,业务为导向,实施信息化项目建设,优化信息化相关制度和管理流程,制定、修订了《比亚迪公司信息资源管理》《比亚迪公司信息安全管理总则》《比亚迪公司信息安全事件管理规定》《比亚迪公司电子邮件管理规定》《比亚迪云平台及 SAP 系统权限管理办法》等制度,规范信息系统获取、开发和维护工作,完善信息资产管理。公司持续优化 ERP 信息管理系统和 OA 办公系统,使管理工作更为高效快捷, 对 OA 业务流程进行梳理、完善,确保各项业务流程有效运转。

2019 年,公司制定、修订了《比亚迪企业微信管理办法》《比亚迪公司终端安全管理规定》《比亚迪公司 IT 服务安全管理规定》《比亚迪公司 SAP 系统关键用户管理规定》,进一步加强了信息安全管理工作。

15.关联交易

公司高度重视对关联交易的管理,制定《比亚迪股份有限公司关联交易决策制度》《比亚迪 A 股关联交易管理规定》,对关联方和关联交易、关联交易的决策权限、决策程序和关联交易披露等做了明确的规定,规范与关联方的交易行为。公司制定《防范控股股东及其他关联方资金占用管理制度》,建立防止大股东占用公司资金的长效机制。重大关联交易除由股东大会批准外,需由独立董事发表独立意见,以加强对关联交易的内部控制,确保关联交易公平、合理,保护公司及中小股东的利益。公司每季度组织检查关联交易情况,关联交易符合法规要求和公司制度。

16.对外担保

公司制定了《比亚迪股份有限公司对外担保制度》《比亚迪公司对外担保管理办法》,具体规定了对外担保的原则、程序和权限,强化公司内部监控,完善对公司担保事项的事前评估、事中监控、事后追偿与处置机制,控制担保风险。公司严格执行《公司章程》相关规定,任何对外担保事项均需要经董事会或股东大会审议通过;未经董事会或股东大会批准,公司不得对外提供担保。2019 年公司每季度检查公司的对外担保情况,对外担保符合法规要求和公司制度。

17.重大投资

公司设有投后管理部作为专门机构,负责对公司重大投资项目的可行性、投资风险、投资回报等事宜进行专门研究和评估,监督对外投资项目的执行进展,对投资项目出现异常的情况及时汇报。公司制定了《比亚迪公司对外投资项目管理规定》,规范对外投资项目的内部管理程序，防范对外投资风险，保障对外投资安全；公司通过《比亚迪境内公司商事业务管理办法》，优化商事业务综合服务，完善商事业务全程监督，有效支持公司的经营活动。2019 年公司修订了《比亚迪公司合资公司管理制度》，加强对合资公司设立、经营的管理。2019 年公司每季度检查公司的重大投资情况，重大投资符合法规要求和公司制度。

18.募集资金存放与使用

公司根据《中华人民共和国公司法》《中华人民共和国证券法》《上市公司证券发行管理办法》等法律法规，制定《比亚迪股份有限公司募集资金使用管理制度》，对募集资金的存放、使用、变更、监督等进行明确规定，严格规范募集资金的管理。公司对募集资金采取专户存储、专款专用的原则统一进行管理。2019 年公司每季度对募集资金的存放与使用进行检查，募集资金的存放与使用符合法规要求和公司制度。

19.信息披露

在信息披露方面，公司制定了《信息披露事务管理制度》《年报信息披露重大差错责任追究制度》《内幕信息知情人管理制度》等相关制度，对信息披露工作的管理部门、责任人及责任划分、信息披露的内容及标准、报告流转过程、审核披露程序、保密制度、责任追究等方面做了详细规定。

（二）内部控制评价工作依据及内部控制缺陷认定标准

公司依据企业内部控制规范体系及《比亚迪公司内部控制评价管理规定》组织开展内部控制评价工作。基本流程包括以下五点。①制定内部控制评价方案：以风险为导向，根据年度内部审计工作计划，确定内部控制评价工作范围、具体内容、人员组织、时间安排、费用预算等相关内容，编制内部控制评价方案。②实施内部控制测试：对照内部控制评价标准，按照测试步骤和抽样方法，抽取一定的样本进行检查、测试，填写测试底稿、记录相关测试结果。③认定内部控制缺陷：汇总现场测试结果，与被测试部门充分交换意见，按照规定的程序和标准对内部控制缺陷的性质和严重程度进行认定。内部控制测试结果沟通：将认定的内部控制缺陷汇总发送给各事业部进行确认，提出整改建议，要求责任单位及时整改，并跟踪其整改落实情况。④内部控制评价工作汇报：对于内部控制重大或重要缺陷、风险、事项，审计部须及时报告审核委员会。⑤编制内部控制评价报告：根据年度内部控制评价结果，按照规定的程序和要求，及时编制内部控制评价报告。

在评价过程中综合运用访谈、穿行测试、实地查验、抽样测试等方法，广泛收集内部控制设计和运行是否有效的证据，如实填写评价工作底稿，分析、识别内部控制缺陷。

内部控制缺陷按照影响公司内部控制目标实现的严重程度，分为重大缺陷、重要缺陷和一般缺陷。公司董事会根据企业内部控制规范体系对重大缺陷、重要缺陷和一般缺陷的认定要求，结合公司规模、行业特征、风险偏好和风险承受度等因素，区分财务报告内部控制和非财务报告内部控制，研究确定了适用于本公司的内部控制缺陷具体认定标准，在定性判断标准与以前年度基本保持一致的情况下，对定量标准根据公司规模，参考行业情况进行了修订，公司确定的内部控制缺陷认定标准如下。

1.财务报告内部控制缺陷认定标准

（1）公司确定的财务报告内部控制缺陷评价的定量标准。财务报告内部控制缺陷评价的定量标准如表 9-3 所示。

表 9-3　财务报告内部控制缺陷评价的定量标准

判断标准	重大缺陷	重要缺陷	一般缺陷
按照损失金额与上一年度财报资产总额比例计算	错报>1%	0.5%<错报≤1%	错报≤0.5%

(2)公司确定的财务报告内部控制缺陷评价的定性标准。重大缺陷:①控制环境无效;②公司审核委员会和内部审计机构对内部控制的监督无效;③发现董事、监事和高级管理人员重大舞弊;④公司对已经公布的财务报表进行重大更正;⑤已经发现并报告给管理层的重大缺陷在合理的时间后未加以改正;⑥其他可能影响报表使用者正确判断的缺陷。

重要缺陷或一般缺陷:除控制环境无效及公司审核委员会和内部审计机构对内部控制的监督无效之外的其他缺陷,按影响重要性水平分别确定为重要缺陷或一般缺陷。

2.非财务报告内部控制缺陷认定标准

(1)公司确定的非财务报告内部控制缺陷评价的定量标准。非财务报告内部控制缺陷认定标准如表 9-4 所示。

表 9-4　非财务报告内部控制缺陷评价的定量标准

判断标准	重大缺陷	重要缺陷	一般缺陷
按照损失金额与上一年度财报资产总额比例计算	错报>1%	0.5%<错报≤1%	错报≤0.5%

(2)公司确定的非财务报告内部控制缺陷评价的定性标准。重大缺陷:①违反国家法律、法规或规范性文件;②缺乏决策程序或决策程序不科学,导致重大失误;③重要业务缺乏制度控制或制度系统性失败;④内部控制评价的结果特别是重大或重要缺陷未得到整改;⑤其他对公司影响重大的情形。重要缺陷或一般缺陷:按影响程度分别确定为重要缺陷或一般缺陷。

(三)内部控制缺陷认定及整改情况

根据上述财务报告及非财务报告内部控制缺陷的认定标准,报告期内公司不存在内部控制重大缺陷和重要缺陷。

内部控制应当与公司经营规模、业务范围、竞争状况和风险水平等相适应,并随着情况的变化及时加以调整。2020 年公司根据实际运营情况,将持续完善内部控制制度,规范内部控制制度执行,强化内部控制监督检查,促进公司健康、可持续发展。

比亚迪股份有限公司
董事长:王传福
2020 年 4 月 21 日

本章小结

对内部控制进行自我评价，是企业优化内部控制自我监督机制的一项重要的制度安排，是企业建立和实施内部控制的重要工作环节。对企业而言，内部控制自我评价是发现问题、整改问题、持续优化内部控制的重要手段。通过本章学习，在理论知识方面：理解内部控制评价的定义及原则，理解内部控制缺陷的认定及分类，了解内部控制评价的内容、程序和方法，了解内部控制评价工作底稿的编制和使用。在思政方面：培养学生批评与自我批评意识，引导学生对自我进行理性分析，实现学生的自我发展与创新。

课后练习题

一、单项选择题

1.企业内部控制评价的主体是（　　）。

A.政府机关　　B.会计师事务所

C.董事会或类似权力机构　　D.财务部门

2.企业内部控制评价的对象是（　　）。

A.内部控制规章制度　　B.内部控制有效性

C.财务报告的公允性　　D.内部控制环境

3.内部控制评价工作的具体组织实施主体一般为（　　）。

A.内部审计机构或专门的内部控制评价机构　　B.经理层

C.监事会　　D.审计委员会

4.企业内部控制评价工作的起点是（　　）。

A.明确内部控制目标　　B.制订内部控制评价方案

C.组成评价工作组　　D.确定评价方法

5.内部控制评价工作的最终表现为（　　）。

A.财务报告　　B.审计报告

C.内部控制评价工作底稿　　D.内部控制评价报告

二、多项选择题

1.从控制目标的角度来看，内部控制的有效性可分为（　　）。

A.合规目标内部控制的有效性　　B.资产目标内部控制的有效性

C.报告目标内部控制的有效性　　D.经营目标内部控制的有效性

2.考察内部控制运行的有效性，应考虑的因素包括（　　）。

A.相关控制在评价期内是如何运行的

B.相关控制是否覆盖了所有关键的业务与环节

C.相关控制是否得到了持续一致的运行

D.实施控制的人员是否具备必要的权限和能力

3.内部控制评价的内容主要包括(　　)。

A.内部环境评价　　B.风险评估评价

C.控制活动评价　　D.信息与沟通评价

4.企业对内部控制评价至少应当遵循的原则包括(　　)。

A.全面性原则　　B.重要性原则

C.客观性原则　　D.有效性原则

5.《企业内部控制规范体系实施中相关问题解释第2号》指出,集团性企业在对集团总部及下属企业的内部控制活动进行全面、客观评价的基础上,应重点关注(　　)。

A.重要业务单位　　B.重大决策

C.重大事项　　D.重要人事任免

三、简答题

1.企业内部控制评价的内容是什么?

2.企业内部控制评价的原则有哪些?

3.试说出几种常见的内部控制评价方法。

4.企业内部控制评价的程序是什么?

5.内部控制缺陷有几种类型?

四、案例分析题

根据财政部等五部委联合发布的《企业内部控制基本规范》《企业内部控制评价指引》的相关要求,在境内外同时上市的甲公司组织人员对2018年度内部控制有效性进行自我评价。公司在风险管理与内部控制规范工作领导小组的领导下,由风险管理与内部控制规范工作办公室牵头,开展内部控制测试评价工作,由公司内部审计部门具体负责测试评价工作的实施。评价活动结束后编制内部控制评价报告。以下是甲公司2018年度内部控制评价活动的相关情况。

(1)关于内部控制评价的责任界定。董事会对内部控制评价报告的真实性负责。公司董事会保证内部控制评价报告内容不存在任何虚假记载、误导性陈述或重大遗漏,并对报告内容的真实性、准确性和完整性承担个别及连带责任。建立健全并有效实施内部控制是公司董事会的责任;监事会对董事会建立与实施内部控制进行监督;管理层负责组织领导公司内部控制的日常运行工作。

(2)关于内部控制评价的程序。为确保测试评价工作的顺利、有序开展,公司内部审计部门编制了《甲公司2018年度内部控制测试评价工作方案》,并经公司董事会审议通过。公司从2018年12月3日起,先后在四家分公司和公司总部开展了年度测试评价工作的现场测试。按照《企业内部控制基本规范》《企业内部控制评价指引》及相关配套文件要求,各测试评价小组对各单位的主要业务流程、关键控制要点及高风险领域开展了全面测试,认真编制了测试工作底稿,并将测试发现的内控设计与执行层面的例外事项汇编形成了《例外事项汇总表》。各单位对发现的例外事项制订了整改计划,并及时整改。

(3)关于内部控制评价的缺陷认定。甲公司结合年度测试发现的问题和日常监督情况,由公司内部控制测试评价工作小组按照《公司内部控制缺陷认定标准(试行)》开展缺陷评价工作,并根据各例外事项评价结果,协助公司管理层、董事会对最终内控缺陷程度进行逐一认定,形成公司2018年度《内部控制缺陷认定汇总表》,确认公司2018年度内部控制缺陷与等级。

(4)关于内部控制评价报告的编制和披露。2019年2月起,公司风险管理与内部控制规范工作办公室根据本年度内控测试评价工作整体情况及结论,按照财政部有关内部控制实施规范解释文件要求,编制公司2018年度内部控制评价报告,并报送公司董事会审议。本次内部控制测试评价业务涵盖的期间为2018年1月1日至2018年12月31日,并以2018年12月31日为内部控制体系是否有效的基准日编制内部控制评价报告。根据深圳证券交易所有关信息披露的工作要求,公司年度《内部控制评价报告》与《财务报告审计报告》《内部控制审计报告》同时对外披露并公告。

要求:

(1)结合第一种情况描述甲公司内部控制评价的组织结构。

(2)结合第二种情况试述企业内部控制评价的一般程序。

(3)结合第三种情况分析什么是内部控制缺陷?内部控制缺陷有几种类型?财务报告内部控制缺陷的认定标准是什么?

(4)结合第四种情况说明内部控制评价报告的编制要求。

参考文献

[1] 方红星,池国华.内部控制[M].4 版.大连:东北财经大学出版社,2019.

[2] 企业内部控制编审委员会.企业内部控制基本规范及配套指引案例讲解[M].上海:立信会计出版社,2020.

[3] 罗胜强.企业内部控制精细化设计与实务案例[M].上海:立信会计出版社,2019.

[4] 刘胜强,陈新旭.企业内部控制[M].2 版.北京:清华大学出版社,2018.

[5] 宋蔚蔚.内部控制理论与实务[M].3 版.北京:清华大学出版社,2017.

[6] 傅胜,池国华.企业内部控制规范指引操作案例点评[M].北京:北京大学出版社,2011.

[7] 李荣梅,姚树中.企业内部控制[M].大连:东北财经大学出版社,2016.

[8] 潘琰.内部控制[M].2 版.北京:高等教育出版社,2018.

[9] 罗伯特・穆勒.新版 COSO 内部控制实施指南[M].秦荣生,张庆龙,韩菲,译.北京:电子工业出版社,2019.

[10] 李正,刘杰.内部控制[M].北京:北京大学出版社,2021.